Imposto de Renda

Imposto de Renda

MODELO ATUAL E PERSPECTIVAS
PARA A REFORMA TRIBUTÁRIA

2023

Clairton Kubassewski Gama

ALMEDINA

IMPOSTO DE RENDA
MODELO ATUAL E PERSPECTIVAS PARA A REFORMA TRIBUTÁRIA

AUTOR: Clairton Kubassewski Gama

DIRETOR ALMEDINA BRASIL: Rodrigo Mentz
EDITORA JURÍDICA: Manuella Santos de Castro
EDITOR DE DESENVOLVIMENTO: Aurélio Cesar Nogueira
ASSISTENTES EDITORIAIS: Larissa Nogueira e Letícia Gabriella Batista
ESTAGIÁRIA DE PRODUÇÃO: Laura Roberti

DIAGRAMAÇÃO: Almedina
DESIGN DE CAPA: Roberta Bassanetto

ISBN: 9786556278858
Julho, 2023

Dados Internacionais de Catalogação na Publicação (CIP)
(Câmara Brasileira do Livro, SP, Brasil)

Gama, Clairton Kubassewski
Imposto de renda : modelo atual e perspectivas para a reforma tributária / Clairton Kubassewski Gama. – 1. ed. – São Paulo : Almedina, 2023.
ISBN 978-65-5627-885-8
1. Direito tributário – Brasil 2. Imposto de renda – Deduções – Leis e legislação – Brasil 3. Imposto de renda – Leis e legislação – Brasil 4. Tributação – Leis e legislação – Brasil

23-153159 34:336.215(81)

Índices para catálogo sistemático:
1. Brasil : Imposto de renda : Direito tributário
34:336.215(81)

Aline Graziele Benitez – Bibliotecária – CRB-1/3129

Este livro segue as regras do novo Acordo Ortográfico da Língua Portuguesa (1990).

EDITORA: Almedina Brasil
Rua José Maria Lisboa, 860, Conj.131 e 132, Jardim Paulista | 01423-001 São Paulo | Brasil
www.almedina.com.br

Necessity is the plea for every infringement of human freedom.
It is the argument of tyrants; it is the creed of slaves.

William Pitt, *the Younger.*
Discurso na Câmara dos Comuns
em 18 de novembro de 1783

AGRADECIMENTOS

Este trabalho é resultado da minha dissertação de Mestrado junto ao Programa de Pós-Graduação em Direito (PPGD) da Universidade Federal do Rio Grande do Sul (UFRGS). Encerrado um ciclo de muito estudo, esforço e dedicação, não poderia deixar de agradecer àqueles que foram fundamentais para a realização deste sonho.

Aos meus pais, Walter e Severina, e meus irmãos Valtencir e Deise, sou grato pelo apoio incondicional. À minha amada Andresa agradeço pelo incentivo e compreensão, pela presença e companheirismo em todos os momentos, desde as horas de estudo até a banca de defesa. Compartilhar estes momentos contigo os tornou ainda mais especiais.

Ao Dr. Andrei Pitten Velloso, agradeço pela oportunidade concedida ao aceitar meu projeto de pesquisa e assim me permitir o privilégio de cursar o Mestrado junto a UFRGS. Agradeço igualmente por sua dedicação e atenção dispensadas, especialmente, durante a elaboração deste trabalho.

Ao Dr. Luiz Felipe Silveira Difini, meu agradecimento por me receber como seu orientando e pelas valiosas lições ministradas durante a pesquisa e também em sala de aula.

Agradeço ao Dr. Ricardo Antônio Lucas Camargo, Dr. Igor Danilevicz, Dr. Cassiano Menke e Dr. Leandro Paulsen pelas considerações e apontamentos quando da realização das bancas de qualificação e defesa, as quais foram de extrema importância.

Ao Dr. Arthur Maria Ferreira Neto, minha gratidão pelos valiosos apontamentos sobre este trabalho e por todo conhecimento compartilhado.

Meus agradecimentos também a todos os demais professores do PPGD dos quais tive o prazer de ser aluno, assim como à Dra. Franciele Guarienti. Meu reconhecimento pelos preciosos ensinamentos repassados.

Agradeço ao Dr. Maurício Dalri Timm do Valle e ao amigo Me. Artur Miura, pelo incentivo e auxílio para que esta obra viesse a ser publicada em tão prestigiada Editora.

Agradeço, ainda, aos amigos Dr. Marcel Citro de Azevedo e Régis da Silva Cardoso, meus primeiros professores de Direito Tributário, cujas lições contribuíram de maneira fundamental para minha formação acadêmica e profissional.

Por fim, meus agradecimentos aos colegas e amigos Me. Victoria Werner de Nadal e Me. Felipe Cornely, com os quais tive a honra de compartilhar os anos de Mestrado e que tiveram importante participação em todas as suas etapas. Assim como ao amigo Thiago Videiro Schmitt, por todo o apoio e incentivo.

Muito obrigado a todos pela parceria nesta jornada!

APRESENTAÇÃO

Não há grande controvérsia na afirmação de que o mercado editorial jurídico está cada vez mais inflado por publicações repetitivas, inócuas e estéreis. Por isso, vê-se, hoje, no Direito, uma produção intelectual, indiscutivelmente, volumosa que foca, com frequência, na análise do tema do momento ou aquele mais polêmico disponível, não para propor reais soluções ou para identificar novos critérios de enfrentamento desse problema, mas apenas pela estética de estar escrevendo sobre algo que está na moda ou para tentar se destacar diante de um ambiente poluído pelo excesso de material de leitura disponível para o consumo.

No entanto, de tempos em tempos nos deparamos com uma obra que, sim, se debruça sobre o tema mais polêmico que, atualmente, se apresenta no direito tributário brasileiro, mas o faz com sinceridade e autenticidade, de modo a enfrentar esse problema jurídico difícil, não de modo artificial, mas com verdadeiro espírito científico, desenvolvendo pesquisa sólida, crítica e – mais importante que todo o resto – propositiva. Essas são, sem dúvida alguma, marcas do *"Imposto de Renda: modelo atual e perspectivas para a reforma tributária"* de autoria do Professor Clairton Kubassewski Gama, dissertação de Mestrado defendida com brilhantismo junto ao Programa de Pós-Graduação em Direito da Universidade Federal do Rio Grande do Sul e que agora, merecidamente, está sendo publicada em formato de Livro para o deleite de toda a comunidade jurídica.

No contexto tributário brasileiro, a disputa entre a total desoneração ou a necessidade de tributação da distribuição de lucros e dividendos sempre representou questão altamente polarizada entre os operadores do direito, gerando confrontos acalorados e, muitas vezes, pautados por pressupostos ideológicos, os quais, na maior parte das vezes, só dificultam o diálogo e impedem a formação de qualquer consenso, mesmo que pontual e parcial. E isso se dá, em grande medida, pela carga altamente política da discussão, provocada pela recorrente proposta legislativa – que ressurge em regra durante períodos eleitorais – de revogação sumária da regra isentiva em vigor, a qual ainda hoje afasta da tributação do Imposto sobre a Renda os lucros e dividendos. Como bem se sabe, para um lado do debate, tal proposição de mudança legislativa é defendida como sendo não só a panaceia para todas as dificuldades arrecadatórias do Brasil, mas especialmente como sendo o símbolo maior da Justiça Fiscal. Do outro lado do espectro, sustenta-se – também de modo fervoroso – que, caso seja extinta tal isenção, o mercado e, principalmente, os investidores (nacionais e estrangeiros) receberão essa nova política fiscal como uma mensagem negativa de que o Brasil não é um bom ambiente para se fazer negócios e como indicativo de que acabaremos tendo desastrosos efeitos colaterais em nossa Economia.

Em seu bem-organizado livro, o Prof. Clairton foge desses extremos, adotando tom sereno e imparcial, tal como o compromisso científico exige. Em verdade, de modo firme e cuidadoso, ele promove uma detalhada reconstrução histórica dos diferentes modelos de tributação da renda adotados, não apenas com o intuito de descrevê-los, mas analisando criticamente os méritos e deméritos de cada um deles.

Além disso, a pesquisa realizada pelo Prof. Clairton, mesmo sem abdicar do esforço analítico de se compreender um problema constitucional por meio da harmonização dos diferentes princípios jurídicos que devem proteger os interesses em colisão, não se atém apenas a esse tipo de enfrentamento acadêmico. Isso porque a obra – prestigiando a multidisciplinariedade – faz uso de interessantíssima pesquisa estatística e de análise dados fiscais da mais alta relevância, o que serve para ilustrar os diferentes parâmetros de arrecadação de tributos incidentes sobre a renda, permitindo, assim, que o leitor da obra consiga comparar diferentes modelos de tributação e acompanhar a linha de argumentação sendo desenvolvida pelo Autor.

Independentemente desses méritos, o que há de mais valoroso no estudo realizado pelo Prof. Clairton está na sua parte final, no ponto em que desenvolve a parcela crítica e propositiva da sua pesquisa, analisando as diferentes alternativas de reforma na tributação da renda, como o intuito de ponderar vantagens, desvantagens e riscos na adoção de cada caminho. Com isso, torna-se possível, ao fim, identificar as razões mais contundentes que deveriam prevalecer na escolha legislativa futura que poderá alterar o regime de tributação de lucros e dividendos distribuídos no Brasil.

Esse é – sempre deveria ser – o objetivo de qualquer produção acadêmica. Por essas razões, é que a leitura do presente livro se mostra como necessária e urgente.

Porto Alegre, 28 de dezembro de 2022.

Prof. Dr. ARTHUR MARIA FERREIRA NETO
Faculdade de Direito Universidade Federal do Rio Grande do Sul

PREFÁCIO

A tributação da renda no Brasil propicia graves distorções, que malferem os princípios constitucionais da isonomia e da capacidade contributiva. A principal distorção decorre da isenção integral dos dividendos, regime peculiar que, no contexto da OCDE, atualmente é perfilhado apenas pelo Brasil e pelos contíguos países bálticos da Estônia e da Letônia.

O modelo da isenção total tem vantagens, como a simplificação da legislação e da fiscalização tributária, haja vista dispensar o estabelecimento e a aplicação de regras destinadas a combater a distribuição disfarçada de lucros. Porém, a ínfima acolhida denuncia a sua impropriedade, decorrente de duas razões basilares, uma de ordem econômica e outra ético-jurídica:

i) por implicar a tributação da renda exclusivamente no âmbito corporativo, acarreta, como adverte Clairton da Gama no livro que o leitor tem em mãos, a *exacerbação da tributação (antecipada) na pessoa jurídica*, que reduz os recursos disponíveis para investir e, assim, prejudica o desenvolvimento econômico do País; e
ii) propicia que *empresários tenham tributação inferior à dos trabalhadores em geral*, o que se identifica com clareza no fenômeno denominado "pejotização", em que se utiliza a pessoa jurídica não para se organizar uma atividade econômica desempenhada coletivamente, senão para simplesmente se lograr uma tributação individual inferior àquela verificada no âmbito do IRPF.

A tributação favorecida de empresários não ocorre porque as alíquotas aplicáveis às pessoas jurídicas são inferiores àquelas aplicadas às pessoas físicas, mas sobretudo porque apenas um reduzido número de empresas suporta uma tributação do seu lucro real. A imensa maioria calcula os tributos sobre a renda (IRPJ e CSLL) com base na sua receita bruta, e não na sua renda: é o que ocorre com as empresas incluídas no Simples Nacional (art. 18, § 3º, da LC 123/2006) e também com aquelas optantes pelo Lucro Presumido (art. 15 da Lei 9.249/1995). Por não se apurar a renda nos regimes do Simples Nacional e do Lucro Presumido, é possível (e frequente) que a sua tributação efetiva seja inferior à tributação geral das pessoas físicas, violando, portanto, os elementares princípios da isonomia e da capacidade contributiva. Mesmo no regime do lucro real pode ser identificada situação similar, dada a existência de benefícios fiscais (como a dedutibilidade dos juros sobre o capital próprio – JCP) e de planejamentos fiscais agressivos que, não raro, fulminam significativa parcela dos lucros tributáveis.

Impõe-se, pois, revogar a isenção total dos dividendos.

Porém, como Clairton Gama demonstra com propriedade, não se pode adotar o regime diametralmente oposto, tributando-se de forma plena a renda no âmbito corporativo e no individual, sob pena de se incorrer em nociva dupla tributação econômica.

Essa conclusão se baseia na premissa, bem evidenciada pelo autor, de que se deve pensar conjuntamente a tributação da renda das pessoas físicas e jurídicas, na medida em que, embora se trate formalmente de contribuintes autônomos, a renda auferida pelas empresas destina-se, em última análise, à satisfação das necessidades financeiras dos seus acionistas. O lucro empresarial e os dividendos distribuídos são manifestações autônomas de riqueza, mas estreitamente interligadas, a ponto de imporem um regime específico de tributação.

Resta evidente, portanto, que deve ser acolhida uma solução intermediária entre a isenção integral dos dividendos e a sua tributação plena, conciliando-se os dois regimes (do IRPJ/CSLL e do IRPF) de modo a se concretizar uma solução justa, harmônica com os ditames da capacidade contributiva e da igualdade.

Para nortear a regulação que venha a substituir o atual regime da isenção total dos dividendos, o autor analisa com vagar os distintos métodos, adotados no âmbito internacional, de tributação integrada da renda auferida pelas empresas. Não o faz com o intuito de propugnar a importação de um sistema específico, senão de elucidar quais se compatibilizam com o nosso sistema jurídico-constitucional e, dessa forma, poderiam ser adotados pelo Brasil.

Em primeiro lugar, diferencia os dois principais sistemas de tributação dos dividendos ("clássico" ou "integrado"), examinando as suas nuances, os seus problemas e também os países que os acolheram, bem como regimes limítrofes, como aquele denominado, por certos autores, de "modelo clássico modificado", em que os dividendos estão sujeitos a uma tributação reduzida no âmbito do IRPF, para atenuar os efeitos da dupla tributação. Em homenagem ao rigor conceitual, Clairton da Gama opta por qualificar este regime de tributação reduzida como uma espécie de sistema integrado, caracterizado pelo fato de o legislador utilizar "algum método ou técnica que ilida ou minimize uma das incidências".

Posteriormente, analisa as distintas técnicas que podem ser utilizadas no modelo integrado, bem como os seus inconvenientes: a isenção dos dividendos, opção que implica a incidência exclusiva do IRPJ e, por consequência, os problemas já mencionados; a imputação direta do lucro às pessoas físicas, tornando-as "transparentes" para fins fiscais, o que reduz a praticidade da atividade fiscalizatória e equivale à tributação exclusiva no âmbito do IRPF; a não tributação da renda das pessoas jurídicas, sem imputação direta às pessoas físicas, o que propicia práticas elisivas ou evasivas, como a opção pela não distribuição dos lucros ou pela sua tributação disfarçada; a dedutibilidade, da base de cálculo do IRPJ, dos lucros distribuídos, o que evita a dupla tributação e os inconvenientes que decorreriam da tributação da renda corporativa, sujeitando, na prática, os dividendos à incidência exclusiva do IRPF e, em princípio, nivelando a tributação dos sócios com a dos trabalhadores em geral; a concessão de crédito, à pessoa jurídica, do montante do IRPF pago sobre os dividendos, que produz resultado análogo ao da técnica precedente (dedutibilidade, no IRPJ, dos lucros distribuídos); e a contraposta concessão de crédito, à pessoa física, do montante do IRPJ pago sobre o lucro distribuído, que afasta, no todo ou em parte, o ônus econômico do IRPJ e pode até gerar direito à restituição.

Clairton da Gama prossegue sua investigação analisando, com vagar, os problemas do modelo atual de tributação da renda no Brasil e os projetos apresentados para a sua reforma. Enfrenta o tema à luz dos princípios e regras da Constituição da República de 1988, em particular à luz dos princípios do *non bis in idem*, da isonomia tributária, da neutralidade fiscal e da segurança jurídica.

Descarta a aplicação do princípio do *non bis in idem*, na medida em que a tributação do lucro e dos dividendos correlatos ocorre quanto a tributos, sujeitos passivos e momentos distintos. Identifica, porém, a dupla tributação *econômica* da renda, que é onerada no âmbito corporativo e ulteriormente no individual. Denuncia, mais precisamente, a tríplice (ou, simplesmente, múltipla) tributação da mesma riqueza, que é onerada, em um primeiro momento, na qualidade de receita pela Cofins e pela contribuição ao PIS, em seguida enquanto lucro corporativo pelo IRPJ e pela CSLL e, por fim, seria tributada pelo IRPF na condição de dividendos distribuídos. Essa quíntupla tributação econômica de uma mesma riqueza pode ser considerada constitucional; porém, sem dúvida alguma é altamente nociva.

Quanto à isonomia, enfoca diretamente o problema do tratamento díspar estabelecido entre os rendimentos do capital e do trabalho, não raro com desoneração daqueles rendimentos e/ou com imposição de ônus superior à árdua renda laboral, quando deveria haver uma tributação harmônica – ou, convenhamos, mais favorável para os rendimentos do trabalho. Daí asseverar que "o princípio da isonomia impõe a tributação dos lucros e dividendos também no âmbito das pessoas físicas beneficiárias". Pondera que uma solução adequada para tanto seria o "método da imputação no nível individual com a concessão, em favor da pessoa física, de um crédito referente ao tributo recolhido pela pessoa jurídica", a fim de se evitar a dupla tributação econômica e se lograr uma oneração paritária dos lucros e dividendos e dos rendimentos laborais.

Aponta que a tributação dos dividendos deve nortear-se pelo princípio da neutralidade fiscal, de modo a não causar a indução de comportamentos prejudiciais ao sistema, como a perda de eficiência arrecadatória ou o aumento dos custos de transação. É o caso da pejotização, no contexto atual de isenção dos dividendos, e da retenção exacerbada dos lucros na pessoa jurídica, quando há a tributação indiscriminada dos resultados corporativos e da renda individual ("modelo clássico").

A segurança jurídica é outro princípio fundamental que há de ser considerado quando da revogação da isenção dos dividendos, com a implementação de uma transição "suave" para um modelo de tributação integrada, que respeite o subprincípio da irretroatividade e as exigências específicas desse sobreprincípio, como a calculabilidade.

Este livro é fruto de dissertação de mestrado que tive a honra de orientar na centenária Faculdade de Direito da Universidade Federal do Rio Grande do Sul, conjuntamente com o Professor Luiz Felipe Silveira Difini. Foi defendida com elegância e segurança perante rigorosa banca composta pelos Professores Leandro Paulsen, Igor Danilevicz e Cassiano Menke. E, como não poderia deixar de ser, obteve aprovação unânime, com indicação para publicação.

Trata-se de obra de consulta obrigatória por qualquer jurista que se envolva com os fundamentais temas da igualdade tributária, da capacidade contributiva e da justiça; e, em particular, pelos congressistas e tributaristas, que se ocupam da criação e da interpretação das leis impositivas. É, inquestionavelmente, um estudo sério e profundo da problemática da tributação dos dividendos, assentado em uma abrangente análise, sob as perspectivas jurídica e econômica, dos mais variados aspectos da tributação da renda no Brasil e no exterior.

Tenho certeza de que essa investigação servirá de norte para a necessária construção de um sistema tributário mais justo e isonômico no nosso País.

Porto Alegre, 24 de novembro de 2022.

ANDREI PITTEN VELLOSO
Juiz Federal.
Doutor em Direitos e Garantias do Contribuinte
pela Universidade Federal de Salamanca.

SUMÁRIO

INTRODUÇÃO

A matéria atinente à tributação dos lucros e dividendos ocupa vasto espaço na atual pauta de discussões, tanto entre juristas, quanto na sociedade de forma geral. Isto se dá principalmente porque tramita no Congresso Nacional importante Projeto de Lei (PL), o qual visa alterar o modelo de tributação da renda adotado no Brasil. Trata-se do PL nº 2.337/2021 da Câmara dos Deputados, referente à segunda fase da Proposta de Reforma Tributária do Ministério da Economia.

De fato, questões referentes à arrecadação tributária sempre revelam um verdadeiro desafio às Administrações Públicas. Ao mesmo passo em que se exigem prestações estatais de modo a melhor atender às necessidades individuais e sociais, também se pugna por uma carga tributária que não seja demasiadamente pesada. Nesta busca por maximizar a realização das atividades estatais necessárias e exigidas, sem sobrecarregar os contribuintes, os governos de todos os níveis da Federação se veem compelidos a aumentar os gastos públicos.

Assim, com o aumento dos gastos públicos, o país acelera seu caminhar em direção a uma situação de crise fiscal. De fato, dados do Ministério da Economia (BRASIL, 2021a) indicam que a Dívida Bruta do Governo Geral (DBGG) atingiu 88,8% do Produto Interno Bruto (PIB) em 2020 e, para 2021, a projeção é que se mantenha no mesmo patamar. Já a Dívida Líquida do Setor Público (DLSP) subiu de 54,6% para 62,7% do PIB em 2020, com projeção de chegar a 72,4% em 2024.

Por outro lado, há que se ter em mente que os tempos atuais são de inegáveis modificações nas relações sociais. As mudanças são perceptíveis em diversas áreas, com a abertura de novas fronteiras comerciais, aceleração dos avanços tecnológicos, mudanças e intercâmbios culturais, institucionais e econômicos.

Esse conjunto de fatores econômicos e sociais faz com que a questão tributária ganhe cada vez mais destaque na pauta de proposições da Administração Pública. Pressionado pelos gastos públicos e por profundas alterações sociais, o Estado vê na arrecadação tributária sua tábua de salvação. Cria-se, assim, um ambiente bastante fértil, ainda que pouco propício, para a discussão de reformas tributárias.

Não se está a negar a necessidade de uma reforma do atual sistema tributário nacional. Contudo, o que se aponta de forma crítica é se o atual momento, de crise financeira e de gastos públicos elevados, é o mais adequado para a discussão e principalmente para a implementação de uma mudança tão impactante. Aliás, cabe recordar que estudos em *Law Economics* e *Behavioral Law Economics* nos mostram a necessidade de consideração das implicações econômicas e comportamentais dos agentes. Ora, se a racionalidade limitada e a propensão a incorrer em vieses comportamentais indicam que sequer é adequado ir ao supermercado com fome o que se dirá de promover uma reforma tributária em meio a uma crise fiscal.

De toda forma, é necessário que esta discussão em torno de modificações no sistema tributário ganhe relevo e que projetos legislativos neste sentido se concretizem. Inclusive, há que se pensar em uma reforma ampla que modifique profundamente o sistema visando torná-lo mais racional, equânime e neutro. Prova dessa necessidade de profundas alterações é que o Brasil ocupa atualmente a 184ª posição do relatório *Doing Business 2020* do Banco Mundial (WORLD BANK, 2019), que analisa 190 países quanto à facilidade do pagamento de seus tributos.

Há, pois, um aparente consenso em torno da necessidade de que seja implementada no Brasil uma reforma tributária. O que pode ser visto como decorrência de nosso atual sistema que contempla diversas distorções. De fato, o distanciamento da transparência e da simplicidade, bem como uma pesada regressividade na imposição do ônus tributário e uma distribuição pouco equânime da carga são marcas bastante visíveis do sistema brasileiro.

A par disso, vivencia-se uma tentativa do Poder Legislativo de acompanhar todas as mudanças sociais através da elaboração de novas leis. Essa inflação legislativa, embora possa até mesmo ter louváveis intenções, acaba por levar a um estado caótico. Não raras vezes, é extremamente difícil identificar o diploma aplicável a determinado caso ou situação, o que mina o sistema da necessária simplicidade e transparência.

Esse cenário, o qual Alfredo Augusto Becker designou em sua obra como um Carnaval Tributário (Becker, 1999), revela números impressionantes. Em estudo elaborado pelo Instituto Brasileiro de Planejamento e Tributação (IBPT) foi demonstrado que, desde a Constituição de 1988 até setembro de 2016, foram editadas nada menos do que 363 mil normas tributárias. Isso significa dizer que, a cada dia útil, o Brasil produziu 45 novas normas jurídicas referentes ao sistema tributário (Amaral; *et al.*, 2016).

Alternativamente a uma reforma mais ampla e, consequentemente, mais complexa de ser projetada e aprovada, também não se reduz a importância de mudanças mais pontuais. É consenso a necessidade de que se revise, por exemplo, a tributação sobre o consumo ou, o objeto do presente estudo, a tributação da renda. Com efeito, o imposto sobre a renda brasileiro possui uma longa história de existência, com sua instituição em 1922 através da Lei nº 4.625. Tendo experimentado desde então diversas e significativas alterações, suas configurações atuais remontam à década de 90. Cerca de trinta anos após, expressivas modificações no contexto econômico e social brasileiro podem ser observadas, reclamando assim uma nova revisão.

Outrossim, a regressividade e a má distribuição da carga tributária são também fatores bastante presentes em nosso sistema, que prioriza como base tributável o consumo e, consequentemente, a instituição dos ditos tributos indiretos cujo ônus econômico-financeiro é facilmente repassado pelo contribuinte (de direito) para os consumidores finais (contribuintes de fato). Essa lógica de transferência do ônus, possível em sistemas que prestigiam a tributação sobre o consumo, acaba por impactar mais aqueles que possuem menor renda. É que, comparativamente aos que possuem uma renda mais alta, estes acabam entregando ao erário uma fatia maior de seus rendimentos para arcar com os tributos incidentes sobre os bens consumidos.

Enquanto a maioria dos países mais desenvolvidos econômica e socialmente, como Estados Unidos, Dinamarca, Noruega, Bélgica, Reino Unido e Itália, por exemplo, têm o imposto incidente sobre a renda com uma participação expressiva na arrecadação, no Brasil essa participação não passou de 21% em 2015. Por outro lado, os impostos indiretos, incidentes sobre o consumo e, como dito, regressivos, responderam por aproximadamente 75% da arrecadação total (Oliveira, F. A. de, 2020).

É justamente por isso que a reforma do imposto sobre a renda tem ganhado cada vez mais destaque na imprensa, em debates políticos e em discussões acadêmicas. Diversas são as questões que demandariam uma revisão: como aumentar a efetividade da arrecadação do imposto, mas manter sua neutralidade; como reduzir os impactos causados pela bitributação econômica da renda; quais as faixas de alíquotas mais justas; quais os benefícios devem ser revistos, revogados ou concedidos; e assim por diante. O retorno da tributação no âmbito das pessoas físicas sobre os lucros e dividendos distribuídos aos sócios e acionistas de empresas é uma dessas questões que mais despertam posições opostas. Há juristas, economistas e políticos de ambos os lados, favoráveis e contrários a tal tributação, com posições sólidas e bem embasadas.

O presente estudo se propõe justamente a abordar esse ponto, acerca do tratamento tributário dos resultados positivos auferidos por pessoas jurídicas e distribuídos sob a forma de lucros ou dividendos. Pretende-se analisar os diferentes modelos de tributação dos lucros e dividendos e as principais questões jurídico-constitucionais a serem observadas em uma possível mudança no modelo brasileiro. Adverte-se, contudo, que não se pretende fazer uma abordagem exaustiva do tema ou mesmo indicar precisamente qual seria o modelo mais adequado para o Brasil.

Dentre essas questões, destacam-se as relacionadas à isonomia, neutralidade, dupla tributação da renda e segurança jurídica. Assim como outras que podem gerar certa controvérsia a respeito dos projetos de reforma do imposto sobre a renda, tais como uma possível retroatividade da tributação e violação à universalidade e progressividade do imposto.

Desde já se ressalta que embora modelos estrangeiros sejam analisados e experiências de outros países sejam abordadas ao longo do trabalho isso não implica dizer que a simples cópia do modelo de outro país seja a solução para implementar a reforma do imposto sobre a renda brasileiro. Afinal, não é mesmo adequado procurar um modelo estrangeiro que simplesmente seja transportado para dentro de nosso ordenamento. Nesta hipótese, corre-se o risco de transmutar a possibilidade de uma reforma com potencial de melhoria ao sistema em uma espécie de leito de Procusto[1].

[1] Segundo a mitologia grega, Procusto era um bandido que capturava viajantes e os fazia deitar em uma cama de ferro. Se o viajante fosse maior do que a cama, cortava suas pernas; se menor, o esticava até que ocupasse exatamente o tamanho do leito.

Nessa perspectiva, esta pesquisa busca responder o problema referente à adequação do modelo de tributação dos lucros e dividendos distribuídos aos parâmetros delineados pelo sistema constitucional tributário. Tais razões de ordem prática deixam clara a necessidade de que se busque investigar e estudar o fenômeno da tributação da renda inclusive que no tange às perspectivas de alteração do atual modelo brasileiro.

E a doutrina pátria já produziu mesmo excelentes trabalhos sobre o tema, que investigam com profundidade e propriedade todos os aspectos deste imposto no ordenamento jurídico brasileiro e da própria eleição da renda como matriz tributável. Inobstante, a abordagem que se pretende dar no presente trabalho tem enfoque um pouco diferente e mais específico. O proposto é a realização de uma análise adstrita à tributação dos lucros e dividendos, ou seja, quanto à tributação da renda que é produzida no âmbito da pessoa jurídica e, posteriormente, distribuída aos seus sócios ou acionistas.

Parte-se da premissa de que, do ponto de vista econômico, essa produção da renda e posterior distribuição pela pessoa jurídica em favor de seus sócios, principalmente quando estes se tratam de pessoas físicas, pode ser observada como um fluxo único. Com efeito, o capital investido pelo sócio na sociedade permite que esta realize seus objetivos, gerando resultados (positivos) que, então, retornam para o sócio sob a forma de lucros ou dividendos. É precisamente por isso que muitos doutrinadores sustentam a necessidade de que haja um modelo de tributação que permita a conciliação entre o tributo incidente sobre a renda produzida pela pessoa jurídica e a renda distribuída aos sócios ou acionistas.

Do contrário, poderia haver uma tributação excessivamente majorada do que (ao menos sob o ponto de vista econômico) acaba por ser a mesma renda. Aliás, é por esse motivo que se fala em dupla tributação econômica da renda, na qual há uma dupla incidência sobre a mesma renda, ainda que em relação a contribuintes diferentes. A análise dessa (possível) bitributação da renda é justamente um dos principais motivos de ordem teórica que fundamentam a presente pesquisa, ao lado de questões relacionadas à isonomia tributária e à neutralidade fiscal.

A análise da isonomia tributária permitirá a verificação de questões referentes ao tratamento que pode ou deve ser dispensado a contribuintes que possuem rendimentos oriundos de diferentes fontes. Por exemplo, qual o tratamento para os contribuintes que obtêm renda a partir do capital investido na sociedade que lhes alcança dividendos e aqueles que a auferem por meio do desenvolvimento de seu trabalho em favor do empregador que lhes remunera com o salário.

O estudo da neutralidade fiscal trará à luz temas como o da extrafiscalidade e da indução de comportamentos por meio de normas jurídico-tributárias. Pretende-se, com isto, verificar a (im)possibilidade de o Imposto sobre a Renda ser utilizado para influenciar a adoção de comportamentos como a distribuição ou o reinvestimento da renda produzida pelas sociedades superavitárias.

Enquanto que considerações de questões pertinentes ao princípio da segurança jurídica permitirão a análise de uma possível retroatividade na tributação dos lucros e dividendos. Análise esta que conduzirá ao estudo de um necessário período de transição, que permita uma mudança suave na estrutura tributária de modo a não prejudicar a garantia de calculabilidade e previsibilidade das normas jurídicas.

Partindo deste mote, este trabalho tem como objetivo principal explicar como a tributação dos lucros e dividendos no Brasil se relaciona com os aspectos constitucionais atinentes ao imposto sobre a renda, considerando tanto nosso ordenamento jurídico vigente quanto as perspectivas de alteração do modelo tributário. Pretende-se, também, examinar os principais aspectos pertinentes à eleição do signo renda como materialidade tributária; descrever os diferentes modelos de tributação da renda e dos dividendos adotados na experiência brasileira, desde o surgimento do imposto até os dias presentes; e analisar, sob uma perspectiva constitucional, as questões atinentes à possível ocorrência de *bis in idem* na tributação dos lucros e dividendos, à compatibilização de tal tributação com a isonomia em relação à tributação de outros rendimentos, aos impactos em termos de neutralidade fiscal e segurança jurídica.

Tendo em vista o mencionado projeto legislativo de reforma da tributação da renda em trâmite atualmente, o presente trabalho também almeja identificar as razões que justificam uma reforma no atual modelo brasileiro de tributação da renda e dos dividendos. Assim como discutir as principais modificações contidas no indigitado PL nº 2.337/2021, fazendo um cotejo com questões controversas acerca da irretroatividade das normas tributárias, vedação de efeito confiscatório, universalidade e progressividade da tributação da renda.

Para esses objetivos, a metodologia empregada é do tipo descritiva, buscando propiciar ao leitor uma visão sobre o tema da tributação dos lucros e dividendos distribuídos pelas pessoas jurídicas no Brasil. Trata-se de uma visão focada nos modelos já experimentados em nosso país e nos aspectos constitucionais pertinentes a este assunto, principalmente no que se refere à neutralidade, isonomia, *non bis in idem* e segurança jurídica. Ainda, busca-se descrever as perspectivas de mudança do modelo de tributação e questões controversas sobre o projeto de reforma antes mencionado, referentes à irretroatividade, vedação de efeitos de confisco, universalidade e progressividade.

O presente estudo é desenvolvido por meio de pesquisa bibliográfica, principalmente através de livros e artigos científicos sobre o tema central deste trabalho e de assuntos a ele correlatos. Utiliza-se de doutrina nacional e estrangeira, principalmente de autores da área jurídica, mas também se busca obras de outras ciências, sobretudo da economia. Os métodos de procedimento utilizados são o histórico, o comparativo e o monográfico.

Aprofundando a estrutura do trabalho, tem-se no primeiro capítulo a análise dos modelos de tributação da renda, iniciando por questões mais gerais e abrangentes a respeito das origens de um tributo incidente sobre tal signo e referentes aos aspectos econômicos e jurídicos desta incidência. Posteriormente, passa-se ao exame dos modelos clássico e integrado do imposto sobre a renda, verificando o histórico do tributo em questão no Brasil e questões pontuais acerca destes modelos e de seus métodos de implementação. O segundo capítulo dedica-se às questões constitucionais acima referidas, pertinentes ao *non bis in idem*, isonomia, neutralidade e segurança jurídica. Por fim, o terceiro capítulo avalia as principais propostas de reforma da tributação da renda contidas no PL nº 2.337/2021.

Assim, delimitado o tema deste trabalho, expostos seus objetivos e o plano de análise que irá se desenvolver, inicia-se o estudo. Espera-se, em suma, poder contribuir para esse importante e atual debate acerca dos modelos de tributação da renda e dos lucros e dividendos trazendo argumentos teóricos, mas sempre orientados e embasados na realidade prática, que possam ser utilizados para uma melhor e mais aprofundada compreensão do assunto.

CAPÍTULO 1
MODELOS DE TRIBUTAÇÃO DA RENDA

A tributação da renda pode ser realizada mediante a adoção de dois modelos de tributação: clássico ou integrado (Derzi; Fonseca, 2020; Andrade, 2008; Botelho, 2020). A diferenciação entre estes modelos nem sempre é tarefa simples, pois, embora existam situações bem claras da adoção de um ou outro, há também casos em que as estruturas tributárias parecem ostentar características de ambos. No presente trabalho adota-se como critério de distinção entre os modelos a existência ou não de mecanismos que visem evitar ou minimizar a dupla incidência.

Este primeiro capítulo propõe um aprofundamento na análise destas e de outras questões atinentes aos modelos e métodos de tributação. Para tanto, inicia pela verificação de questões gerais sobre a tributação da renda, a fim de estabelecer premissas que irão permitir o estudo de questões acerca do tema nos tópicos seguintes. Posteriormente, é apresentado um histórico da tributação da renda no Brasil e o modelo clássico adotado em nosso país até 1995. Encerrando este primeiro capítulo, analisa-se o modelo vigente atualmente e outras técnicas de integração dos impostos sobre a renda, bem como aqueles que são apontados como os principais problemas do atual modelo de imposto de renda.

1.1. O imposto sobre a renda

Neste tópico, a fim de melhor contextualizar o tema, será feita uma análise histórica da eleição do signo renda como hipótese de incidência tributária. Busca-se traçar linhas gerais acerca do surgimento do imposto sobre os rendimentos, mesmo que sem a pretensão de se fazer uma remontagem pormenorizada da história da tributação em diferentes países. Posteriormente, no tópico seguinte, serão feitos apontamentos de caráter econômico e jurídico acerca da tributação da renda, fixando premissas teóricas acerca do tributo em questão que contribuirão para o exame das questões práticas apresentadas nos capítulos seguintes.

1.1.1. A renda como base tributária: evolução histórica de sua utilização

A regra-matriz de incidência tributária (RMIT) é, nas palavras de Paulo de Barros Carvalho, a "expressão mínima e irredutível de manifestação do deôntico com o sentido completo" (2015, p. 627). Ela pode ser utilizada tanto para identificar uma estrutura lógica, representada por um esquema sintático cujos conteúdos devem ser preenchidos pelo intérprete; quanto uma norma jurídica, a partir do momento em que os elementos da estrutura lógica são preenchidos pelo intérprete (Carvalho, A. T. de, 2014).

Em seu antecedente ou hipótese encontramos os critérios material, espacial e temporal, necessários para identificação do fato descrito e que atrai a incidência da norma. Enquanto que em seu consequente normativo temos a determinação do vínculo obrigacional entre os sujeitos afetados pela norma (critério pessoal) e a prescrição dos direitos e obrigações destes (critério quantitativo) (Carvalho, P. de B., 2018). É preciso destacar que não é o fato concreto efetivamente realizado no mundo real que irá compor o antecedente da norma. Será a descrição de um fato futuro, hipotético, de possível ocorrência e que, quando verificado, desencadeará a incidência da norma jurídica.

Logo, pode-se perceber certa imprecisão do termo fato gerador, comumente utilizado inclusive na legislação, para identificar tanto o fato concreto ocorrido no mundo fenomênico, quanto o fato descrito no antecedente da regra-matriz de incidência tributária. Visando evitar esta ambiguidade, o mais preciso parece ser adotar a expressão "evento jurídico tributário" (Carvalho, P. de B., 2018, p. 260) ou "fato imponível" (Ataliba, 2016, p. 54) para se referir ao fato efetivamente ocorrido no mundo real. E, para se referir ao fato descrito no antecedente da norma, a expressão "hipótese tributária" (Carvalho, P. de B., 2018, p. 260) ou "hipótese de incidência" (Ataliba, 2016, p. 54). Assim, esta é a terminologia que será adotada no presente estudo.

Revela-se, por conseguinte, a importância da atividade legislativa para o estudo do Direito Tributário. Isto porque é justamente o legislador quem irá eleger os fatos do mundo fenomênico (eventos jurídicos tributários ou fatos imponíveis) que irão compor os critérios da regra-matriz de incidência tributária para, então, formular a hipótese de incidência.

No exercício desta atividade, conforme ensina Alfredo Augusto Becker (1998), o legislador escolhe signos presuntivos de riqueza que serão alvo de tributação. Neste primeiro tópico, pois, analisa-se justamente o histórico da eleição do signo renda como hipótese de incidência tributária. Não se pretende, como já dito, elaborar um histórico minudente da tributação da renda no mundo. O que se pretende fazer é uma breve retrospectiva das primeiras legislações que contemplaram a renda como materialidade tributária, pontuando algumas questões consideradas pertinentes ao tema do presente estudo.

1.1.1.1. Histórico da tributação da renda

As primeiras referências à tributação remontam a seis mil anos atrás no território onde hoje se situa o Iraque. Desde então, a evolução histórica da tributação pode ser contada em etapas ou ciclos. Inicialmente, exigiam-se tributos sobre os indivíduos, depois sobre o patrimônio, posteriormente sobre o consumo (ou sobre as despesas) e sobre o produto do capital. Por fim, chegou-se à fase em que os Estados passaram a buscar a aferição da capacidade contributiva de seus cidadãos, com o que acabou sendo dada maior ênfase à incidência de tributos sobre os rendimentos individuais (Queiroz, 2005).

Interessante observar que esses ciclos de tributação não ocorreram necessariamente em períodos sucessivos, com mudanças gradativas. Na prática, é possível que diferentes etapas se façam presentes concomitantemente em determinados períodos. Isto porque cada etapa, cada modificação de base tributária, depende de alterações nas formas de relacionamento social, na economia, no mercado e inclusive na forma de identificação e fiscalização dos contribuintes. Quer dizer, a sequência dessas etapas de tributação confunde-se e acompanha a própria sequência do evoluir da sociedade como um todo (Corrêa, 1994).

Como já sinalizado, chega-se à ideia de tributação da renda com o intento de buscar melhor atender à capacidade contributiva. De fato, a tributação dos rendimentos (sejam os decorrentes do trabalho ou do capital) cumpre papel fundamental no que tange à redução de desigualdades e melhor repartição da carga tributária (Piketty; Saez, 2012). O imposto incidente sobre a renda é visto como um "tributo democrático por excelência" (Deodato, 1979, p. 159), dada a possibilidade de sua instituição de forma progressiva e universal.

Com efeito, Andrei Pitten Velloso destaca que o imposto sobre a renda é "o tributo com a maior aptidão para promover a isonomia e a justiça na imposição" (2012, p. 370). Isto porque, ao ser graduado progressivamente conforme a capacidade contributiva de cada contribuinte, o imposto sobre a renda permite a desoneração daqueles situados em camadas econômicas mais baixas e a maior tributação dos que se encontram em posição oposta. Paulo de Barros Carvalho bem sintetiza a grande importância do imposto sobre a renda dentro do sistema tributário:

> [...] o imposto sobre a renda e proventos de qualquer natureza sempre ocupou lugar importante, independentemente do volume de receita que é capaz de produzir para os cofres públicos. Sua dimensão histórica; seus amplos recursos econômicos, políticos e jurídicos; sua potencialidade de atingir em cheio a capacidade contributiva do sujeito passivo; sua compostura tão propícia à realização de valores supremos como a "justiça tributária"; tudo isso foi criando, ao longo da tradição, um ambiente favorável ao desenvolvimento desse tributo. (Carvalho, P. de B., 2015, p. 690)

Em que pese tamanha importância, dado seu potencial de realizar valores constitucionais tão caros, verifica-se que a incidência tributária sobre o patrimônio e o consumo são bem mais antigas do que a incidência sobre a renda. Embora haja relatos de tributos incidindo sobre determinadas fontes de renda em tempos distantes, o surgimento de um imposto que tenha por base de incidência especificamente os rendimentos auferidos pelos contribuintes se deu relativamente há pouco tempo na história (Gassen; Valadão, 2020).

Esse aparente atraso no surgimento de um tributo especificamente sobre a renda pode ser compreendido pela dificuldade prática de se mensurar o real conteúdo do patrimônio de cada cidadão e, assim, determinar os rendimentos efetivamente auferidos. Em tempos ainda mais remotos, quando a economia era baseada em um sistema de trocas, o imposto sobre os rendimentos encontrava óbice inclusive na ausência de uma moeda de circulação abrangente (Nóbrega, 2014). Nestes tempos, em que o escambo de produtos era uma prática mais comum do que o pagamento em moeda, era muito mais viável determinar a base de incidência tributária pela valoração da produção de cada contribuinte do que por seus rendimentos (Seligman, 1914).

Alguns autores, como Carlos Araújo Leonetti (2003) e Celia Maria de Souza Murphy (2020), apontam que o imposto sobre a renda teve origem em Florença no ano de 1451. Trata-se do tributo então denominado *Catasto*, cujo surgimento foi impulsionado por movimentos democráticos que se intensificaram na Itália durante o século XV. Surgido como uma evolução do *Estimo*, tributo que incidia sobre a propriedade, sua criação visava compensar as perdas de arrecadação em razão de a propriedade, até então principal matriz tributária, já não representar mais a principal fonte de riqueza. Buscava, por seu turno, tributar os rendimentos provindos da indústria e do comércio, pujantes à época.

Instituído inicialmente com uma alíquota única, em pouco tempo após sua criação o *Catasto* tornou-se progressivo e passou a ser denominado *Scala*. Contudo, sua existência se estendeu somente até o século XVI tendo sido extinto com o término do regime democrático e a reintrodução da aristocracia. A tributação passou, então, a se centrar no comércio, complementada por um tributo cobrado de cada família cuja carga era em regra suportada pelas pessoas mais pobres (Leonetti, 2003).

Embora a primeira iniciativa de tributação da renda tenha surgido na França, foi o imposto instituído no Reino Unido que viria a influenciar de forma mais perceptível e impactante outros países. O ciclo histórico que culminou com sua instituição pode ser considerado como tendo iniciado em 1776. Neste ano, ao mesmo tempo em que ocorria a Guerra da Independência Norte-Americana, foi publicado o clássico livro *A riqueza das nações*, de Adam Smith. Foi justamente a combinação da necessidade de maior arrecadação tributária, para financiar a guerra em andamento, com o novo pensamento econômico então introduzido que fez surgir a ideia de um imposto sobre a "riqueza individual" (Murphy, 2020, p. 8-9).

Passados alguns anos, através do Ato do Parlamento de 1799, foi efetivamente criado o imposto sobre a renda no Reino Unido[2]. O então Primeiro-Ministro e também Ministro da Fazenda (*Chancellor of the Exchequer*),

[2] Cabe registrar que a instituição deste tributo sobre a renda se deu por meio de uma lei datada de 9 de janeiro de 1799 e que contava com nada menos do que 124 seções distribuídas em 152 páginas. A complexidade era tamanha que foi necessário editar e distribuir um manual para os cidadãos (Leonetti, 2003, p. 6). Muito provavelmente foi o primeiro do gênero na história da tributação. E uma realidade ainda bastante presente nos dias de hoje em nosso país.

William Pitt, foi o responsável direto por sua instituição. O produto de sua arrecadação destinava-se a custear as despesas extraordinárias decorrentes das guerras napoleônicas (Carrazza, 2006).

É interessante observar que o imposto sobre a renda de William Pitt foi concebido, ao menos inicialmente, em caráter excepcional. Tinha como finalidade específica fazer frente às despesas originadas pelo envolvimento do Reino Unido na guerra com a França. E foi somente em razão da atribuição de um caráter excepcional, transitório e com finalidade bastante específica que o então Primeiro-Ministro conseguiu instituir o tributo. Isto porque, à época, tinha-se a ideia de que a tributação sobre a renda violava diretamente a propriedade privada e a privacidade dos contribuintes (Cavalcanti, 2010).

Com fundamento na teoria do sacrifício, o tributo então criado baseava-se na ideia de que todos deveriam contribuir em face da proteção que lhes era assegurada pelo Estado. Incidia, assim, sobre todas as rendas dos residentes na Grã-Bretanha, auferidas dentro ou fora de seu território, bem como sobre as rendas produzidas por propriedades nele localizadas (Murphy, 2020). Tinha por característica a proporcionalidade na incidência, pelo que se diferenciava da tributação da renda que viria a ser instituída na Alemanha (em 1808) e nos Estados Unidos (em 1864), que se apresentaram desde o início como progressivas. Isto ocorreu porque William Pitt era contrário a qualquer ideia de utilização do tributo com a finalidade de redistribuição de renda ou de busca de igualdade social (Santos, J. V. G., 2013).

Em 1802, William Pitt renunciou ao cargo de Primeiro-Ministro. Em seu lugar assumiu Henry Addington que, então, eliminou o tributo sobre a renda. No entanto, o tributo foi reestabelecido já no ano seguinte. Agora sob o nome de *Contribution of the Profits Arising from Property, Professions, Trades and Offices*, apresentando alíquotas reduzidas à metade, mecanismos de tributação retida na fonte e estrutura cedular (Murphy, 2020).

Introduzido em 1803, o sistema de cédulas representou uma profunda modificação em relação ao tributo anterior. Enquanto este incidia sobre a renda pelo que hoje se denomina de sistema global, o novo tributo dividia os rendimentos em cinco cédulas: “A”, para rendimentos provenientes de propriedades imobiliárias; “B” para os lucros da exploração agrícola; “C” para rendimentos pagos pelo setor público; “D” para as rendas de profissionais autônomos e outras rendas não previstas nas demais cédulas; e

"E" para os salários, as aposentadorias e as pensões. Este sistema cedular acabou sendo adotado posteriormente por diversos países, inclusive pelo Brasil, onde vigorou durante longo período, como veremos na sequência deste trabalho (Leonetti, 2003).

Outra importante novidade introduzida em 1803 e até hoje bastante recorrente no imposto sobre a renda de diversos países, inclusive no nosso, é a sistemática de retenção na fonte. De forma semelhante à utilizada atualmente, a lei previa que o valor do imposto, sempre que possível, deveria ser calculado e retido pela própria fonte pagadora que, posteriormente, o repassaria à Coroa (Leonetti, 2003).

Em 1805, houve o retorno de Willian Pitt ao cargo de Primeiro Ministro e a manutenção do tributo sobre a renda com as novas características, sendo realizado apenas um aumento em suas alíquotas. No ano seguinte, Pitt faleceu e foram realizados novos aumentos de alíquotas e alterações pontuais na distribuição dos rendimentos entre as cédulas existentes (Murphy, 2020).

Com a derrota de Napoleão em Waterloo e o término da guerra, o tributo sobre a renda foi extinto pelo Parlamento em 1816. Por conta da sua impopularidade entre a classe média e industrial, o Parlamento também determinou que todos os documentos referentes ao tributo fossem queimados em praça pública. Contudo, o *Tax Office* (órgão governamental encarregado da administração tributária à época) acabou mantendo cópias em sigilo, as quais somente seriam reveladas em 1932 (Leonetti, 2003).

Somente em 1842 o tributo sobre a renda foi reintroduzido no Reino Unido por Robert Peel, Primeiro-Ministro da época. A estrutura do tributo era praticamente a mesma do criado em 1803 com as alterações realizadas em 1806. A principal diferença é que, agora, o tributo não era criado como um "imposto de guerra", mas sim como forma de elevar a arrecadação e combater os déficits públicos acumulados nos últimos anos. Inicialmente, foi previsto que vigeria pelo prazo determinado de três anos, mas acabou sendo prorrogado em 1845 e, depois, em 1848 e 1851, quando então foi estendida sua cobrança por apenas mais um ano. Extinto em 1852, acabou causando a queda do *Chancellor of the Exchequer* Benjamin Disraeli e sua substituição por William Ewart Gladstone (Leonetti, 2003).

Já no ano seguinte, em 1853, o tributo foi recriado por proposta de Gladstone, com a previsão de sua extinção no prazo de sete anos mediante redução gradativa de suas alíquotas. Embora se diga que a intenção de

Gladstone não era a de criar um tributo permanente, historiadores ressaltam o entendimento pessoal deste no sentido de que os tributos ajudavam a manter a paz, dada a conexão existente entre instituição ou majoração de impostos e o envolvimento da nação em guerras (ADAMS, 2001). E de fato a alíquota não foi reduzida anualmente. Pelo contrário, foi elevada em razão da participação do Reino Unido em nova guerra, agora com o Império Russo (a chamada Guerra da Criméia), acabando por tornar-se definitivo (LEONETTI, 2003).

1.1.1.2. Consolidação do uso da renda como base tributável

Foi com base na experiência do Reino Unido com a instituição de um imposto sobre a renda, acima brevemente sintetizada, que muitos países buscaram fundamento para instituírem seus próprios tributos sobre os rendimentos. Inclusive o Brasil, que foi sensivelmente influenciado pelas ideias britânicas (BALEEIRO; DERZI, 2018). A partir daí, então, há uma proliferação de legislações em diversos países buscando a instituição de um tributo que onere a renda individual como resultado da disseminação da prática britânica.

A partir do século XX outro argumento passa a reforçar a ideia de instituição de um imposto sobre a renda. Trata-se da percepção de que um tributo progressivo melhor atende aos ideais de justiça e equidade. O resultado é o surgimento de estruturas tributárias com alíquotas progressivas e que não distinguem (ou ao menos buscam não distinguir) a origem do rendimento tributado. Entretanto, a partir de 1970 esse modelo amplamente praticado de imposto sobre a renda começa a ser questionado (GOBETTI, 2018).

De um lado, Ronald Reagan, Margareth Tatcher e outros políticos e economistas defendiam, por exemplo, que a redução de impostos para as classes mais ricas teria o efeito positivo de estimular investimentos e o empreendedorismo, gerando maiores ganhos para a sociedade. E, de outro lado, havia a oposição de uma corrente acadêmica baseada na chamada teoria da tributação ótima. Para estes, era fundamental considerar que sempre existirá um *trade-off* entre equidade e eficiência. Assim, a incidência de um tributo sobre a renda de forma progressiva acabaria gerando distorções e custos econômicos que tenderiam a desestimular os contribuintes mais aptos a produzir, poupar e investir. O ideal seria que a tributação fosse o mais neutra possível, produzindo os mínimos impactos e distorções nas tomadas de decisão dos agentes econômicos (GOBETTI, 2018).

Inobstante o grande apelo ideológico em prol dessas correntes, na prática nenhum grande país capitalista adotou tais ideias. Ainda que elas possam ter influenciado medidas como a redução das alíquotas máximas do imposto sobre a renda em alguns países, como nos Estados Unidos da América, por exemplo, as diferentes faixas de alíquotas incidentes de forma progressiva foram mantidas. Exceção a esta regra foram as práticas de alguns países do leste europeu, como a Estônia, a Letônia e a Lituânia, durante a década de 1990. A falta de mais adeptos a essas teorias pode ser explicada inclusive por motivos de economia política, pois a ideia de justiça fiscal está bastante associada à progressividade, principalmente quando se fala em tributação da renda. A percepção de que a carga tributária é melhor distribuída quando a renda é tributada de forma progressiva é sem dúvida um fator determinante para a manutenção do sistema progressivo (Gobetti, 2018).

Superados os óbices práticos e teóricos que causaram sua implantação tardia, como acima apontado, e consolidadas a cisão entre estado e propriedade e a mudança de um sistema econômico de trocas para um sistema centrado na moeda, tornou-se possível avaliar a riqueza individual de cada contribuinte. Assim, a tributação da renda passou a ganhar expressiva importância e atualmente, de acordo com a matriz tributária adotada pelo país[3], esta pode ser a principal base de incidência tributária e sua maior fonte de arrecadação (Gassen; Valadão, 2020).

Consequência é que os Estados passaram a considerar a renda como uma das principais hipóteses de incidência tributária. Aliás, há inclusive posições doutrinárias que sustentam ser a renda a única fonte possível de imposição tributária (Tipke, 2012). Isso se explica a partir da concepção da renda como três grandezas: uma em que auferida como incremento patrimonial; outra em que é mantida como patrimônio; e uma terceira em que é consumida ou utilizada na consumação de bens. Em cada uma destas grandezas há a incidência de diferentes tributos. No entanto, observando esta concepção tem-se que os tributos incidentes sobre o consumo e sobre o patrimônio oneram também a renda (Tipke, 2008).

Nessa senda, muitas legislações também buscaram fazer da tributação da renda uma das mais abrangentes hipóteses, visando atingir o maior

[3] Registra-se que esta não é a realidade do Brasil. Aqui, a maior parcela da carga tributária é composta por tributos incidentes sobre o consumo, como veremos melhor no último tópico deste capítulo.

número possível de eventos jurídicos a ela correlatos. Assim, tanto a renda proveniente de salários, quanto do capital, ou de aluguéis, vendas, juros, dividendos, entre diversos outros eventos, passou a ser considerada como hipótese passível de tributação. Desta forma, no próximo tópico procura-se delimitar e fixar algumas premissas, do ponto de vista jurídico e também econômico, acerca da eleição deste signo como materialidade tributária.

1.1.2. A tributação da renda: aspectos econômicos e jurídicos

Para melhor compreensão do tema tratado no presente estudo, entende-se por pertinente traçar algumas linhas acerca das principais questões controversas sobre o conceito de renda, como a extensão deste termo e a existência de um conceito constitucional. De início, registra-se que o termo renda é empregado neste trabalho em seu sentido amplo ou lato. Compreende, pois, tanto a renda em sentido estrito, quanto os proventos de qualquer natureza, expressões utilizadas pela Constituição de 1988 e pelo Código Tributário Nacional (BRASIL, 1966, artigo 43) para se referir ao tributo em exame. Gilberto de Ulhôa Canto, doutrinador e coautor do CTN, esclarece que:

> A expressão renda deve ser entendida, no texto do art. 43 do CTN, como abrangente de todos os acréscimos patrimoniais derivados do capital, do trabalho ou da combinação de ambos, ao passo que proventos de qualquer natureza compreendem os acréscimos auferidos sob a forma de ganhos de capital ou mais valias, únicas modalidades não derivadas de capital, trabalho ou sua combinação. (Canto, 1990, p. 205)

Quanto ao emprego de termos como renda, proventos e outros utilizados pelo Direito Tributário, que são originados de outras ciências como a economia e a contabilidade, tem-se que de fato não é raro que uma norma jurídica contenha signos que não são próprios do Direito. Em tais situações, quando o intérprete da norma se depara com esses elementos que se prendem a outras áreas de conhecimento, deve ter cuidado redobrado ao interpretá-los.

Em primeiro lugar, é preciso ter em mente que o contexto de significação será o do Direito Tributário, pois tem ele a sua própria teleologia. Quer dizer, estes termos (econômicos, contábeis, etc.) serão absorvidos pelo ordenamento, mas sempre orientados e reconduzidos ao método jurídico de interpretação (Tipke, 2008). Nessa senda, o intérprete não deve perder de vista que o Direito Tributário é um direito de sobreposição, como nos ensina Alberto Xavier:

> O Direito Tributário reporta-se a situações da vida reveladoras de capacidade contributiva, as quais são – na sua grande generalidade – objecto de regulamentação por outros ramos do Direito [...]. Esse facto [...] revela bem a multiplicidade de contactos que o Direito Fiscal mantém com os restantes sectores do ordenamento jurídico. A tributação da família, das sociedades comerciais, dos juros de empréstimos titulados por letras, da compra e venda de imóveis, por exemplo, envolve o recurso a noções de Direito da família, de Direito Comercial, de Direito Civil. O Direito Fiscal como que se sobrepõe a estas várias disciplinas, tratando os fenômenos por estas regidos em primeira linha, de acordo com seu espírito e exigências próprios: pode neste sentido dizer-se que o Direito Fiscal é um direito de sobreposição. (XAVIER, 1981, p. 22-23)

Também é importante observar que alguns signos utilizados pela legislação, como é o caso do termo renda, podem ser carentes de uma determinação absoluta, apresentando certo caráter vago. No entanto, ainda assim estes sempre irão possuir um significado conotativo e denotativo determináveis e que devem ser observados. Do contrário, "signos linguísticos não seriam, mas meros ruídos ou amontoados de letras, carentes de significação" (VELLOSO, 2005, p. 25). Quer dizer, o intérprete não está totalmente livre em sua atividade, impondo-se que leve em consideração o conteúdo mínimo dos signos empregados pelo legislador. Andrei Pitten Velloso, mencionando Rupert Schreiber, destaca que:

> Os conceitos utilizados nas normas jurídicas não podem ser estabelecidos arbitrariamente, estando o magistrado (e acrescentamos, o intérprete em geral) vinculado à elaboração de um conceito cuja significação já está determinada pelo uso da linguagem (VELLOSO, 2005, p. 26).

Assim, quando a Constituição determina que compete à União a instituição de imposto sobre a "renda e proventos de qualquer natureza" (BRASIL, 1988a, artigo 153, inciso III[4]), por exemplo, o legislador infra-

[4] "Art. 153. Compete à União instituir impostos sobre: [...] III – renda e proventos de qualquer natureza; [...]." (BRASIL, 1988a).

constitucional e o intérprete e aplicador da norma tributária não estão livres para entender "renda e proventos de qualquer natureza" da forma que bem lhes aprouver. Pelo contrário, estão adstritos ao conteúdo de significação de cada termo empregado e devem buscar sua interpretação em conformidade com o sentido que lhe é atribuído pelo ordenamento, ainda que em outros ramos do Direito ou mesmo em outras ciências.

Essas questões referentes à determinação do sentido de signos empregados pela legislação são presentes quando se fala em tributação da renda, pois este é um conceito que há muito gera debates[5]. Em nota de atualização à clássica obra de Aliomar Baleeiro, Misabel Derzi bem pontua que as discussões existentes acerca do conceito de renda são igualmente interessantes quanto antigas, destacando que já em 1776 Adam Smith fazia referência a este assunto (Baleeiro; Derzi, 2018).

A origem etimológica do termo renda deriva do latim, do verbo *reddere*, que quer dizer render. Este verbo também está associado a entregar ou outorgar, assim como a regressar ou devolver. Apresenta, ainda, uma relação com os termos também latinos *prendĕre*, que se refere a tomar, e *vendere*, que possui sentido de vender (Veschi, 2019). Trata-se de termo polissêmico, podendo assumir acepções diversas (Andrade Filho, 2006; Camargo, 2014; Queiroz, 2005). Pode se referir a parcelas como salários, juros, ou outras produzidas pelo trabalho ou pelo capital; pode ainda ser empregado tanto pelo Direito, quanto por outras áreas, como a economia e a contabilidade.

Os primeiros empregos do termo foram no sentido de indicar o que é devido ao proprietário de algum bem pela sua fruição. Assim, tem-se o aluguel e os demais frutos que podem ser obtidos a partir da exploração do patrimônio. Mas atualmente o conceito é bem mais abrangente e abarca outras formas de remuneração que não decorrem do capital, como é o caso dos salários, proventos de aposentadoria, pensões e outros (Camargo, 2014).

1.1.2.1. Conceito de renda

Antes de aprofundarmos um pouco mais no estudo do que é renda, interessante observar o que explicitamente não está compreendido em tal conceito. Com efeito, quando a Constituição de 1988 atribuiu competência à

[5] Dentro do recorte temático que se propõe no presente estudo, será realizada uma breve análise de apenas alguns destes debates, como já dito, no sentido de verificar em linhas gerais como a doutrina conceitua renda para fins de incidência do imposto em questão.

União para instituição de um imposto sobre a renda e, ao mesmo tempo, atribuiu a outros entes políticos competências para instituição de impostos sobre outras materialidades, acabou por limitar a extensão do conceito de renda. Assim, renda não é faturamento e receita decorrente da circulação de mercadorias e da prestação de serviços, que são materialidades definidas sob a competência tributária dos estados e municípios. Também não é renda e não pode ser tributado como se fosse o capital acumulado ou aplicado, quer pela sua propriedade ou posse, quer pela sua transmissão, pois estas são materialidades igualmente reservadas a outros tributos (Baleeiro; Derzi, 2018).

Ao dispor dessa forma, acentuando ainda mais a característica da rigidez, a Constituição de 1988 condicionou o exercício da competência tributária referente à renda à distinção entre esta e a outras materialidades, como o patrimônio e o consumo. Ganha ainda mais relevo, portanto, a análise e determinação do conceito de renda frente a esta marca de nosso ordenamento jurídico vigente.

Para tanto, busca-se apoio nas ciências econômicas, uma vez que a renda ou, melhor ainda, o ato de auferir renda, é um fenômeno tipicamente econômico (Leonetti, 2003). A partir do início do século XX, as teorias acerca da definição do conceito de renda foram fortemente influenciadas pelos trabalhos de Robert Murray Haig (1921) e de Henry C. Simons (1938). A ideia central, em apertada síntese era de que renda corresponderia ao valor monetário equivalente ao aumento do poder econômico de um determinado indivíduo verificado entre dois momentos específicos (HAIG, 1921, p. 27; Simons, 1938). Os conceitos trabalhados por estes autores se complementavam em torno da mencionada ideia central, de forma que passaram a ser conhecidos como conceito ou critério Haig-Simons. Pela objetividade e clareza conferida ao conceito, ele passou a exercer grande influência sobre a legislação de diversos países, gozando de grande prestígio ainda hoje em dia (Leonetti, 2003).

A principal crítica feita ao critério Haig-Simons diz respeito ao seu alcance, considerado extremamente amplo. Seguindo estritamente o que dispõe o referido critério, acaba-se por englobar no conceito de renda todas as formas de acréscimo patrimonial. Assim, heranças e doações, por exemplo, estariam abarcadas pelo conceito de renda (Leonetti, 2003).

Pode-se dizer, diante dessa amplitude exposta pelo critério Haig-Simons, que, ao menos do ponto de vista econômico, todo tributo acaba por incidir sobre a renda (Carrazza, 2006). De fato, conforme já mencionado no tópico anterior, temos três bases clássicas de tributação: o patrimônio, o consumo e a renda. Quanto à renda, temos que, depois de obtida por um determinado indivíduo, ela será consumida ou poupada[6]. A parte consumida será gravada pelos tributos sobre o consumo. Enquanto que a parte poupada passa a ser patrimônio acumulado, que pode estar convertido em imóveis, móveis, ações, entre outros, passíveis de oneração por algum tributo sobre o patrimônio (Gassen; Valadão, 2020). Para o objetivo do presente trabalho, contudo, não nos interessa a tributação da renda consumida ou poupada, mas sim a que recai sobre a renda quando esta é auferida.

Do ponto de vista jurídico, existem três principais correntes doutrinárias que buscam exprimir o conceito de renda. Segundo a teoria legalista, renda é um conceito normativo. Assim, o que for estipulado pela lei como sendo renda, será renda. Em que pese ser defendida por autores clássicos do Direito Tributário, como Rubens Gomes de Sousa (Sousa, R. G. de, 1970)[7], tem-se que tal corrente não subsiste a uma análise mais crítica de acordo com o ordenamento jurídico vigente. Com efeito, a própria rigidez constitucional na distribuição de competências tributárias já mostra que o legislador não está completamente livre para determinar o que é ou não é renda. Ademais, a atividade legislativa está limitada inclusive pela necessidade de tributar signos presuntivos de riqueza que efetivamente correspondam à renda.

As outras duas correntes correspondem à teoria da fonte (ou renda-produto) e à teoria do acréscimo patrimonial. Segundo aquela, renda é o

[6] A respeito deste tema, recomenda-se a obra *Economia Política* de Henri Guitton (1959; 1960), especialmente em seus volumes I e IV, nos quais o autor analisa o conceito de renda e suas diferenças para o de capital, juro e lucro, bem como o emprego da renda auferida entre o consumo e a poupança.

[7] Cabe registrar que há certa controvérsia a respeito de ser ou não Rubens Gomes de Sousa defensor da teoria legalista. Aliomar Baleeiro (1987) e Mary Elbe Queiroz (2004) são exemplos de autores que apontam Gomes de Sousa como partidário dessa teoria. No entanto, autores como Luís Eduardo Schoueri (2013) e Hugo de Brito Machado (2009b) discordam. Para estes, embora à época dos trabalhos de Gomes de Sousa ainda não houvesse uma noção tão presente de constitucionalismo como atualmente, o que explicaria porque o entendimento por uma maior liberdade do legislador, ainda assim é possível encontrar em sua doutrina uma certa preocupação com essa liberdade. Postura esta que não se coaduna com a defesa da teoria legalista, que pressupõe expressiva liberdade para que o legislativo disponha sobre o que será considerado como renda.

produto de uma fonte estável, duradoura, de reprodução periódica e que gera uma riqueza nova, subsistindo a fonte ao ato de produção da renda. E, para a teoria do acréscimo patrimonial, todo ingresso líquido, seja através de bens materiais, imateriais ou serviços avaliáveis, seja de forma periódica, transitória ou acidental, e independentemente se com caráter oneroso ou gratuito, mas que importe em aumento do patrimônio de um determinado indivíduo, em certo período de tempo, será considerado renda (Carvalho, P. de B., 2015). Verifica-se uma aproximação bastante acentuada entre a teoria do acréscimo patrimonial e o critério Haig-Simons.

Ambas as teorias, da fonte e do acréscimo patrimonial, são adequadas diante do sistema constitucional vigente (Murphy, 2020), porém, alguns autores como Misabel Derzi (2018) e Paulo de Barros Carvalho (2015) sustentam que a teoria do acréscimo patrimonial seja a que prevalece no ordenamento pátrio. Neste sentido, Roque Antonio Carrazza destaca que somente haverá renda tributável quando houver, "entre dois momentos temporais, riqueza nova, destacada daquela que lhe deu origem e capaz de gerar outra" (2006, p. 38).

Contudo, é interessante observar que, quando consideradas isoladamente, ambas as teorias apresentam falhas (Schoueri; Mosquera, 2020). Com efeito, adotando-se estritamente a teoria da fonte, não seria possível explicar a tributação de ganhos como os de loterias e outros jogos, uma vez que não se trata de fonte de reprodução periódica. Também não seria possível explicar a tributação incidente sobre ganhos de capital apurados na alienação de bens do patrimônio do contribuinte, uma vez que, nestes casos, a fonte não subsiste à produção da renda.

Por outro lado, adotando-se unicamente a teoria do acréscimo patrimonial, não se encontra explicação para a tributação daquele contribuinte que consome a totalidade da renda dentro do mesmo período em que a auferiu. Com efeito, considerando renda como todo ingresso que importe em aumento do patrimônio de determinado indivíduo em certo período de tempo, se houver o consumo da totalidade dos ingressos dentro do mesmo lapso temporal, ao seu final não haverá aumento de patrimônio. Ou, ainda, as hipóteses de tributação exclusivamente na fonte pagadora, pois tal forma de tributação não considera o acréscimo patrimonial em um determinado período de tempo.

Possivelmente por isso é que se pode defender que o legislador brasileiro não optou por uma ou outra teoria, mas sim que tenha admitido ambas conjuntamente (Schoueri; Mosquera, 2020). De fato, tem-se que a legislação brasileira busca ser o mais abrangente possível em termos de definição do que é renda tributável, visando fazer incidir o imposto correspondente sobre o maior espectro possível de eventos jurídicos.

A determinação de um conceito jurídico de renda diz respeito à existência ou não de um conceito constitucional (Oliveira, R. M. de, 2020). A corrente que defende a sua inexistência entende que a Constituição deixou totalmente a encargo do legislador infraconstitucional a incumbência de definir renda, consoante o previsto no artigo 146, inciso III, letra "a"[8]. Já a outra corrente, que prega pela existência, busca a sua construção através de diversos recursos, principalmente valendo-se de uma interpretação sistemática através da qual entende que o conceito de renda deve ser obtido a partir da consideração do próprio texto da Constituição e de princípios constitucionais, sejam os gerais (capacidade contributiva, proibição de confisco, mínimo existencial), sejam os específicos para o imposto sobre a renda (generalidade, universalidade, progressividade).

Andrei Pitten Velloso (2012, p. 370) destaca que o conceito de renda deve ser construído a partir da interpretação da própria Constituição. Inclusive porque o termo renda (em sentido amplo, ou se considerarmos o termo renda – em sentido estrito – e a expressão proventos de qualquer de natureza, como empregado textualmente na Constituição) possui um conteúdo semântico mínimo que deve, obrigatoriamente, ser levado em consideração (Carrazza, 2006). Há uma nítida limitação no campo de atuação do legislador infraconstitucional, decorrente das próprias características constitucionais de rigidez (Mosquera, 1996).

A Constituição não confere total liberdade ao legislador infraconstitucional para a determinação do conceito de renda, o que inclusive confirma o afastamento da corrente legalista. É imperioso que os ditames e parâmetros constitucionais sejam observados. O conceito de renda deve, portanto, ser extraído do texto constitucional, sob pena de se tornarem impraticáveis as normas a respeito da repartição de competências tributárias (Baleeiro; Derzi, 2018).

[8] "Art. 146. Cabe à lei complementar: [...] III – estabelecer normas gerais em matéria de legislação tributária, especialmente sobre: a) definição de tributos e de suas espécies, bem como, em relação aos impostos discriminados nesta Constituição, a dos respectivos fatos geradores, bases de cálculo e contribuintes; [...]." (BRASIL. 1988a).

Ratifica-se que a Constituição utiliza como técnica de outorga de competências a determinação das materialidades que cada ente poderá tributar. Portanto, caso se negue a existência de um conceito constitucional de renda, estar-se-ia admitindo que o legislador infraconstitucional pode determinar ou mesmo extrapolar os limites constitucionais estabelecidos pela repartição de competências tributárias, "o que é – para quem aceita o pressuposto básico do escalonamento hierárquico da ordem jurídica - impossível" (Gonçalves, 2002, p. 170). Nesse sentido inclusive já se manifestou o Supremo Tribunal Federal (STF). Veja-se o trecho a seguir transcrito, extraído de voto de lavra do Ministro Joaquim Barbosa em julgamento do qual era o Relator:

> Quer dizer, embora uma mesma palavra utilizada na Carta Magna possa significar várias coisas, não pode ela significar qualquer coisa ao alvedrio do legislador infraconstitucional. Por maior que seja a ambigüidade da expressão "renda e proventos de qualquer natureza", a respectiva definição não fica ao exclusivo arbítrio do legislador complementar ou ordinário. (BRASIL, 2014b)

Todavia, deve-se salientar que o conceito de renda não será encontrado de forma explícita no texto constitucional, pois se trata de conceito pressuposto. Deste modo, a Constituição não determina qual o conceito de renda, mas sim fixa limites semânticos, decorrentes dos termos e expressões empregados em seu texto, bem como da intepretação sistemática de suas regras e princípios. Limites estes que irão delimitar o campo de atuação do legislador infraconstitucional, a quem caberá determinar com precisão o espectro de incidência do tributo em questão (Oliveira, R. M. de, 2020).

Assim, conjugando-se o conteúdo semântico do termo renda, encontrado inclusive com o auxílio das ciências econômicas, conforme apontamentos anteriormente feitos, e tendo em vista a forma como dispôs o legislador infraconstitucional, especialmente no artigo 43 do Código Tributário Nacional (CTN)[9], é possível construir o conceito de renda.

[9] "Art. 43. O imposto, de competência da União, sobre a renda e proventos de qualquer natureza tem como fato gerador a aquisição da disponibilidade econômica ou jurídica: I – de renda, assim entendido o produto do capital, do trabalho ou da combinação de ambos; II – de proventos de qualquer natureza, assim entendidos os acréscimos patrimoniais não compreendidos no inciso anterior." (BRASIL, 1966).

Conforme Roque Antonio Carrazza renda corresponde aos "ganhos econômicos do contribuinte gerados por seu capital, por seu trabalho ou pela combinação de ambos e apurados após o confronto das entradas e saídas verificadas em seu patrimônio, num certo lapso de tempo" (2006, p. 37).

José Artur Lima Gonçalves, por sua vez, conceitua renda como o "saldo positivo resultante do confronto entre certas entradas e certas saídas, ocorridas ao longo de um dado período" (2002, p. 179). E, ainda, Misabel Derzi afirma tratar-se da "livre disposição da parcela acrescida de riqueza, do excedente de que pode dispor alguém, pressupondo o abatimento dos gastos necessários para produzi-la e mantê-la" (Baleeiro; Derzi, 2018, p. 389).

1.1.2.2. Acréscimo patrimonial, titularidade e tempo no conceito de renda

Todas essas questões acerca do conceito de renda ainda são bastante controversas no âmbito acadêmico. Em que pese o valor dos estudos referidos nos parágrafos anteriores, nenhum autor conseguiu indicar uma conclusão para o tema que seja absolutamente pacífica. Mas há alguns pontos atinentes ao conceito de renda que realmente parecem já terem atingido uma consolidação, podendo ser apontados como pacificados pela doutrina.

Dentre esses pontos, Misabel Derzi (Baleeiro; Derzi, 2018), por exemplo, destaca que a renda não pode ser confundida com o patrimônio e que os acréscimos verificados em relação ao contribuinte devem estar à sua disposição. Para Humberto Ávila (2012), o conceito de renda deve se limitar a abranger apenas o resultado líquido do encontro entre receitas e despesas verificadas em um determinado período, impondo-se a desoneração dos gastos indispensáveis para a subsistência do contribuinte, para o livre exercício da atividade econômica e para a manutenção da fonte produtora da renda. Mary Elbe Queiroz (2005), por sua vez, salienta que a renda deverá sempre ser dimensionada levando-se em consideração uma determinada periodicidade, necessária para sua quantificação e, consequentemente, para a observância do princípio da capacidade contributiva.

Ponto que também pode ser considerado como pacificado entre a doutrina e que exprime forte relação com a teoria do acréscimo patrimonial e o critério Haig-Simons diz respeito à necessidade de que a renda constitua acréscimo patrimonial, riqueza nova, para o seu beneficiário. "Não há renda e tampouco proventos de qualquer natureza sem acréscimo patrimonial, ou seja, sem alteração positiva do patrimônio (num determinado lapso temporal)" (Velloso, 2012, p. 370). Tanto é assim que o próprio Código Tributário Nacional reconduz o conceito de renda (em sentido lato) ao de acréscimo patrimonial, conforme se vê da redação do artigo 43 acima transcrito e como bem explica Ricardo Mariz de Oliveira:

> Tanto renda quanto proventos de qualquer natureza (referidos no inciso I) são fatores de produção de acréscimo patrimonial, os proventos por esta sua própria definição contida no inciso II do art. 43, que lhes dá a características (efeito produtor) de serem "acréscimos patrimoniais", ao passo que as rendas também têm a mesma características (o mesmo efeito produtor) porque o inciso II alude aos proventos como sendo os demais acréscimos não provenientes do capital, do trabalho ou da combinação de ambos (isto é, não provenientes da renda, tratada no inciso I), o que significa (em virtude da palavra implícita "demais") que não somente os proventos, mas também os produtos do capital, do trabalho ou da combinação de ambos (portanto, a renda), são fatores de acréscimo patrimonial. (Oliveira, R. M. de, 2020, p. 49)[10]

Aliás, o acréscimo patrimonial constitui a própria materialidade do imposto sobre a renda, conforme prevê a norma que define sua hipótese de incidência (BRASIL, 1966, artigo 43). Assim, o imposto incide sobre o acréscimo patrimonial (Oliveira, R. M. de, 2020), que corresponde, portanto, ao critério material (Carrazza, 2006) e à sua principal característica (Cassone, 1993), que visa tributar justamente a riqueza nova verificada em relação a um determinado contribuinte em um específico período de tempo (Carvalho, P. de B., 2015).

Portanto, da definição do acréscimo patrimonial como critério material do imposto sobre a renda resultam importantes questões a respeito de seu conteúdo e do momento de sua ocorrência. Quanto ao primeiro aspecto, há que se ter em mente que acréscimo patrimonial não se confunde com transferências patrimoniais. Como dito, é preciso que haja incremento,

[10] Ricardo Mariz de Oliveira observa também que, mesmo que não houvesse o inciso II do referido dispositivo legal, ainda assim não haveria como se dissociar renda da noção de acréscimo patrimonial. Relata o mencionado autor que o emprego da expressão "proventos de qualquer natureza" se deve a razões históricas, uma vez que o título "imposto sobre renda e proventos de qualquer natureza" já era utilizado pelo ordenamento jurídico (Oliveira, R. M. de, 2020, p. 180).

aumento no patrimônio do contribuinte em decorrência de rendas do trabalho, do capital, da combinação de ambos ou de quaisquer outras causas internas que o artigo 43 do CTN denomina de proventos de qualquer natureza (OLIVEIRA, R. M. de, 2020). Isto é, o acréscimo patrimonial deve ser originário da renda considerada em sentido lato.

De forma mais específica às pessoas jurídicas[11], cabe destacar que a renda é uma espécie do gênero receita e sempre que houver renda estará "embutida em alguma receita, além de que se confunde com a parcela de acréscimo patrimonial (novo elemento positivo no patrimônio) que é representada por alguma receita" (OLIVEIRA, R. M. de, 2020, p. 174). Daí a importância da compreensão da diferença existente entre transferências patrimoniais e receitas. E as transferências patrimoniais, mesmo que constituam novos direitos no patrimônio em que ingressam, representando um aumento deste, ainda assim não se confundem com as receitas.

Isto se dá em razão de que a estas transferências faltam pressupostos e elementos afirmativos das receitas ou porque incorrem em seus elementos negativos. Ricardo Mariz de Oliveira (2020) apresenta tais pressupostos como um elenco de características, algumas afirmativas e outras negativas, necessárias para identificar se um determinado ingresso se caracteriza ou não como receita.

Pode-se sintetizar este conjunto de pressupostos e elementos afirmativos e negativos explicado pelo mencionado autor pela constatação de que receita sempre dirá respeito a algo novo que se incorpora a um determinado patrimônio. Porém, sendo este composto por um conjunto de direitos e obrigações com conteúdo econômico, o algo novo deve ser um dado jurídico definido pelo direito de modo específico, inexistindo uma definição única e geral para receita. Consequentemente, a receita será um acréscimo jurídico ao patrimônio e se caracterizará ainda que dele não decorra aumento patrimonial ou mesmo que se verifique redução. Logo, o mais adequado é falar que a receita irá trazer ao patrimônio um novo elemento jurídico, um novo direito, mas nunca uma nova obrigação.

[11] A noção de receita, embora mais afeita às pessoas jurídicas que apuram sua renda com suporte contábil, também pode ser estendida às pessoas físicas. Nesse sentido, cabe registrar que receita se trata de conceito com origem nos estudos de Direito Financeiro, onde, conforme lição de Aliomar Baleeiro (1987), refere-se a entrada de um elemento novo e positivo que se integra ao patrimônio sem reservas ou condições de modo a aumenta-lo.

Assim, receita sempre dirá respeito a um novo direito, independentemente de sua natureza ou origem. Todavia, este deverá ser produzido por ação do titular do patrimônio ou por recurso pertencente ao patrimônio no qual ingressa. De tal modo, não será receita o direito novo correspondente à devolução de direito que já existia no patrimônio. Da mesma forma que um ingresso decorrente de simples cumprimento de obrigação não se qualifica como receita. Logo, nem todo ingresso de um novo elemento positivo no patrimônio será receita, o que permite concluir que nem todo acréscimo patrimonial será hipótese de incidência do imposto sobre a renda (Oliveira, R. M. de, 2020).

São exemplos de ingressos que acarretam acréscimo patrimonial, mas que não se qualificam como receita e, logo, não correspondem ao critério material do imposto sobre a renda, as doações, as subvenções e os ágios. Tais ingressos originam-se de fora do patrimônio e não derivam deste ou de seu titular, não tendo como origem o trabalho, o capital, a combinação de ambos ou proventos de outras naturezas. Tratam-se de transferências patrimoniais que "não têm caráter remuneratório ou contraprestacional do emprego de recursos já componentes do patrimônio em que ingressam" (Oliveira, R. M. de, 2020, p. 174). Deste modo, não podem ser considerados como acréscimo patrimonial para fins de incidência do imposto em tela, mas como meras transferências patrimoniais.

Com relação ao momento de verificação da ocorrência do critério material, justamente em razão da necessidade de se apurar a existência de acréscimo patrimonial, a questão temporal tem destacada importância. É preciso considerar a diferença positiva entre o patrimônio da pessoa no início de um período e o seu patrimônio no final desse período mediante a soma algébrica de todos os fatores positivos e negativos que afetaram esse patrimônio no interregno de tempo considerado (Oliveira, R. M. de, 2020).

Ainda a respeito da questão temporal, outro ponto que merece destaque diz respeito ao momento da consideração da renda para fins de incidência do imposto. Esta ocorre quando a renda é auferida, independentemente da destinação que posteriormente lhe seja dada pelo contribuinte. Deste modo, desimporta se a renda obtida por um contribuinte foi poupada, consumida ou transferida para terceiros (Oliveira, R. M. de, 2020, p. 362). Haverá a incidência do imposto sobre a renda no momento em que se verificar a ocorrência da hipótese de incidência.

Da importância da verificação de acréscimo patrimonial no momento em que auferida a renda, decorre a relevância da questão atinente ao titular da renda tributada. De melhor forma, como exposto por Ricardo Mariz de Oliveira (2020), deve-se ter em mente a questão da titularidade do patrimônio no qual há o ingresso da renda que ensejará a incidência do imposto em tela. De fato, o patrimônio diz respeito ao conjunto de relações jurídicas de uma determinada pessoa, seu titular, que detém os direitos e obrigações inerentes a tais relações. Assim, o imposto sobre a renda terá como contribuinte o titular do patrimônio no qual houve o ingresso de receita capaz de gerar incremento patrimonial.

Importante destacar, ainda acerca da determinação do acréscimo patrimonial como hipótese de incidência do imposto sobre a renda, que este não incide "sobre a renda-em-si" (Carvalho, P. de B., 2015, p. 703), mas sim sobre a "aquisição da [sua] disponibilidade econômica ou jurídica", conforme prevê o artigo 43 do CTN (BRASIL, 1966). A este respeito inclusive a jurisprudência do STF é pacífica, conforme ilustra o trecho a seguir transcrito, extraído de voto de lavra do Ministro Marco Aurélio:

> A disponibilidade, tão comum ao conceito de renda, tem sentido vernacular e técnico todo próprio. O fato gerador do imposto sobre a renda, sob pena de não se poder assentar esta última, é a aquisição da disponibilidade econômica ou jurídica, fenômeno sempre concreto e que não pode, à mercê de ficção jurídica extravagante, insuplantável, ser deturpada, a ponto de se dizer que, onde não há disponibilidade econômica ou jurídica, entenda-se já acontecido o fenômeno [...] (BRASIL, 2014a, p. 130-131)

Cabe observar também que o critério material do imposto em tela caracteriza-se como o que a doutrina denomina de "fato gerador funcional" (Oliveira, R. M. de, 2020, p. 432). Ou seja, não há na legislação um rol taxativo que indique cada tipo de renda tributável. A referência é feita de forma genérica, trazendo a legislação apenas as exceções, as rubricas que não são consideradas na materialidade tributária, seja por estarem desoneradas de alguma forma – através de isenções, por exemplo – ou por corresponderem a parcelas passíveis de dedução – como as despesas necessárias para a produção da própria renda tributável, por exemplo (Oliveira, R. M. de, 2020).

Por esse motivo é que se afirma que a base de cálculo do imposto sobre a renda é complexa (Baleeiro; Derzi, 2018), compreendendo todos os rendimentos e, também, as deduções autorizadas pela lei que forem verificados em um dado lapso de tempo. Feita esta apuração e constatado acréscimo patrimonial no período em exame, se estará, então, diante de renda tributável.[12]

1.1.2.3. Lucros e dividendos como espécies de renda passível de tributação

Em vista do exposto, o resultado financeiro positivo obtido pelas pessoas jurídicas e distribuído em favor de seus sócios ou acionistas sob a forma de lucros ou dividendos poderá representar renda tributável. Neste caso, estará enquadrada no inciso I do já mencionado artigo 43 do Código Tributário Nacional, uma vez que correspondem a renda (em sentido estrito) decorrente do capital investido pelo sócio ou acionista na pessoa jurídica.

Portanto, a princípio, os lucros e os dividendos distribuídos enquadram-se no conceito jurídico de renda, possuindo condições de preencher os elementos atinentes a tal conceito que se encontram pacificados pela doutrina, conforme acima mencionado. Assim, visando atingir o objetivo do presente estudo, interessa verificar como se dará o tratamento tributário deste tipo de renda. Inicialmente, cabe fazer alguns apontamentos acerca da definição do que são lucros e dividendos.

A exemplo do que ocorre com o conceito de renda, o ordenamento jurídico brasileiro também não traz uma definição específica e expressa de lucros ou de dividendos. Contudo, não se trata de uma mera omissão legislativa (Fonseca; Lobato, 2015), pois com base principalmente nas disposições da Lei nº 6.404/1976 e do próprio conteúdo semântico inato a tais termos é possível construir sua significação. De fato, após a apuração do resultado de um determinado exercício conforme as regras jurídicas e contábeis aplicáveis e sendo este positivo, a pessoa jurídica poderá, realizando alguns ajustes previstos na legislação, distribuir parte deste resultado positivo aos seus sócios ou acionistas.

[12] A este respeito, interessante registrar a lição de Paulo de Barros Carvalho (2018) a respeito das funções da base de cálculo. A par da função mensuradora, que consiste em determinar a dimensão do fato jurídico tributável para fins de apurar o valor a ser recolhido a título de tributo, a base de cálculo apresenta também outras funções: objetiva e comparativa. Pela função comparativa, a base de cálculo irá confirmar, infirmar ou afirmar o critério material da hipótese de incidência. Assim, pela correta determinação da base de cálculo, tem-se a revelação de qual o efetivo evento que está sendo tributado.

Quando estivermos analisando o resultado distribuído por sociedades simples e empresárias limitadas, por exemplo, será utilizada a expressão lucro distribuído. Nesse sentido, encontramos a lição de Washington Peluso Albino de Souza (2005) que define lucro como a remuneração paga ao empresário pela sua iniciativa. Lucro é, pois, uma remuneração, uma recompensa, paga como contraprestação ao risco decorrente do desenvolvimento de uma atividade econômica (Camargo, 2014). Ele remunera a função de empresa desenvolvida pelo empresário, que compreende tanto seu trabalho de direção quanto os riscos a que está sujeito, da mesma forma que o salário e os juros remuneram o trabalho e o capital, respectivamente (Marchal, 1969).

Já quando estivermos tratando de resultado positivo distribuído por sociedades anônimas, o termo dividendo parece mais adequado (Silva, J. M. P. Q.; *et al*, 2015). Tanto é assim que a Lei das Sociedades por Ações (BRASIL, 1976) expressamente emprega este termo para se referir à parcela do lucro apurado por determinada sociedade e distribuído aos seus acionistas.

A tributação sobre os lucros e dividendos distribuídos gera discussões tanto no âmbito jurídico quanto econômico. A respeito deste, é interessante destacar o trabalho desenvolvido por James M. Poterba e Lawrence H. Summers (1984) acerca dos efeitos econômicos da tributação dos dividendos. Os autores buscam analisar os impactos na economia decorrentes da incidência do imposto de renda sobre os dividendos a partir da experiência inglesa de tributação. De fato, as doutrinas jurídica e econômica têm se debruçado sobre o tema analisando-o sob diversas perspectivas, desde questões atinentes à justiça fiscal até práticas de controle e fiscalização, bem como a respeito dos efeitos práticos da tributação ou não dos lucros e dividendos.

De forma geral, tem-se que a tributação dos lucros e dividendos pode ser analisada em dois momentos diferentes: primeiro no nível da tributação da renda das pessoas jurídicas – *corporate level treatment* – e, depois, no âmbito individual – *individual level treatment* (Botelho, 2020). O resultado positivo apurado por uma pessoa jurídica dentro de um determinado período pode ou não estar sujeito ao imposto sobre a renda (no caso brasileiro, trata-se do imposto sobre a renda das pessoas jurídicas, ou IRPJ). Posteriormente, havendo distribuição deste resultado positivo, os lucros ou dividendos recebidos pelas pessoas físicas sócias ou acionistas podem ou não sofrer nova incidência do imposto sobre a renda (no caso, imposto sobre a renda das pessoas físicas – IRPF).

É possível que os países adotem algum mecanismo de integração entre os impostos de renda incidentes nos âmbitos corporativo e individual, os quais serão analisados nos tópicos seguintes deste capítulo. Assim, a forma como estes dois níveis de tributação se relacionam e coexistem (ou não coexistem, já que pode haver tributação apenas em um dos níveis, com total desoneração quanto ao imposto sobre a renda no outro) pode ser explicada a partir de diversas teorias que foram construídas e de modelos de tributação que foram criados e implementados na prática em diferentes países. De forma didática, Misabel Derzi e Fernando Daniel de Moura Fonseca lecionam que estes modelos de tributação podem ser reunidos em dois grandes grupos:

> [...] de um lado, tem-se o sistema clássico, em que o rendimento pode vir a ser tributado em duas diferentes oportunidades, ainda que não integralmente e não necessariamente por meio das mesmas alíquotas; de outro lado, tem-se o sistema integrado, para o qual a legislação efetivamente atua no sentido de uma única incidência efetiva, sendo as formas mais comuns a imputação e a isenção. (Derzi; Fonseca, 2020, p. 42)

A escolha de um ou outro modelo de tributação por um determinado país é questão que envolve múltiplos fatores. Dentre estes, seguramente questões referentes à justiça fiscal e à isonomia no tratamento entre rendas de origem diferentes e entre contribuintes residentes no país ou em países estrangeiros, bem como fatores relacionados à neutralidade e à dupla tributação econômica da renda, estão entre os fatores mais importantes (Cooper; Gordon, 1998).

Fixadas estas premissas iniciais, passa-se agora ao exame dos diferentes modelos de tributação da renda (modelo clássico e modelo integrado). Posteriormente, no próximo capítulo, serão analisados alguns dos principais fatores a serem observados quando da eleição do modelo a ser adotado (*non bis in idem*, isonomia, neutralidade e segurança jurídica) e, por fim, as propostas de alteração do atual modelo brasileiro.

1.2. O modelo clássico de tributação da renda

O modelo clássico de tributação da renda se caracteriza como aquele em que há a incidência do imposto nos níveis corporativo e individual simultaneamente, mediante a exigência em separado do imposto sobre a renda no âmbito das pessoas jurídicas e das pessoas físicas. Trata-se de sistema no qual o IRPJ e o IRPF coexistem sem mecanismos para evitar ou minimizar a dupla tributação. Desta forma, os resultados positivos produzidos no âmbito corporativo e os lucros ou dividendos distribuídos são tributados sem qualquer dedução ou concessão de crédito.

Questão que será retomada mais adiante, mas que desde já merece referência, diz respeito ao denominado modelo clássico modificado (Derzi; Fonseca, 2020; Botelho, 2020). Neste, os lucros e dividendos são tributados pelo IRPF através da aplicação de alíquotas menores do que as aplicáveis a outros tipos de rendimentos do capital. Deste modo, há uma dupla incidência do imposto sobre a renda, primeiro no nível corporativo e depois no individual, o que seria marca característica do modelo clássico. Contudo, considerando a previsão de alíquotas menores para os lucros e dividendos, pode-se sustentar haver neste método uma preocupação com a dupla tributação.

Com efeito, a alíquota final para rendimentos de pessoas físicas decorrentes do recebimento de lucros e dividendos será menor do que aquela incidente para os demais rendimentos do capital, demonstrando uma atenção do sistema à integração entre IRPJ e IRPF naqueles casos. Logo, o método clássico modificado em verdade se caracteriza como uma técnica de integração da tributação da renda (Tavares, R. J. S., 2020).

Também instigam dificuldades em termos de classificação entre modelo clássico e integrado os casos em que um percentual ou uma parcela dos lucros e dividendos distribuídos não estão sujeitos à dupla incidência do imposto sobre a renda. Por um lado, quando é concedida uma isenção em relação a um determinado percentual dos resultados positivos distribuídos às pessoas físicas, fala-se em isenção parcial como técnica de integração do imposto sobre a renda (Botelho, 2020), como será melhor analisado no tópico seguinte deste capítulo. Isto porque a isenção, ainda que concedida de forma apenas parcial, irá revelar uma preocupação do sistema com a dupla incidência, na medida em que elidirá da tributação pelo IRPF um percentual dos lucros e dividendos independentemente de qual o valor total distribuído.

Por outro lado, quando é estabelecida uma faixa de valor fixo sobre a qual não há incidência do IRPF, tem-se uma modificação nesta situação. Em tais casos pode-se perceber uma preocupação muito maior com questões como capacidade contributiva do que propriamente com a dupla tributação. Pode-se, inclusive, fazer um paralelo com a faixa de isenção do IRPF prevista para os demais rendimentos auferidos pelas pessoas físicas. A intenção é muito mais no sentido de preservar aquela faixa de renda considerada como mínima do que propriamente elidir a dupla tributação da renda. Assim, caracterizam-se estes casos como exemplos do modelo clássico.

O presente tópico busca apresentar este modelo de tributação da renda, o qual já foi adotado no ordenamento jurídico brasileiro e ainda hoje é utilizado por outros países, como Estados Unidos da América e Alemanha, por exemplo. Inicialmente, rememora-se o surgimento da tributação da renda no Brasil, descrevendo-se um breve relato histórico do IR desde então até 1995, quando instituído o modelo integrado. Em sequência, são aprofundados alguns aspectos a respeito da tributação em separado dos rendimentos nos âmbitos corporativo e individual.

1.2.1. Um olhar para o passado: o histórico da tributação da renda no Brasil

O primeiro dos modelos de tributação da renda e dos lucros e dividendos distribuídos a ser analisado é o modelo clássico. Em linhas gerais, este sistema pressupõe a incidência do imposto sobre a renda nos dois níveis, corporativo e individual. Embora o Brasil utilize atualmente a tributação integrada, por um largo período de tempo o modelo eleito era o clássico[13]. Por isto, inicia-se o presente tópico por uma análise da história da tributação da renda em nosso país.

1.2.1.1. Origem do imposto sobre a renda brasileiro

Alguns autores, como João Victor Guedes (2013), atribuem à décima urbana o status de primeiro tributo brasileiro sobre a renda. Instituído em 1808, ele incidia sobre os rendimentos líquidos auferidos pelos proprietários em decorrência da locação de imóveis urbanos. Para outros, como Leonardo Thomaz Pignatari (2020), este posto é ocupado pelo imposto sobre vencimentos de funcionários públicos, instituído em 1843, já sob a égide da Constituição de 1824 e cuja forma de incidência se aproximava

[13] Sem falar nas propostas de alteração do modelo atual de tributação que pretendem o retorno ao modelo clássico. Questão esta que é objeto do terceiro capítulo deste estudo.

de uma tributação exclusiva na fonte[14]. No entanto, estes tributos tinham como característica principal o fato de onerarem apenas itens específicos da renda, não incidindo sobre a renda em geral, ou seja, sobre o conjunto dos rendimentos.

Com o advento da República e a promulgação da Constituição de 1891, a principal modificação no sistema tributário nacional foi a eliminação de uma série de tributos. Os impostos de armazenagem, de faróis, de docas e de transportes, entre outros, foram extintos (Oliveira, F. A. de, 2020). Contudo, não houve modificações mais profundas, o que pode ser explicado pelo fato de que mesmo com o avanço da produção cafeeira, o fim da escravatura e o progressivo aumento dos fluxos comerciais e financeiros da economia, todas estas transformações estavam em estágio incipiente, sem terem produzido alterações relevantes. Desta forma, as bases produtivas e, consequentemente, tributáveis permaneciam ainda essencialmente as mesmas do período do Império (Oliveira, F. A. de, 2020).

Inobstante, já havia vozes de peso defendendo a instituição de um imposto sobre a renda. Exemplo concreto é o relatório elaborado por Ruy Barbosa em 1891, quando então ocupava o cargo de Ministro da Fazenda. Alguns trechos deste relatório merecem transcrição por abordarem questões atinentes à tributação da renda atuais inclusive nos dias de hoje, principalmente no que se refere à potencialidade de tal tributo para satisfazer questões de justiça fiscal, *in verbis*:

> Ora, das varias formas sob que se póde concretizar a idéa das contribuições directas, a menos imperfeita, a mais efficaz, a mais justa é a do imposto sobre a renda, o unico instrumento financeiro capaz de medir a proporção de encargos publicos, que deve recahir sobre os hombros das classes ricas e abastadas.
>
> No Brazil, porém, até hoje, a attenção dos governos se tem concentrado quasi só na aplicação do imposto indirecto, sob a manifestação mais trivial, mais facil e de resultados mais immediatos: os direitos de alfandega. E do imposto sobre a renda, por mais que se tenha fallado, por mais que se lhe

[14] Este tributo vigorou por apenas dois anos, tendo sido extinto em face da forte oposição da população quanto a sua incidência. Posteriormente, em 1867, foi recriado, seguindo o modelo de imposto britânico e para fazer frente às despesas decorrentes do envolvimento do Brasil na guerra do Paraguai. À semelhança do imposto de 1843, incidia sobre os rendimentos pagos pelos cofres públicos e acabou sendo extinto em poucos anos após sua criação. Seguiu-se, a partir daí, um ciclo de retomada e extinção desse tributo até que, em 1910, foi definitivamente suprimido (Murphy, 2020).

> haja proclamado a conveniencia e a moralidade, ainda não se curou em tentar a adaptação, que as nossas circumstancias permittem, e as nossas necessidades reclamam.
>
> [...]
>
> E' uma forma de imposição, que, além de servir de complemento essencial ao systema tributario, preenchendo-lhe as lacunas, corrigindo-lhe as imperfeições, e restabelecendo o equilibrio sobre bases mais amplas, além dessas funcções normaes e ordinarias, exerce funcções extraordinarias e salvadoras como recurso de sobreselente para as conjucturas criticas do Thesouro. Satisfazendo, sob o primeiro aspecto, a exigencias de justiça distributiva, responde, pelo outro, a necessidades financeiras de caracter politico. (Barbosa, 1891, p. 214 e 223-224)

Havia naquela época, portanto, defensores da instituição de um tributo que onerasse a renda individual. No entanto, as propostas para criação de um imposto desta natureza foram todas rejeitadas (Murphy, 2020). Os principais argumentos utilizados para tanto diziam respeito à complexidade de um tributo que incidisse sobre a renda global dos contribuintes e aos custos procedimentais decorrentes desta complexidade. Além de outras questões, como o entendimento de que a renda já era onerada por outros tributos existentes, principalmente pelo Imposto sobre Indústrias e Profissões, aliado à lembrança, então bastante viva, dos pesados impostos cobrados do Brasil Colônia na época do Império (Oliveira, F. A. de, 2020).

Entretanto, muito embora a Constituição de 1891 não tenha previsto de forma expressa a criação do imposto sobre a renda, acabou por permitir sua instituição. Através da competência concorrente e cumulativa outorgada pelo artigo 12 à União e aos Estados, conjugada com as competências discriminadas nos artigos 7º e 9º, era possível a criação do imposto sobre a renda por tais entes (Leonetti, 2003).

A partir de 1911, a lei orçamentária passou a contar com um título dedicado ao imposto sobre a renda. Para além do que havia se verificado até aquele ano, as disposições legais previam a incidência do tributo não apenas sobre valores pagos pelos cofres públicos. Havia também a previsão de tributação sobre os lucros de sociedades limitadas e dividendos de sociedades anônimas, bem como sobre juros de obrigações civis, de empréstimos hipotecários, entre outras fontes de renda (Murphy, 2020). Fortalecia-se a partir daí a ideia de criação de um imposto sobre a renda global. E, frisa-se, tal imposto nascia com a previsão de tributação da renda produzida no âmbito corporativo e dos lucros e dividendos distribuídos aos sócios e acionistas no âmbito individual, em nítida adesão ao modelo clássico de tributação.

O surgimento do imposto sobre a renda pode ser atribuído à oscilação econômica da época. Com economia basicamente agroexportadora, altamente dependente do comércio exterior, o Brasil viu o mercado internacional ser praticamente paralisado pela Primeira Grande Guerra Mundial. Desencadeou-se, então, uma acentuada redução na atividade econômica, prejudicando as receitas públicas e, consequentemente, impondo ao governo o aumento dos impostos internos para fortalecer sua arrecadação (Oliveira, F. A. de, 2020).

Nesse contexto foi editada a Lei Orçamentária nº 4.625, de 31 de dezembro de 1922[15]. Considerada pela maioria dos autores como o marco inicial da história da tributação da renda no Brasil (Silva, J. M. P. Q.; *et al*, 2015), trazia em seu artigo 31 a seguinte disposição:

> Art. 31. Fica instituido o imposto geral sobre a renda, que será, devido, annualmente, por toda a pessoa physica ou juridica, residente no territorio do paiz, e incidirá, em cada caso, sobre o conjunto liquido dos rendimentos de qualquer origem. (BRASIL, 1922)

Percebe-se que, diferentemente do que ocorreu em outros países, como no Reino Unido por exemplo, o legislador brasileiro não justificou a criação do imposto sobre a renda em demandas bélicas ou acontecimentos extraordinários. O motivo foi a necessidade de fazer frente a despesas estatais ordinárias (Santos, J. V. G., 2013)

A tributação da renda em nosso país, a partir de então, pode ser dividida, para fins de melhor didática no seu exame, em três períodos. Inicialmente, a incidência do imposto se dava pelo sistema cedular, com a tributação dos lucros e dividendos pelo modelo clássico (1922 a 1988). Depois, houve um período de transição, com diversas modificações em curto espaço de tempo (de 1989 a 1995). Por fim, o período atual, em que se passou a adotar o modelo integrado, com a isenção no âmbito individual (a partir de 1996).

[15] Embora considere-se sua criação em 1922, pela referida Lei nº 4.625, o imposto de renda somente passou a ser efetivamente exigido no Brasil a partir de 1924, em razão da Lei Orçamentária nº 4.783, de 31 de dezembro de 1923 (Carrazza, 2013).

1.2.1.2. Sistema cedular (1922 a 1988)

Na fase inicial, havia alíquotas progressivas de 0,5% a 8%. Os rendimentos eram classificados em quatro categorias conforme sua origem: comércio ou exploração industrial; investimento de capital ou valores mobiliários; remunerações pagas pelo setor público ou privado; e exercício de profissões não comerciais ou não compreendidas nas categorias anteriores (Oliveira, F. A. de, 2020). Posteriormente, através da Lei nº 4.984/1925, a separação em categorias permitiu que fosse oficialmente instituído o modelo de tributação cedular. As alíquotas (agora de 0,5% a 10%) incidiam de forma variável conforme a categoria. Complementarmente, alíquotas progressivas incidiam sobre a renda global (Murphy, 2020).

Durante a elaboração da Constituição de 1934, o cenário era de recuperação econômica pós-crise desencadeada pela quebra da Bolsa de Valores de Nova York em 1929 e acentuada pela Revolução Constitucionalista de 1932. Houve uma preocupação maior do que em 1891 com a definição de um novo sistema tributário buscando-se, inclusive, identificar os efeitos dos tributos sobre a economia e sobre os contribuintes. Como uma das principais modificações no sistema tributário houve, pela primeira vez, a previsão na Constituição do imposto sobre a renda, sob competência federal (Oliveira, F. A. de, 2020).

Em razão da baixa atividade econômica interna, bem como pela isenção alcançada aos rendimentos decorrentes da exploração agropecuária e dos descontos conferidos a quem efetuasse o pagamento do imposto sobre a renda dentro do prazo (que chegavam a 75%), sua arrecadação nesta época era bastante inexpressiva (Oliveira, F. A. de, 2020). Contudo, pode-se perceber que havia um crescimento constante. A tabela abaixo ilustra este ponto:

Tabela 1 – Receita do imposto sobre a renda (pessoas físicas e jurídicas) no Brasil de 1924 a 1929, em Contos de Réis

Ano	Receita
1924	25.190
1925	27.246
1926	29.439
1927	54.589
1928	63.668
1929	68.908

Fonte: Elaborada pelo autor com base em Nóbrega, 2014, p. 47.

No período do Estado Novo, embora todo o contexto de supressão das liberdades individuais e concentração do poder, é interessante notar que não houve centralização das competências tributárias. De fato, a Constituição de 1937 manteve praticamente a mesma estrutura de sistema tributário da Constituição de 1934 (Oliveira, F. A. de, 2020). Em relação a esta, as principais alterações foram a eliminação da competência privativa dos estados para tributar o consumo de combustíveis e dos municípios para tributar a renda das propriedades rurais. Em contrapartida, a competência residual foi atribuída exclusivamente aos estados e sem qualquer previsão de repartição da arrecadação (Varsano, 1996).

Em 1942 foi realizada a primeira grande reforma administrativa do imposto sobre a renda no Brasil. Determinados órgãos passaram a ser obrigados a fornecer informações cadastrais para o fisco, contribuintes foram obrigados a comprovar o recolhimento do imposto para realizar determinadas operações e a informar os rendimentos pagos ou creditados a terceiros. Mas o mais importante foi a reorganização e consequente descentralização da estrutura de administração do imposto (Oliveira, F. A. de, 2020). Assim, em 1943 o imposto sobre a renda ganha representatividade econômica, justamente em decorrência destas e de outras sucessivas alterações que passaram a ser feitas e se seguiram nos próximos anos[16] (Castro, 2014).

[16] Dentre essas alterações cabe destacar que, em 1948, por exemplo, a alíquota mais elevada passou de 20% para 50%. Já no exercício de 1962 haviam dezessete alíquotas diferentes, o maior número de alíquotas diferentes da história. Já nos exercícios de 1963 a 1965 vigorou a alíquota máxima mais elevada da história, de 65% (CASTRO, 2014, p. 28).

A Constituição de 1946 marca a retomada democrática e a restauração das liberdades individuais. No entanto, não houve grandes modificações no sistema tributário. No ano seguinte, através da Lei nº 154, foi criada a cédula "H". A classificação dos rendimentos passou, então, a ficar da seguinte maneira, que seria mantida até 1988: Cédula "A": Capitais aplicados em títulos públicos; Cédula "B": Capitais e valores mobiliários; Cédula "C": Trabalho assalariado com vínculo empregatício; Cédula "D": Trabalho autônomo sem vínculo empregatício; Cédula "E": Aluguéis; Cédula "F": Lucros e dividendos; Cédula "G": Exploração agrícola e das indústrias extrativas vegetal e animal; Cédula "H": Outros rendimentos, não incluídos nas cédulas anteriores, inclusive variação patrimonial a descoberto e distribuição disfarçada de lucros (Silva, J. M. P. Q.; *et al*, 2015).

Embora a manutenção do sistema cedular até 1988, através da Lei nº 4.506/1964 houve uma modificação na forma de cálculo do imposto sobre a renda. Sua incidência por alíquotas variáveis conforme cada cédula foi extinta e ele passou a ser apurado exclusivamente pela tabela progressiva (Murphy, 2020). As cédulas foram mantidas apenas para fins de cálculo das deduções específicas admitidas para cada tipo de rendimento (Silva, J. M. P. Q.; *et al*, 2015). Carlos Alberto Longo (1984), em obra publicada ainda na vigência deste sistema, observa que, embora mantida a classificação dos rendimentos em diferentes categorias, não havia exatamente uma oneração diferenciada por classe de rendimento. Isto porque, após as deduções, todos eram somados e esse total, depois de deduzidos os abatimentos legais, passava a corresponder à renda líquida tributável.

O golpe de 1964 e todo o conhecido cenário de privação de liberdades individuais e políticas, principalmente em razão de supressão do Congresso Nacional e dos próprios partidos políticos, criou um ambiente sem oposição ao Governo que o permitiu avançar na realização de várias reformas, inclusive tributária. Uma série de modificações foram implementas também na estrutura do imposto sobre a renda (Nóbrega, 2014). Por exemplo: a Lei nº 4.357 revogou a cobrança do então existente adicional de proteção à família; e a Emenda Constitucional nº 9 extinguiu a imunidade prevista em favor dos professores, jornalistas, autores e magistrados.

No entanto, os principais marcos dessa reforma podem ser indicados como a Emenda Constitucional nº 18/1965 e a aprovação do Código Tributário Nacional, através da Lei nº 5.172/1966 (Oliveira, F. A. de, 2020). Estas medidas promoveram profundas alterações no sistema tributário nacional, inclusive dando maior atenção aos tributos internos, como o imposto sobre a renda.

Posteriormente, através do Decreto nº 85.450/1980, foi instituído o Regulamento do Imposto de Renda e previsto um sistema generalizado de retenção na fonte. Interessante destacar a previsão dos artigos 544 e 547, que regulamentavam o recolhimento na fonte do imposto incidente sobre os lucros e dividendos. As alíquotas aplicáveis eram de 15% sobre dividendos distribuídos por companhias abertas e de 25% para as demais espécies de sociedade, mesma alíquota aplicada no caso de firmas individuais. Ainda, o contribuinte podia optar pela tributação exclusiva na fonte ou por levar esses rendimentos à incidência da tabela progressiva.

Com base em dados do Ministério da Fazenda referentes ao ano de 1980, percebe-se que a grande maioria dos contribuintes optava pela tributação na fonte. O que pode ser explicado pelo fato de que esses contribuintes se encontravam em classes de renda superiores e, assim, poderiam acabar ficando sujeitos à alíquotas proporcionais superiores à da retenção na fonte (Longo, 1984).

Até 1987, o imposto sobre a renda das pessoas jurídicas alcançava apenas o resultado positivo auferido através do desenvolvimento de atividades econômicas dentro do território nacional. O que, de fato, não era de se estranhar, dado o contexto histórico em que a economia brasileira era meramente importadora de capital (Catarino; *et al.*, 2017). Porém, através do Decreto-Lei nº 2.397/1987 ocorreu a primeira iniciativa no sentido de abolir o critério da territorialidade. Assim, a partir de 1988 o imposto sobre a renda passaria a alcançar também os resultados positivos obtidos no exterior pelas pessoas jurídicas domiciliadas no Brasil, inclusive através de filiais, sucursais, agências ou representações. Desta forma, essa mudança representou a adoção do critério da tributação em bases universais.

Já em fevereiro de 1988 houve uma nova modificação nessa estrutura. O Decreto-Lei nº 2.413 dispôs que o lucro obtido no exterior por subsidiárias de empresas brasileiras seria gravado pelo imposto sobre a renda. Trata-se de um aprofundamento no critério das bases universais, pois o imposto brasileiro passaria a alcançar também rendas auferidas no exterior por subsidiárias, ou seja, por pessoas jurídicas distintas da pessoa jurídica domiciliada no país (Catarino; *et al.*, 2017).

No entanto, ainda em 1988, através do Decreto-Lei nº 2.429 de abril daquele ano, o imposto sobre a renda brasileiro restou conduzido de volta ao antigo critério da territorialidade. Foi um período realmente conturbado, no qual, em apenas quatro meses, a legislação brasileira "deixou o critério da territorialidade, adotou o critério da renda mundial, instituiu uma forma de transparência fiscal internacional (tributando os lucros das subsidiárias no exterior) e depois retornou ao critério da territorialidade" (Catarino; *et al.*, 2017, p. 100).

1.2.1.3. Período de transição (1989 a 1995)

A nova retomada democrática e das liberdades individuais teve seu ápice com a promulgação da Constituição de 1988 que marca, sob muitos aspectos, uma nítida reação aos ideais centralizadores do período anterior. No âmbito tributário, verificou-se profundas alterações na distribuição de competências e de receitas entre os entes federativos. A intenção, ainda que não tenha sido atingida até os dias de hoje[17], era de beneficiar estados e municípios em detrimento da União. Por esta razão, os impostos únicos incidentes sobre energia elétrica, combustíveis e minerais, bem como os especiais sobre transportes rodoviários e serviços de comunicação, foram integrados ao novo imposto estadual (Imposto sobre Circulação de Mercadorias e Serviços – ICMS). Da mesma forma, a parcela do produto da arrecadação do imposto sobre a renda e do Imposto sobre Produtos Industrializados (IPI) repassada pela União aos estados e municípios aumentou de 33% para 47% e de 33% para 57%, respectivamente (Oliveira, F. A. De, 2020).

Observa-se, pois, que a Constituição de 1988 procurou de fato ampliar o grau de autonomia dos entes federativos. No entanto, isto ocorreu em maior medida através da repartição de receitas do que pela atribuição de competências legislativas e do fortalecimento da capacidade destes entes em arrecadar por conta própria (Varsano, 1996).

Outra grande modificação introduzida pela Constituição de 1988 diz respeito à positivação de princípios específicos para o imposto sobre a renda. Além da previsão de princípios constitucionais voltados ao orde-

[17] De fato, parece que este ideal não foi efetivamente alcançado pela Constituição de 1988. Dados divulgados pela Receita Federal do Brasil referentes aos anos de 2010 a 2019 acerca da participação dos entes federativos na arrecadação tributária total do país revelam uma grande centralização da arrecadação junto à União (BRASIL, 2020a). Ainda, dados divulgados pela Instituição Fiscal Independente referentes aos anos de 2002 a 2017 demonstram que principalmente os Municípios são dependentes de repasses do Governo Federal (BRASIL, 2018).

namento jurídico como um todo e, também, dos princípios específicos ao sistema tributário, a Constituição passou a prever ainda os princípios[18] da generalidade, da universalidade e da progressividade como informadores do imposto sobre a renda.

O ano de 1988 foi o último ano do chamado período cedular do imposto sobre a renda brasileiro. A alíquota aplicável às pessoas jurídicas era de 35%, sujeita ao adicional de 10%. Enquanto que a alíquota para as pessoas físicas sobre os lucros e dividendos era de 23% no caso de companhias abertas e de 25% no caso das demais pessoas jurídicas. Poderia, então, a incidência conjunta do imposto sobre a renda corporativa e individual chegar ao patamar de 70% do resultado distribuído. Interessante notar que, naquele ano, a alíquota progressiva marginal do imposto sobre a renda das pessoas físicas era de 45%. Assim, caso o contribuinte optasse pela tributação na tabela progressiva, poderiam os rendimentos decorrentes de lucros e dividendos distribuídos ficarem sujeitos a uma tributação de 90%. No entanto, como já dito, a grande maioria dos contribuintes optava pela tributação exclusivamente na fonte como forma de se sujeitarem a uma incidência menor (Silva, J. M. P. Q.; *et al*, 2015).

Importante modificação na estrutura da tributação da renda ocorrida também em 1988 foi a instituição da Contribuição Social sobre o Luro Líquido (CSLL). Através da Lei nº 7.689/1988, foi instituída a exação inicialmente com uma alíquota de 8% e logo aumentada para 10%. Interessante notar que, mesmo após a instituição da CSLL (atualmente com alíquota de 9% para a maior parte das empresas e atividades), o imposto sobre a renda das pessoas jurídicas continuou a ser cobrado com as mesmas alíquotas previstas antes da criação desta contribuição (Polizelli, 2018).

As tabelas abaixo demonstram que a arrecadação decorrente dos impostos sobre a renda das pessoas físicas e jurídicas continuou em uma escala

[18] Cabe registrar que a Constituição de 1988, em seu artigo 153, § 2º, inciso I, dispõe que o imposto de renda será informado pelos "critérios" da generalidade, da universalidade e da progressividade. No entanto, como tais critérios informam valores a serem implantados nas normas concernentes ao imposto de renda, cumprem o papel de princípios. Com efeito, princípios são justamente normas jurídicas carregadas de maior carga valorativa e que se dirigem ao legislador e ao intérprete e aplicador das demais normas, estabelecendo diretrizes para a sua elaboração e interpretação. Deste modo, adota-se a posição doutrinária que classifica a generalidade, a universalidade e a progressividade como princípios aplicáveis ao imposto de renda (Murphy, 2020).

crescente mesmo após a instituição da CSLL em 1988. Houve, portanto, uma efetiva majoração da carga tributária incidente sobre o lucro em razão da cumulação destes tributos:

Tabela 2 – Arrecadação de Receitas Federais no Brasil (em milhões)

Ano	IRPJ	IRPF	CSLL
1986	CZ$ 73.641	CZ$ 6.144	-
1987	CZ$ 194.374	CZ$ 35.643	-
1988	CZ$ 1.577.873	CZ$ 238.278	-
1989	NCZ$ 13.916	NCZ$ 2.344	NCZ$ 2.476
1990	Cr$ 503.808	Cr$ 110.700	Cr$ 172.322
1991	Cr$ 1.388.370	Cr$ 259.314	Cr$ 462.172
1992	Cr$ 24.129.128	Cr$ 2.716.549	Cr$ 12.855.853

Fonte: Elaborada pelo autor com base em Brasil, 2021b.

Tabela 3 – Arrecadação de Receitas Federais no Brasil (em "R$ milhões")

Ano	IRPJ	IRPF	CSLL
1986	26.778	2.234	-
1987	70.681	12.961	-
1988	573.772	86.646	-
1989	5.060	852	900
1990	183.202	40.255	62.663
1991	504.862	94.296	168.063
1992	8.774.228	987.836	4.674.856

Fonte: Elaborada pelo autor com base em Brasil, 2021b.

Ainda em 1988, influenciado pela *Tax Reform Act* norte-americana de 1986, sob o comando do presidente Ronald Reagan, que fixou a maior alíquota da tabela do imposto sobre a renda dos indivíduos em 28%, contra os 50% previstos anteriormente, o Brasil também promoveu outras alterações no imposto sobre a renda. A Lei nº 7.713 daquele ano reduziu as faixas de alíquotas, estabelecendo uma alíquota de 10% e outra de 25%. Referida lei também passou a prever apenas duas naturezas de despesas dedutíveis: dependentes e gastos médico-hospitalares. A ideia central dessa modificação no imposto sobre a renda era promover um rebaixamento das alíquotas associado a um corte substancial no número de despesas dedutíveis (POLIZELLI, 2018).

A Lei nº 7.713/1988 também marcou o início do período de transição da história do imposto sobre a renda o Brasil, introduzindo a sistemática de apuração mensal do imposto devido pelas pessoas físicas e suprimindo a classificação de rendimentos em cédulas. A partir de 1989, o imposto sobre a renda das pessoas físicas passou a ser devido mensalmente, à medida que os rendimentos e ganhos de capital fossem percebidos (NÓBREGA, 2014).

A referida lei também foi a responsável, através de seu artigo 35, por criar o Imposto sobre o Lucro Líquido (ILL). Devido pelo sócio ou acionista de pessoa jurídica, ou ainda pelo titular da empresa individual, sua incidência ocorria na fonte pagadora à alíquota de 8% calculada com base no lucro líquido apurado pelas pessoas jurídicas na data do encerramento do período-base. Esse imposto foi objeto de grandes insurgências judiciais, chegando ao Supremo Tribunal Federal que o declarou inconstitucional em relação ao sócio acionista de sociedade anônima (BRASIL, 1995b)[19]. Com relação às sociedades por quotas de responsabilidade limitada, a incidência ou não do ILL dependeria do que dispusesse o contrato social quanto à distribuição de rendimentos (BOTELHO, 2020).

Interessante notar que, mesmo antes da decisão final do Supremo Tribunal Federal, a Lei nº 8.383/1991 já havia afastado a incidência do ILL relativamente aos lucros apurados a partir de 1º de janeiro de 1993. A partir deste momento, portanto, a distribuição de resultados passou a não mais ser tributada no Brasil, pelo menos provisoriamente[20]. Permaneceu vigente apenas a incidência do imposto sobre os lucros e dividendos que fossem distribuídos a residentes no exterior, os quais ficaram sujeitos a uma alíquota de 15%.

A Lei nº 8.383/1991 também instituiu a UFIR como referencial para atualização monetária, o que causou profundas alterações na legislação do imposto sobre a renda (CASSONE, 1993, p. 35 e 51). Com efeito, toda

[19] Posteriormente, o Senado Federal ainda editou a Resolução nº 82/1996 (BRASIL, 1996) que suspendeu a execução do dispositivo legal na parte refutada pelo STF.

[20] Cabe registrar, no entanto, que a Lei nº 8.541/1992, em seu artigo 20, trouxe um ponto interessante a essa questão. É que, pelo referido dispositivo, se os resultados distribuídos aos sócios ou titulares de empresas individuais ultrapassassem o valor do lucro presumido, deduzido do imposto sobre a renda correspondente, deveria haver a tributação na fonte sobre esses resultados distribuídos.

a estrutura básica da tributação da pessoa física passou a ser expressa em UFIR, o que garantia a atualização do imposto a ser recolhido. E também no âmbito das pessoas jurídicas houve profundas modificações. Além da indexação em UFIR, foi instituída a apuração e pagamento do imposto sobre a renda em "bases correntes mensais", ou seja, os lucros passaram a ser apurados mês a mês e recolhidos até o último dia do mês seguinte, procedendo-se posteriormente ao ajuste anual.

Revelando a turbulência legislativa desse período de transição da história do imposto sobre a renda no Brasil, as Leis nº 8.849/1994 e nº 9.064/1995 voltaram a prever a tributação da distribuição de lucros e dividendos. A alíquota era de 15% incidente sobre os lucros formados a partir de 1994 por empresas optantes pelo lucro real. Interessante notar, contudo, que havia previsão no sentido de que o imposto recolhido pelas pessoas jurídicas poderia ser deduzido na apuração do tributo devido pelas pessoas físicas beneficiárias (Derzi; Fonseca, 2020). Tem-se, assim, um passo em direção à adoção do modelo de tributação integrada da renda.

Posteriormente, a Lei nº 8.981/1995 trouxe novamente a isenção do imposto sobre a renda das pessoas físicas para lucros e dividendos distribuídos em valores que não ultrapassassem o valor que serviu de base de cálculo para o imposto sobre a renda das pessoas jurídicas. E, ainda, a Lei nº 9.064/1995 passou a prever que o lucro arbitrado seria considerado como rendimento pago aos sócios ou acionistas na proporção da participação destes no capital social da pessoa jurídica. Criou-se, assim, uma espécie de fato gerador presumido para o imposto sobre a renda incidente sobre resultados distribuídos (Botelho, 2020).

As referidas Leis nº 8.981/1995 e nº 9.065/1995 trouxeram outra importante modificação para a estrutura do imposto sobre a renda. Trata-se da limitação da compensação dos prejuízos acumulados em exercícios anteriores ao patamar de 30% do lucro dos exercícios subsequentes. Segundo Misabel Abreu Machado Derzi e Fernando Daniel de Moura Fonseca (2020), essa limitação acaba gerando a transmutação de um tributo direto sobre a renda em um imposto indireto sobre o consumo. Com efeito, a limitação da compensação de prejuízos de exercícios anteriores, ainda mais quando o limite é tão baixo assim, representa a incidência do imposto sobre "renda fictícia", pois será devido o imposto independentemente de resultados positivos.

Consequentemente, essa incidência sobre uma renda fictícia acaba caracterizando um custo inerente à atividade econômica, o qual irá repercutir nos preços das mercadorias e serviços e, logo, repassado ao consumidor final. Justamente por isto, é que se pode dizer que o imposto sobre a renda incidente em razão da limitação da compensação de prejuízos está muito mais próximo a um tributo sobre o consumo do que propriamente de um tributo que onera a renda.

Ainda, pode-se dizer que tal limitação para a compensação de prejuízos faz com que o IRPJ incida sobre o patrimônio da pessoa jurídica (Wierzchowski, 2018). Isto porque, mesmo tendo experimentado um decréscimo a partir da consideração do prejuízo acumulado, a sociedade permanece obrigada ao recolhimento do imposto como se tivesse auferido renda. Desta forma, será uma parcela do seu patrimônio que deverá ser utilizada para o cumprimento da obrigação tributária.

Sobre a questão da compensação dos prejuízos, interessante fazer um breve aprofundamento. Não se trata de benefício concedido às pessoas jurídicas. Trata-se, sim, de uma decorrência lógica da própria natureza dinâmica da renda, que é auferida e verificada em um dado período. Andrei Pitten Velloso bem explica este ponto:

> Se uma pessoa jurídica, por exemplo, amargou prejuízos num ano e, no seguinte, apurou lucro em montante idêntico, ela na realidade não teve lucro algum e, por consequência, não poderia ser coagida a submeter à tributação a renda ficta, configurada pela mera segmentação dos exercícios fiscais. Essa situação não configura acréscimo patrimonial, mas mera recuperação de prejuízo, ou melhor, reposição patrimonial. (Velloso, 2012, p. 378)

Nesse sentido, tem-se que a incidência do imposto sobre a renda sobre renda fictícia, além de desrespeitar o conceito de renda e a competência tributária outorgada pela Constituição, também viola os princípios da capacidade contributiva e da renda líquida. Este representa verdadeira limitação à atividade legislativa no momento em que determina as normas sobre a apuração da base de cálculo do imposto sobre a renda (Santos, R. T., 2019b).

Isto porque a noção de acréscimo patrimonial, que conforme já visto constitui a hipótese de incidência do imposto sobre a renda, pressupõe a constatação de novos ingressos no patrimônio do contribuinte e, ao mesmo tempo, a exclusão dos custos e das despesas necessárias à sua produção (Oliveira, R. M. de, 1998). Porém, o Supremo Tribunal Federal (BRASIL, 2009) já se manifestou no sentido de que inexiste direito à compensação de prejuízos de forma ilimitada. De acordo com o entendimento da Corte, trata-se sim de questão de política fiscal e que, portanto, deve ser aplicada nos estritos termos em que instituída.

Verifica-se, pois, que a partir da década de 1990 teve início um processo de profundas alterações na estrutura do imposto sobre a renda brasileiro. Muitas destas modificações foram responsáveis pelo desenho do imposto vigente até os dias de hoje. O cenário que permitiu a realização desse novo desenho do imposto sobre a renda era marcado, principalmente, pela estabilização da moeda a partir da implantação do Plano Real que eliminou boa parte da complexidade do imposto sobre a renda ao permitir que se extinguisse a correção monetária (Almeida, 2012).

E foi nesse contexto que sobreveio a Lei nº 9.249/1995. Assim, a partir de ano-calendário 1996, sócios ou acionistas, pessoas físicas ou jurídicas, domiciliadas ou não no Brasil, passaram a ser isentos de imposto sobre a renda relativamente aos rendimentos decorrentes da distribuição de lucros ou dividendos por pessoas jurídicas, sejam elas tributadas pelo lucro real, presumido, arbitrado ou integrantes do Simples Nacional.

A Lei nº 9.249/1995 implementou ainda outras modificações importantes na estrutura da tributação da renda. No entanto, estas serão mencionadas na terceira parte deste primeiro capítulo, quando será analisado o modelo de tributação integrada. Visto o histórico brasileiro de tributação pelo modelo clássico, passa-se agora ao estudo de algumas questões pontuais pertinentes a este modelo.

1.2.2. O modelo clássico: a tributação em separado da renda no âmbito corporativo e individual

Como já dito, a premissa básica do modelo clássico de tributação da renda é a dupla incidência do imposto. Primeiro, quando o resultado positivo é produzido pela pessoa jurídica (âmbito corporativo – imposto sobre a renda das pessoas jurídicas). Segundo, quando este resultado é distribuído aos sócios ou acionistas pessoas físicas sob a forma de lucros ou dividendos (âmbito individual – imposto sobre a renda das pessoas físicas). Trata-se de opção legislativa no sentido de eleger o auferimento de renda pela pessoa jurídica e, também, a distribuição dessa renda e consequentemente seu auferimento pelas pessoas físicas como hipóteses de incidência do imposto. Alcança-se, assim, tanto a renda em uma dimensão econômica de sua geração originária, quanto de sua distribuição (Andrade, 2008).

Interessante notar que essa dupla incidência também pode ser verificada mesmo quando os resultados positivos não são distribuídos pelas pessoas jurídicas em favor de seus sócios ou acionistas (Silva, N. M., 2009). Com efeito, o resultado positivo não distribuído irá acarretar um aumento no valor das quotas sociais ou das ações, o qual acabará por ser tributado quando o sócio ou acionista eventualmente as alienar e obtiver algum ganho de capital. Portanto, ainda que não de forma imediata como ocorre quando da distribuição dos resultados, a dupla incidência do imposto sobre a renda poderá ser verificada mesmo em casos de reinvestimento do resultado positivo auferido pela pessoa jurídica.

Em alguns países, como Dinamarca, Japão, Polônia, Espanha, Suíça e Estados Unidos, verifica-se a existência de alíquotas de IRPF reduzidas para os rendimentos decorrentes do recebimento de lucros e dividendos, caracterizando o que parte da doutrina chama de modelo clássico modificado (Botelho, 2020). Nestes casos, a dupla incidência do imposto sobre os resultados distribuídos ocorre por meio de uma alíquota menor em comparação àquela aplicada aos demais rendimentos do capital.

Desse modo, ainda que de forma mais discreta do que nos modelos denominados integrados, como será visto no tópico a seguir, há em tais casos um certo grau de atenção à dupla incidência do IR. De fato, a previsão de alíquotas menores no âmbito individual para os rendimentos oriundos da distribuição de lucros e dividendos revela uma preocupação com a carga que incidiu na etapa anterior de produção deste resultado positivo, ou seja, com o tributo incidente no âmbito corporativo. Assim, e considerando que a marca principal do modelo clássico de oneração da renda é a previsão de incidência do imposto em dois âmbitos sem preocupações com questões como a dupla tributação (Derzi; Fonseca, 2020), verifica-se que o denominado modelo clássico modificado pode ser mais precisamente apontado como uma espécie de modelo integrado.

O modelo clássico, com suas características plenas, é encontrado atualmente em diversos países, como Áustria, Bélgica, República Tcheca, França (quando o beneficiário é pessoa jurídica), Alemanha, Islândia, Irlanda, Israel, Itália, Eslovênia e Suécia (Botelho, 2020). O Brasil não utiliza este modelo de tributação da renda, sendo adepto do modelo integrado. Porém, há projetos lei em trâmite no Congresso Nacional que visam justamente implantar o modelo clássico, como veremos mais detidamente no próximo capítulo deste estudo.

Por ora, cabe destacar apenas que a eventual instituição da tributação da renda em dois momentos não representaria algo novo no ordenamento jurídico pátrio. Como visto no tópico anterior, o imposto sobre a renda brasileiro foi concebido com base no modelo clássico e durante décadas era este o modelo vigente. A incidência do imposto no âmbito corporativo e individual, portanto, não seria uma novidade. Aliás, nestes cem anos de história do imposto sobre a renda no Brasil, pode-se mesmo afirmar que "a isenção dos dividendos é a exceção e a sua tributação foi a regra" (Polizelli, 2018, p. 419).

Mesmo antes de 1922, quando não havia efetivamente um imposto sobre a renda no Brasil, já era possível encontrar certas formas de oneração dos dividendos (Nóbrega, 2014). Por exemplo, a Lei nº 25/1891 previa uma tributação na fonte a ser realizada por bancos e sociedades anônimas quando da distribuição de dividendos. Da mesma forma, a. Lei nº 2.321/1910 também previa a incidência de um imposto sobre dividendos distribuídos.

De 1922 até 1993, consolidou-se a atribuição do status de contribuintes do imposto sobre a renda tanto às pessoas jurídicas quanto às físicas concomitantemente. Contudo, isto não significa dizer que não havia desde já uma certa preocupação com a dupla incidência (ao menos do ponto de vista econômico) do tributo sobre a renda (Pignatari, 2020). Por exemplo, desde a instituição do sistema cedular até 1964, os lucros e dividendos recebidos pelas pessoas físicas eram declarados na cédula "F", a qual não possuía alíquota própria. Assim, os resultados distribuídos pelas pessoas jurídicas ficavam sujeitos somente ao imposto sobre a renda no âmbito corporativo e ao eventual imposto de renda complementar que fosse devido quando da consideração conjunta das rendas declaradas nas diferentes cédulas.

Posteriormente podem ainda ser encontrados outros exemplos dessa preocupação. É o caso do Decreto-Lei nº 1.338/1974, que autorizava as pessoas físicas a incluir os dividendos pagos por sociedades anônimas de capital aberto na Cédula "F" de suas respectivas declarações, abatendo o tributo que houvesse sido retido na fonte por ocasião da distribuição destes dividendos. O detalhe é que esse abatimento era feito através de um crédito concedido no equivalente a duas vezes e meia o valor do imposto pago quando da distribuição dos dividendos (Cavalcanti, 2010).

Além de não se tratar propriamente de uma novidade, o retorno ao modelo clássico também não seria incompatível com o atual ordenamento jurídico-constitucional. Isto porque o resultado positivo obtido pelas pessoas jurídicas, seja quando verificada sua realização, seja quando distribuído em favor dos sócios ou acionistas, pode ser enquadrado no conceito de renda tributável visto no primeiro tópico deste estudo. Apresenta-se, assim, possível a dupla incidência do imposto sobre a renda, uma vez que nos âmbitos corporativo e individual pode ser verificada a ocorrência da hipótese de incidência do tributo em questão.

Em outras palavras, os lucros auferidos pelas pessoas jurídicas e distribuídos em favor das pessoas físicas suas sócias ou acionistas reúnem todas as condições necessárias para representarem acréscimos patrimoniais, primeiro em favor da pessoa jurídica que produziu aquele resultado e, depois, em favor da pessoa física que recebeu o resultado distribuído. Ou, seja, é inegável que tanto a produção da renda pela pessoa jurídica, quanto o recebimento pelas pessoas físicas dos lucros ou dividendos distribuídos, são fatos que denotam capacidade contributiva, pelo que se pode admitir a dupla oneração do resultado positivo (Derzi; Fonseca, 2020).

1.2.2.1. Pessoas jurídicas enquanto centros de imputação de direitos e deveres

Uma das dúvidas[21] que se coloca diante do modelo clássico de tributação da renda diz respeito à possibilidade de oneração das pessoas jurídicas pelo resultado positivo auferido. Argumenta-se que a incidência do imposto em questão não poderia se dar no momento em que o lucro é auferido pela pessoa jurídica, mas sim quando este é distribuído aos sócios ou acionistas. Buscar uma resposta para esta questão envolve a análise da própria problemática em torno da natureza das pessoas jurídicas, bem como da possibilidade de se atribuir a elas o status de contribuinte ou, antes ainda, capacidade contributiva (Pignatari, 2020).

Sem buscar esgotar a análise acerca das teorias elaboradas com o escopo de determinar a essência das pessoas jurídicas[22], pode-se observar que realmente parece pouco sustentável a ideia de que possuam uma "existência

[21] Para fins de melhor organização da estrutura do presente estudo, outras questões controversas acerca do modelo clássico de tributação (como a dupla tributação econômica da renda e aspectos relacionados a neutralidade) serão tratadas no terceiro capítulo, quando forem analisadas as propostas de reforma tributária que pretendem o retorno deste modelo.

[22] Acerca dessa questão, especialmente no que tange às teorias da ficção, da realidade, da propriedade coletiva e institucional, recomenda-se as lições de Caio Mário da Silva Pereira (1997) e de José Lamartine Correia de Oliveira (1979).

real" (SCHOUERI; BARBOSA, 2014, p. 261). Como explicam Luís Eduardo Schoueri e Mateus Calicchio Barbosa, a pessoa jurídica, longe de ser uma realidade, é uma *persona* da qual se valem as pessoas físicas para se apresentarem diante do ordenamento jurídico. Em suas precisas palavras: "a pessoa jurídica, assim, é como uma máscara utilizada pelos seres humanos para atuarem no palco do mundo jurídico" (2014, p. 261).

No entanto, é inegável que a pessoa jurídica é dotada, pelo próprio ordenamento, de personalidade jurídica. Quer dizer, ela recebe o atributo de poder figurar como sujeito de direitos e deveres perante a ordem jurídica. Assim, pode-se dizer que, ainda que não tenha uma "existência real", possui uma "vida jurídica" que se desenvolve ao lado das pessoas naturais (SCHOUERI; BARBOSA, 2014, p. 265). Aliás, é interessante observar que mesmo a pessoa física também somente é sujeito de direitos e deveres por assim prever o ordenamento. Nesse sentido:

> Curioso assinalar a distinção entre os conceitos de pessoas físicas e pessoas jurídicas. A pessoa física pressupõe uma referência objetiva, u'a materialidade, e a pessoa jurídica também. Na primeira, o corpo; na segunda, a situação, o território. Diz-se que as pessoas físicas são pessoas naturais, ao passo que as pessoas jurídicas são artificiais, só existindo em função do sistema jurídico que as congrega. Num primeiro momento, sim, mas não se pode esquecer que tanto como as jurídicas, são criações do direito, são feixes de normas incidindo num ponto de confluência e, portanto, nesse sentido, ambas artificiais. Suprimidas as normas, desaparece a figura. A personalidade jurídica é abstrata e relativa, sendo criação peculiar do direito que se assenta existencialmente numa parcela da superfície territorial do Estado: sua "sede". O jurídico da pessoa natural também é abstrato, tendo como referência outro suporte fáctico, base da incidência, que é o próprio corpo com vida. Corpo sem vida despersonaliza-se, pela incidência de outra norma que prevê o fato da morte. (CARVALHO, P. de B., 2015, p. 704)

Consequentemente, mostra-se "forçoso reconhecer que a pessoa jurídica apresenta-se, perante o direito, como um centro de imputações de direitos e deveres" (SCHOUERI; BARBOSA, 2014, p. 265). Dessa forma, por serem tal qual as pessoas físicas um centro de imputação de direitos e deveres perante o ordenamento, as pessoas jurídicas poderão estar sujeitas a obrigações de ordem tributária de forma isolada, separada, das pessoas físicas que as compõem.

Chega-se, assim, a conclusão pela plena possibilidade de tributação do lucro auferido pelas pessoas jurídicas no âmbito corporativo, através da incidência do IRPJ. Bem como pela igualmente plena possibilidade de que este lucro, quando distribuído aos sócios ou acionistas pessoas físicas, seja tributado no âmbito individual pela incidência do IRPF. Como visto, tratam-se de centros de imputação de direitos e deveres que coexistem, havendo em ambos manifestação de capacidade contributiva e plenas possibilidades de constatação da hipótese de incidência do tributo em análise.

Sobre essa questão importante fazer menção à disjunção entre pessoas físicas e pessoas jurídicas que se denota do ordenamento jurídico brasileiro. Com a superação da concepção personalista do Código Napoleônico refletida pelo Código Comercial de 1850, o Direito Comercial brasileiro apresentou uma evolução nas últimas décadas em direção a uma visão mais moderna da figura da empresa, da atividade empresarial e do estabelecimento. Uma das principais características desta, por assim dizer, nova fase do Direito Comercial, é a exacerbada separação entre a sociedade e os seus sócios (Andrade, 2008).

Henry Tilbery (1985) inclusive observa que o Código Civil de 1916 expressamente dispunha que "as pessoas jurídicas têm existência distinta da dos seus membros" (BRASIL, 1916, artigo 20). Conforme o mencionado autor, este dispositivo poderia ser utilizado para fundamentar a tributação da pessoa jurídica em separado das pessoas físicas que a compõem, muito embora existissem correntes doutrinárias que pregavam em sentido contrário.

Os principais efeitos dessa separação dizem respeito às questões patrimoniais e de atribuição de responsabilidade. As pessoas jurídicas e seus sócios detém patrimônios separados uns dos outros e, como dito, se constituem em centros de imputação de direitos e deveres também separados. Para o Direito Tributário, essa segregação patrimonial e de responsabilidades acabou por resultar justamente na tributação em separado das rendas das pessoas jurídicas e de seus sócios pessoas físicas (Andrade, 2008), uma vez que se pode constatar a existência de duas riquezas diferentes, separadas, e, logo a manifestação de duas diferentes capacidades contributivas (Derzi; Fonseca, 2020).

1.2.2.2. Fundamentos para a tributação da renda das pessoas jurídicas

Para além de fundamentos como o da caracterização de um centro de imputação de direitos e deveres separado das pessoas físicas e da manifestação de capacidade contributiva pela detenção de um patrimônio também separado do de seus sócios, tem-se que a tributação da renda no âmbito corporativo encontra ainda outros fundamentos. O imposto sobre a renda das pessoas jurídicas exerce importante papel na proteção da base tributável, especialmente quando envolvidos sócios ou acionistas não residentes no país e que, por tal motivo, podem acabar não submetidos à tributação da renda das pessoas físicas no país sede da pessoa jurídica (COOPER; GORDON, 1998).

A tributação da renda no âmbito corporativo também funciona como impeditivo ao chamado efeito *lock-in*, onde as pessoas jurídicas optam por não distribuir os resultados positivos obtidos unicamente para evitar a tributação que se daria apenas no âmbito individual. O efeito prejudicial deste comportamento reside na limitação da progressividade que se almeja para o imposto sobre a renda e no comprometimento da arrecadação estatal (NABAIS, 2019). Ademais, poderia estimular a adoção de planejamentos tributários abusivos, como forma de distribuir os resultados positivos aos sócios ou acionistas por meio de subterfúgios que ocultem a real natureza de uma distribuição de lucros ou pagamento de dividendos.

A teoria do benefício também pode ser utilizada para fundamentar a incidência do imposto no âmbito corporativo. Evita-se assim que as pessoas jurídicas apenas se beneficiem de bens e serviços públicos colocados à sua disposição sem contribuir com o pagamento de tributos, o que contribui para a construção de um sistema fiscal mais coerente, diminuindo lacunas na tributação da renda. Assim, acaba-se por tornar o sistema mais justo e compreensível aos olhos dos demais contribuintes (NABAIS, 2019).

Questões de praticabilidade na arrecadação e na fiscalização tributária também justificam a incidência no âmbito corporativo (TILBERY, 1985). É muito mais prático e fácil ao fisco tributar a renda gerada pela pessoa jurídica, inclusive como meio de controlar eventual resultado positivo distribuído aos sócios ou acionistas desta, do que fazê-lo apenas e tão somente as pessoas físicas. Nesse sentido, a tributação das pessoas jurídica também teria um condão de supervisão do Estado acerca das atividades econômicas desenvolvidas pelos particulares (CAVALCANTI, 2010).

De fato, a tributação das pessoas jurídicas traz ao sistema vantagens em termos de fiscalização, haja vista a necessidade de que estas operem com maior formalidade do que a exigida das pessoas físicas. Trata-se de medida que se enquadra no conceito de praticabilidade ou praticidade da fiscalização desenvolvido por Misabel Abreu Machado Derzi, segundo o qual correspondem a tal instituto "todos os meios e técnicas utilizáveis com o objetivo de tornar simples e viável a execução das leis" (Derzi, 1988, p. 104).

Trata-se de tema de suma importância, haja vista que o "direito positivo não é uma realidade metafísica existindo em si e por si" (Becker, 1998, p. 71). Pelo contrário, é um instrumento de convivência social que necessita ser aplicado na prática das ações e condutas humanas. Deste modo, ganha relevo a questão da fiscalização de sua aplicação, a fim de verificar e garantir a correta incidência e observância das normas jurídicas.

Tem-se, portanto, como plenamente possível a incidência do imposto sobre a renda no âmbito corporativo, da mesma forma como é possível que incida no âmbito individual. Porém, é interessante observar que a tributação unicamente do imposto sobre a renda das pessoas jurídicas ou das pessoas físicas pode acarretar distorções no sistema. A exigência apenas do imposto corporativo, poderia exacerbar a antecipação da tributação do investidor e, logo, desestimular o investimento em sociedades empresariais. Por sua vez, a exigência apenas do imposto individual, além de eliminar as vantagens da tributação das pessoas jurídicas acima referidas, tenderia a criar um sentimento de inequidade. Por este motivo é que a maioria dos países tende a adotar modelos híbridos, em que o imposto sobre a renda nos âmbitos corporativo e individual são combinados (Tavares, R. J. S., 2020).

Como consequência desse raciocínio, pode-se ter a falsa percepção de que, quando o legislador resolve, por exemplo, isentar as pessoas jurídicas ou as pessoas físicas do imposto sobre a renda estaria concedendo um benefício em favor da parte então desonerada. Essa percepção é ainda mais forte quando a opção legislativa é pela isenção das pessoas físicas dos sócios ou acionistas, como ocorre no Brasil atualmente. Isto porque, tendo em vista que lucros e dividendos representam rendimentos do capital, haveria uma ideia de privilégio em favor destes quando comprados aos rendimentos do trabalho (Derzi; Fonseca, 2020).

Ocorre que, por um lado, a tributação pelo modelo clássico pode representar uma dupla tributação (econômica) da mesma renda (Andrade, 2008). Ora, ainda que submetida a distintas hipóteses de incidência (produção e distribuição) e sob diferentes titularidades (sujeitos passivos distintos), economicamente trata-se da mesma riqueza, que é inicialmente produzida pela sociedade e, posteriormente, recebida pelos seus sócios ou acionistas.

E, por outro lado, a tributação pelo modelo clássico pode não garantir uma efetiva oneração da renda nos dois âmbitos (Derzi; Fonseca, 2020). Como visto, a própria experiência brasileira com este modelo é repleta de exemplos em que se procurou justamente mitigar os efeitos da dupla incidência. Aliás, existem diversos métodos pelo qual a tributação da renda pode ser executada de forma que, mesmo teoricamente incidindo nos dois níveis, haveria, na prática, apenas um nível de tributação.

Logo, e seguindo no exemplo da isenção concedida em um dos níveis possíveis de incidência do imposto sobre a renda, não se revela correto afirmar que a concessão de uma isenção em favor das pessoas físicas dos sócios ou acionistas representa um benefício em favor destes. É simplesmente uma das diversas medidas possíveis para se concretizar a tributação da renda, a depender do modelo eleito pelo país.

A análise dos sistemas jurídico-tributários de países estrangeiros revela uma variedade de métodos que já foram adotados como alternativas para regular a tributação da renda produzida pelas pessoas jurídicas e, depois, dos resultados distribuídos. O próximo tópico busca, justamente, analisar os principais mecanismos já adotados por diferentes países.

1.3. O modelo integrado de tributação da renda

O modelo integrado de tributação da renda é marcado pela utilização de algum método ou técnica que ilida ou minimize uma das incidências do imposto. Nestes sistemas são utilizados mecanismos de integração, como a concessão de créditos entre IRPJ e IRPF, a imputação direta dos lucros corporativos no âmbito individual, a concessão de isenções, entre outros que serão analisados no decorrer deste tópico. Independentemente da técnica utilizada, o que se verifica no modelo integrado é uma atenção à "alíquota final" (Tavares, R. J. S., 2020, p. 21) correspondente ao somatório dos impostos sobre a renda das pessoas jurídicas e físicas.

Este tópico visa descrever o modelo integrado de tributação da renda adotado no Brasil desde 1995 até os dias atuais e implementado pelo método da isenção. De início, investiga-se como se deu a mudança de modelo tributário do clássico para o integrado e a forma como se apresenta a técnica da isenção dos lucros e dividendos no âmbito das pessoas físicas. Neste momento é realizada uma apresentação mais descritiva do método da isenção, reservando-se questões mais críticas para o capítulo seguinte. Após, encerrando o primeiro capítulo, são descritos outros métodos de integração da tributação da renda corporativa e individual.

1.3.1. Um olhar para o presente: o método de isenção dos lucros e dividendos no âmbito individual adotado no Brasil

Quando adotado o modelo de tributação integrada através do método da isenção, os lucros e dividendos distribuídos pelas pessoas jurídicas são isentos do imposto sobre a renda em um dos níveis, corporativo ou individual. Esta isenção pode ser total ou parcial, atingindo, respectivamente, a totalidade dos resultados positivos distribuídos ou somente parte destes. Consequentemente, a tributação incide efetivamente apenas em um dos âmbitos, por meio do IRPJ ou do IRPF, quando o resultado positivo é auferido pela pessoa jurídica ou quando recebido pelo seu sócio ou acionista.

Não se trata de método comumente adotado no mundo, sendo poucos os exemplos atualmente existentes de países que isentam a distribuição de lucros ou o pagamento de dividendos do imposto sobre a renda. Considerando-se os membros da Organização para a Cooperação e Desenvolvimento Econômico (OCDE), por exemplo, apenas a Estônia e a Letônia[23] isentam integralmente os resultados positivos distribuídos pelas pessoas jurídicas (IEDI, 2021). Quanto à isenção parcial, pode-se citar como exemplos de países que adotam tal método a Finlândia, que isenta 30% dos rendimentos recebidos a título de lucros distribuídos ou dividendos; bem como Luxemburgo e Turquia, onde 50% são considerados isentos. Já na Noruega, o valor abrigado pela isenção é calculado a partir do custo de participação acionária mediante a aplicação de uma taxa de juros (Botelho, 2020).

1.3.1.1. Sistema integrado pela isenção no âmbito individual (a partir de 1996)

No Brasil, sob a influência do clima de otimismo econômico desencadeado pelo sucesso alcançado pelo Plano Real no combate à inflação e estabilização das contas públicas (Oliveira, F. A. de, 2020), o então Secretário

[23] Cabe registrar, contudo, que a Letônia tributa à uma alíquota de 10% os dividendos distribuídos a não residentes naquele país (Gobetti, 2019).

da Receita Federal do Brasil (RFB), Everardo Maciel, apresentou ao Congresso Nacional uma proposta de reforma do IRPJ. Esta, que se encontrava em consonância com o que vinha ocorrendo a nível global na época (Derzi; Fonseca, 2020), foi aceita pelo Congresso Nacional e tornou-se, então, a Lei nº 9.249/1995.

Assim, a partir de 1996, o Brasil passou a adotar o modelo integrado de tributação da renda, implementado pelo método da isenção no âmbito individual, dando início à terceira fase da tributação da renda em nosso país. Trata-se de uma isenção total concedida em favor dos valores decorrentes da distribuição de lucros e de dividendos. Além de total, pode-se dizer que se trata também de isenção ampla, uma vez que estão abrangidos todos os resultados positivos distribuídos por pessoas jurídicas aos seus sócios ou acionistas, sejam pessoas físicas ou jurídicas domiciliados ou não no Brasil, conforme se extrai da redação do artigo 10 da referida Lei nº 9.249/1995:

> Art. 10. Os lucros ou dividendos calculados com base nos resultados apurados a partir do mês de janeiro de 1996, pagos ou creditados pelas pessoas jurídicas tributadas com base no lucro real, presumido ou arbitrado, não ficarão sujeitos à incidência do imposto de renda na fonte, nem integrarão a base de cálculo do imposto de renda do beneficiário, pessoa física ou jurídica, domiciliado no País ou no exterior.

Embora o já referido Decreto-Lei nº 1.338/1974 previsse uma hipótese de isenção ao IRPF em favor dos dividendos pagos por sociedades anônimas de capital aberto[24], tem-se que a adoção do método da isenção a partir de 1996 caracterizou um rompimento com a prática utilizada desde a instituição do imposto sobre a renda no Brasil. Como visto anteriormente, a regra nestes cem anos de história do imposto em questão, com raras exceções como a supramencionada, era de adoção do modelo clássico de tributação. E este rompimento não passou imune a críticas diversas, muitas delas ainda ventiladas atualmente e motivando inclusive o trâmite de propostas de reforma do imposto, como veremos no tópico seguinte deste capítulo.

[24] Para fazer jus a esta isenção, era necessário que os montantes recebidos pelas pessoas físicas fossem reinvestidos, no mesmo exercício, na subscrição de ações de pessoas jurídicas da mesma natureza. Percebe-se uma clara intenção do legislador da época de fomentar o mercado de capitais nacional e a capitalização das empresas brasileiras (Silva, N. M., 2009).

De toda forma, já antecipando em parte a análise dessas críticas, o fato é que não parece haver um impeditivo jurídico à adoção do modelo integrado de tributação tampouco do método da isenção total. Ou, dito de outra forma, "não parece haver qualquer comando constitucional a exigir dois níveis de tributação da renda sempre que se verificar a passagem do lucro empresarial para os sócios" (Derzi; Fonseca, 2020, p. 66).

A estruturação do imposto sobre a renda a partir de um modelo de integração operacionalizado pelo método da isenção total evidencia que o legislador optou pela tributação em apenas um nível (corporativo, no caso). Esta opção demonstra que as pessoas jurídicas são efetivamente tratadas pelo ordenamento como entidades que possuem personalidade jurídica distinta e separada da de seus sócios e acionistas (Derzi; Fonseca, 2020). A concentração da tributação da renda no âmbito corporativo é, pois, resultado da consideração da autonomia das pessoas jurídicas como sujeitos de direitos e obrigações, o que no ordenamento jurídico brasileiro, como dito anteriormente, é bastante acentuada.

No entanto, deve-se destacar que não se está a falar de uma simples não tributação dos lucros e dividendos no âmbito dos sócios ou acionistas. O que há, de fato, é uma concentração da tributação da renda no âmbito das pessoas jurídicas, consideradas como contribuintes do imposto (Derzi; Fonseca, 2020), isto pode ser visto com bastante clareza no sistema tributário brasileiro atual. Com efeito, além da isenção em favor dos lucros e dividendos, a Lei nº 9.249/1995 trouxe outras modificações na estrutura do imposto sobre a renda que foram implantadas a partir de 1996 que demonstram justamente esta intenção de concentrar a tributação no âmbito das pessoas jurídicas, conforme veremos a seguir. A referida Lei é, pois, de extrema importância para o desenho do perfil do imposto sobre a renda brasileiro tanto no nível corporativo quanto individual.

É possível sintetizar a estrutura atual do imposto sobre a renda das pessoas físicas mencionando que a apuração ocorre a partir de uma declaração de ajuste anual (DIRPF), cuja entrega é obrigatória para algumas categorias de contribuintes e facultativa para outras. Nesta declaração, devem ser consideradas as classes de rendimentos, que podem ser do trabalho ou do capital, e serão classificados como tributáveis sujeitos ao ajuste na declaração ou sujeitos à tributação exclusiva ou definitiva; ou como rendimentos isentos e não tributáveis. É importante destacar que os rendimentos recebidos de pessoas jurídicas estão sujeitos à sistemática de retenção na fonte, enquanto que aqueles recebidos do exterior ou de pessoas físicas ficam sujeitos ao chamado "carnê-leão", através do qual o próprio contribuinte recolhe o tributo de forma antecipada em relação ao prazo de entrega da declaração anual de ajuste.

Percebe-se, pois, que há dois procedimentos para a apuração do imposto sobre a renda das pessoas físicas (Castro, 2014). Um deles é a tributação que acontece ao longo do ano base, quando, por exemplo, são recebidos rendimentos de pessoas jurídicas (através da retenção junto à fonte pagadora) ou rendimentos provenientes do exterior (por meio do chamado "carnê leão"). E o outro é o procedimento realizado no ajuste anual depois do final do ano base através de declaração elaborada pelo próprio contribuinte.

Como já dito no início deste capítulo, o fato gerador do imposto sobre a renda é do tipo funcional, ou seja, a legislação não arrola os rendimentos que o compõe, mas lista apenas aquelas rubricas expressamente excluídas ou que são dedutíveis de sua base de cálculo. Portanto, são dedutíveis apenas os gastos efetuados pela pessoa física para os quais exista determinação legal que expressamente autorize que assim seja feito e ainda mediante observância dos limites legais para dedução. Pode-se mencionar a título de exemplo as deduções previstas para despesas com contribuição previdenciária oficial e privada, com dependentes, em educação e com tratamentos médicos e hospitalares.

As alíquotas atuais do imposto sobre a renda das pessoas físicas são previstas em uma tabela progressiva que conta com quatro faixas de alíquotas, sendo a mais baixa de 7,5% e a mais elevada de 27,5%. Contribuintes cujos rendimentos mensais fiquem abaixo de R$ 1.903,98 são considerados isentos do imposto. E aqueles com rendimentos mensais superiores a R$ 4.664,68 estão sujeitos a faixa de alíquota mais alta.

Determinado o valor do imposto devido pela incidência da alíquota respectiva sobre a base de cálculo apurada, ainda é possível que sejam feitas subtrações referentes às antecipações pagas durante o ano calendário através de retenções na fonte ou de pagamento do "carnê leão". Desta forma, é possível que ao final da apuração seja encontrado inclusive valor de imposto a restituir em favor do contribuinte. Alternativamente a esta sistemática da apuração do imposto devido, o contribuinte pode ainda optar por um método simplificado. Neste, não são consideradas as despesas dedutíveis realizadas pelo contribuinte, sendo aplicado um desconto padrão de 20%

sobre os rendimentos. A partir do resultado deste desconto, há a incidência das alíquotas conforme a mesma tabela progressiva.

Já no que diz respeito à tributação das pessoas jurídicas, estas podem optar por um dos possíveis regimes de apuração do imposto sobre a renda: Simples, Lucro Presumido ou Lucro Real, desde que atendidos os requisitos necessários e observadas as regras que impõe em alguns casos a obrigatoriedade por um regime específico. Há ainda a forma de apuração do IRPJ pelo denominado Lucro Arbitrado, acerca do qual se desenvolve interessante debate referente a ser uma opção do contribuinte tanto quanto os demais regimes de apuração do lucro ou um procedimento mandatório aplicável apenas a determinados e específicos casos[25].

Como o escopo deste trabalho não é aprofundar na forma de apuração do imposto sobre a renda, não será detalhado o funcionamento de cada regime. Por pertinente, menciona-se apenas que nas formas de apuração pelo Lucro Presumido, Real ou Arbitrado o período de apuração é trimestral. Apenas no Lucro Real é que pode haver opção pelo período anual, mas desde que haja antecipações mensais. Quanto à alíquota aplicável às pessoas jurídicas, esta é de 15%, com o adicional de 10% sobre a parcela do lucro (real, presumido ou arbitrado) que exceda o valor resultante da multiplicação de R$ 20.000,00 (vinte mil reais) pelo número de meses do respectivo período de apuração.

Interessante notar que a alíquota atual da Contribuição Social sobre o Lucro Líquido (CSLL), cuja base de cálculo é justamente o lucro líquido antes da incidência do IRPJ, ou seja, praticamente a mesma base de cálculo do próprio imposto, é de 9% como regra geral, sendo de 17% para as cooperativas de crédito e de 20% para as instituições financeiras e assemelhadas. Desta forma, tem-se que na prática a tributação da renda no âmbito corporativo pode chegar a 34%, 42% ou 45% (Gassen; Valadão, 2020).

[25] O artigo 47 da Lei nº 8.981/1995 relaciona as hipóteses na quais o lucro da pessoa jurídica poderá ser arbitrado, dispondo em seu parágrafo 1º sobre o chamado autoarbitramento, situação na qual o próprio contribuinte poderá, quando a sua receita for conhecida, efetuar o recolhimento do IRPJ pela sistemática do arbitramento. Filia-se a corrente doutrinária que entende pela existência de um direito subjetivo do contribuinte de utilizar o regime do Lucro Arbitrado, mas não de forma completamente livre. É necessário para tanto que estejam presentes as condições e que sejam verificadas as hipóteses previstas no *caput* do citado artigo 47, bem como que a receita seja conhecida, como prevê o mencionado parágrafo 1º, para que então seja cabível realizar o autoarbitramento (Oliveira, R. M. de, 2020; Santi, 2007).

Percebe-se, portanto, que há uma evidente concentração da tributação da renda no âmbito corporativo, inclusive com as alíquotas efetivas do IRPJ podendo chegar a percentuais bastante expressivos.

1.3.1.2. Concentração do imposto sobre a renda no âmbito corporativo

No sentido de concentrar a tributação no âmbito das pessoas jurídicas, a Lei nº 9.249/1995 ainda implementou outras medidas como, por exemplo, a revogação da possibilidade de incidência de correção monetária sobre as demonstrações financeiras e a extinção da tributação privilegiada para empresas estatais monopolizadas. Também houve uma ampliação da base de cálculo do IRPJ mediante a adoção do critério da renda mundial com o cômputo dos lucros, rendimentos e ganhos de capital auferidos no exterior na determinação do lucro real.

Cabe aprofundar um pouco mais a questão do alargamento da base de cálculo do imposto sobre a renda corporativa. Como dito anteriormente, o Decreto-Lei nº 2.429/1988 marcou o retorno do critério da territorialidade, pelo que o imposto de renda brasileiro alcançava apenas os rendimentos produzidos no território nacional. A Lei nº 9.249/1995, por sua vez, refletindo uma tendência global à época, abandona este critério e passa a tributar também os rendimentos auferidos fora do território (Catarino; *et al.*, 2017).

Esse sistema instituído a partir de 1996 é semelhante ao do também já mencionado Decreto-Lei nº 2.413/1988, mas com uma ampliação para incluir na base de cálculo do IRPJ também as rendas auferidas no exterior por subsidiárias, controladas e coligadas (Catarino; *et al.*, 2017). Posteriormente, através da Lei nº 9.532/1997 foi realizada uma modificação neste sistema em relação à forma de tributação dos lucros de controladas e coligadas estrangeiras. Em linhas gerais, o imposto sobre a renda brasileiro passou a alcançar tais lucros somente no exercício em que houvesse sua efetiva disponibilização em favor da empresa sediada no Brasil.

Essa modificação pode ser vista como uma resposta às fortes críticas doutrinárias que foram feitas ao sistema previsto originalmente pela Lei nº 9.249/1995. É que a tributação imediata dos lucros das controladas e coligadas, mesmo sem haver a efetiva disponibilização destes em favor da empresa brasileira, como previsto inicialmente, foi considerada inconstitucional por diversos autores, por representar tributação de renda ainda não disponível (Catarino; *et al.*, 2017; Xavier, 2010).

A mencionada Lei nº 9.249/1995 também foi a responsável pela criação da figura dos Juros sobre Capital Próprio (JCP). Trata-se de mecanismo que permite que a pessoa jurídica pague juros a seus sócios como forma de remuneração pelo capital destes que foi investido na sociedade e deduza os valores pagos a tal título na apuração do Lucro Real[26]. Essa forma de "remuneração do capital próprio" (Souza, A. R. P. de, 2006, p. 15) investido pelo sócio por meio do pagamento de juros é bastante semelhante ao modelo conhecido como *Allowance for Corporate Equity* (*ACE*), no qual a base tributável do IRPJ é reduzida por uma "dedução equivalente ao retorno livre de risco do capital próprio da empresa" (IEDI, 2021, p. 58).

O objetivo desta medida pode ser visto como uma tentativa de perseguir a neutralidade no que diz respeito à forma de financiamento das empresas. Isto porque a dedução dos juros pagos como contraprestação ao investimento de capital pelos sócios acaba por incentivar o aporte de recursos próprios destes para financiar as atividades da pessoa jurídica.

Dessa forma, o financiamento da sociedade através de valores investidos pelos próprios sócios ou acionistas fica em patamar de igualdade com os financiamentos obtidos no sistema bancário, uma vez que as despesas decorrentes dos financiamentos bancários já eram passíveis de dedução do lucro real. Em outras palavras, a figura do JCP igualou o tratamento tributário dispensando ao aporte dos sócios e acionistas com o do mútuo de terceiros (Almeida, 2012). A própria exposição de motivos da Lei nº 9.249/1995 expõe nesse sentido:

> A permissão de dedução de juros pagos ao acionista, até o limite proposto, em especial, deverá provocar um incremente das aplicações produtivas nas empresas brasileiras capacitando-as a elevar nível de investimentos, sem endividamento, com evidentes vantagens no que se refere à geração de empregos e ao crescimento sustentado da economia. Objetivo a ser atingido mediante a adoção de política tributária moderna e compatível com aquela praticada pelos demais países emergentes, que competem com o Brasil na capacitação de recursos internacionais para investimento. (BRASIL, 1995a)

[26] Inicialmente, a Lei nº 9.249/1995 previa a possibilidade de dedução do valor pago a título de JCP na apuração do IRPJ, mas determinava, através do parágrafo 10 de seu artigo 9º, que tal valor fosse incluído na base de cálculo da CSLL. A permissão para dedução também na base de cálculo da CSLL foi instituída pela Lei nº 9.430/1996, que expressamente revogou o citado dispositivo.

O valor recebido pelos sócios a título de JCP é tributado no nível individual mediante a incidência na fonte de uma alíquota de 15%. No caso de o beneficiário ser pessoa física ou pessoa jurídica não optante pelo regime do Lucro Real, o imposto pago na fonte será considerado tributação definitiva. Já no caso de se tratar de pessoa jurídica tributada com base no Lucro Real, será considerado antecipação do imposto a ser apurado na declaração de final de exercício (Souza, A. R. P. de, 2006).

A tributação do valor pago a título de JCP encontra uma espécie de contrapartida na mencionada possibilidade de que tal valor seja deduzido no momento da apuração do IRPJ e da CSLL. Quer dizer, enquanto os lucros distribuídos e os dividendos pagos não são tributados no âmbito individual, ao mesmo tempo também não geram nenhum tipo de dedução ou abatimento no âmbito corporativo. Por sua vez, os valores pagos como JCP são tributados nos dois níveis (corporativo e individual) e permitem a dedução pela pessoa jurídica que os paga.

Interessante observar que em razão dessa possibilidade de dedução é possível até mesmo sustentar que o pagamento de Juros sobre o Capital Próprio resulta em uma menor incidência tributária sobre a renda considerada conjuntamente no âmbito corporativo e individual. Com efeito, ainda que o JCP esteja sujeito a uma alíquota na fonte de 15%, a pessoa jurídica que o paga poderá realizar uma dedução de 34% da base de cálculo do IRPJ e da CSLL ou, no caso de se tratar de uma instituição financeira, de 45% (Silva, J. M. P. Q.; *et al*, 2015).

A figura do JCP revela, portanto, um efetivo exemplo de que a não tributação da renda em um dos níveis como decorrência da utilização de algum método de integração do imposto sobre a renda efetivamente não configura um benefício fiscal, mas sim opção legislativa por concentrar ou não a incidência do tributo em questão. Isto porque o pagamento desta forma de remuneração do capital investido pelo sócio ou acionista, ainda que tributado, pode acabar resultando num ganho tributário em favor da sociedade que o realiza maior do que se fossem distribuídos lucros ou pagos dividendos, mesmo sendo estes isentos no âmbito individual.

A tabela a seguir bem ilustra esta questão, demonstrando que o pagamento de JPC pode resultar numa redução de carga tributária. Veja-se que a alíquota efetiva do imposto sobre a renda, tanto na pessoa jurídica quanto na pessoa física, diminui à medida em que se elevam as despesas com o pagamento de JCP:

Tabela 4 – Comparação entre tributação com IRPJ e IRPF e pagamento de JCP

Tributação na pessoa jurídica				
(1) Lucro (R$)	**100,00**	**100,00**	**100,00**	**100,00**
(2) Despesa de JCP (R$)	**0,00**	**10,00**	**15,00**	**20,00**
(3) Lucro tributável (R$) [(1) – (2)]	**100,00**	**90,00**	**85,00**	**80,00**
(4) IRPJ + adicional (R$) [25% (3)]	**25,00**	**22,50**	**21,25**	**20,00**
(5) CSLL (R$) [9% (3)]	**9,00**	**8,10**	**7,65**	**7,20**
(6) Tributação sobre o lucro (R$) [(3) + (4) + (5)]	**34,00**	**30,60**	**28,90**	**27,20**
(7) Alíquota efetiva (%) [(6) – (2)]	**34,00**	**30,60**	**28,90**	**27,20**
Tributação na pessoa física				
(8) JCP recebido (R$)	**0,00**	**10,00**	**15,00**	**20,00**
(9) IRPF (R$) [15% (8)]	**0,00**	**1,50**	**2,25**	**3,00**
(10) Alíquota efetiva consolidada (%) [(7) + (9)]	**34,0**	**32,1**	**31,2**	**30,2**

Fonte: Silva, J. M. P. Q.; *et al*, 2015, p. 13

Ratifica-se, assim, o quanto já dito no sentido de ser falso o argumento no sentido de que a isenção dos dividendos no âmbito individual representaria um benefício fiscal em favor dos sócios ou acionistas de sociedades empresárias. Como visto, não se trata de simples desoneração da renda auferida pelo recebimento de resultado positivo distribuído por pessoa jurídica, mas sim de concentração da tributação da renda em apenas um nível. O que é reforçado ainda pelo conjunto de modificações implementadas na estrutura do IRPJ pela mesma Lei que institui tal isenção de IRPF, como acima visto.

Aliás, a adoção do método de isenção não significou redução da arrecadação tributária referente ao imposto sobre a renda, conforme se verifica na tabela que segue:

Tabela 5 – Arrecadação de Receitas Federais no Brasil (em "R$ milhões")

Ano	IRPJ	IRPF	IRRF Rendimento do trabalho	IRRF Rendimentos do capital
1994	5.999	1.382	6.477	3.368
1995	9.342	2.165	10.881	4.175
1996	12.906	2.494	10.871	4.902
1997	12.802	2.849	12.510	5.029
1998	12.503	3.030	14.649	11.956
1999	13.750	3.257	15.277	13.656
2000	17.538	3.649	18.246	10.706
2001	16.855	4.057	21.556	15.206

Fonte: Elaborada pelo autor com base em Brasil, 2021c

É possível perceber, embora haja pequenas oscilações, que a regra é de crescimento da arrecadação com imposto sobre a renda. Inclusive o tributo retido na fonte sobre rendimentos do capital apresentou, como regra, elevação no período que sucedeu a instituição do método de isenção dos dividendos. Não se pode tratar da isenção dos lucros e dividendos, portanto, como mero benefício fiscal. É preciso que se analise o contexto em que tal isenção foi introduzida, levando-se em consideração as circunstâncias que o legislador da época ponderou para fazer a opção pelo modelo integrado. A Exposição de Motivos da Lei nº 9.249/1995 assim justifica a adoção pelo método da isenção:

> A reforma objetiva simplificar a apuração do imposto, reduzindo as vias de planejamento fiscal, uniformizar o tratamento tributário dos diversos tipos de renda, integrando a tributação das pessoas e jurídicas, ampliar o campo de incidência do tributo, com vistas a alcançar os rendimentos auferidos no exterior por contribuintes estabelecidos no País e, finalmente, articular a tributação das empresas com o Plano de Estabilização Econômica.
>
> [...]
>
> Com relação à tributação dos lucros e dividendos, estabelece-se a completa integração entre a pessoa física e a pessoa jurídica, tributando-se esses rendimentos exclusivamente na empresa e isentando-se quando do recebimento pelos beneficiários. Além de simplificar os controles e inibir a evasão, esse procedimento estimula, em razão da equiparação de trata-

mento e das alíquotas aplicáveis, o investimento nas atividades produtivas. (BRASIL, 1995a)

Percebe-se que a simplificação na fiscalização e arrecadação, bem como o estímulo ao investimento de capital nas sociedades empresárias foram indicados como objetivos ou justificativas para a adoção do método da isenção.

1.3.1.3. Distribuição Disfarçada de Lucros (DDL)

Quanto à simplificação da fiscalização, também mencionada na exposição de motivos da Lei nº 9.249/1995 com fundamento para o implemento do método da isenção, tem-se que era prática bastante usual no Brasil, até 1995, a manutenção de lucros acumulados no âmbito das pessoas jurídicas, de forma a elidir o pagamento do IRPF incidente quando da sua distribuição (BRASIL, 2021d).

Ocorre que isto acarretava uma forma de distribuição disfarçada de lucros (que ficou conhecida pela sigla DDL), consistente no pagamento de despesas pessoais dos sócios ou acionistas pela pessoa jurídica da qual participavam com recursos próprios desta. Trata-se de uma presunção legal relativa (CANTO, 1975) criada originalmente pelo artigo 72 da Lei nº 4.506/1964 e posteriormente revogada pelo Decreto-Lei nº 1.598/1977 que passou a prever tal presunção em seu artigo 60. Tal norma conta com caráter sancionatório (ÁVILA, R. I., 1977) e elenca uma série de negócios jurídicos para os quais é estabelecida a presunção de ocorrência de DDL[27].

[27] Cabe transcrever o dispositivo legal em tela: "Art 60 – Presume-se distribuição disfarçada de lucros no negócio pelo qual a pessoa jurídica: I – aliena, por valor notoriamente inferior ao de mercado, bem do seu ativo a pessoa ligada; II – adquire, por valor notoriamente superior ao de mercado, bem de pessoa ligada; III – perde, em decorrência do não exercício de direito à aquisição de bem e em benefício de pessoa ligada, sinal, depósito em garantia ou importância paga para obter opção de aquisição; IV – a parte das variações monetárias ativas (art.18) que exceder as variações monetárias passivas (art. 18, parágrafo único); V – empresta dinheiro a pessoa ligada se, na data do empréstimo, possui lucros acumulados ou reservas de lucros; VI – paga a pessoa ligada aluguéis, royalties ou assistência técnica em montante que excede notoriamente do valor de mercado; VII – realiza com pessoa ligada qualquer outro negócio em condições de favorecimento, assim entendidas condições mais vantajosas para a pessoa ligada do que as que prevaleçam no mercado ou em que a pessoa jurídica contrataria com terceiros."

Evidentemente, a fiscalização desta forma de distribuição disfarçada de lucros era complexa, custosa e envolvia a análise diversos elementos de caráter subjetivo, dando margem, assim, a muitas discussões e gerando um expressivo contencioso tributário em torno desta questão. Desta forma, a tributação de dividendos vigente até 1995 ao mesmo tempo em que acabava por estimular uma prática de evasão tributária também elevava a complexidade do sistema e aumentava a litigiosidade entre fisco e contribuintes (BRASIL, 2021d).

A partir de 1996, com a isenção dos lucros distribuídos e dividendos pagos, todas as questões atinentes à DDL acabaram por perder objeto. Ainda que tal legislação permaneça formalmente em vigor, a partir da vigência da Lei nº 9.249/1995 os resultados positivos produzidos pelas pessoas jurídicas passaram a ser distribuídos livre e explicitamente sem que disso surgissem gravames fiscais. Em eventual retomada do modelo clássico, com a extirpação do método da isenção de nosso ordenamento, a legislação de repressão à DDL volta a ganhar importância. E, com ela, todas as questões referentes à criação de um ambiente de estímulo à evasão, complexidade de fiscalização e aumento da litigiosidade (Polizelli, 2018).

Com relação a estimular o investimento de capital nas pessoas jurídicas, embora à época não tenham sido apresentados quaisquer pesquisas que efetivamente demonstrassem que este método garantia um melhor desempenho do sistema tributário nesse sentido (Barreto, 2018), pode-se mesmo admitir que a desoneração do capital proveniente do aporte de recursos na pessoa jurídica tem o condão de incentivar a capitalização das empresas e os investimentos feitos por sócios e acionistas (Gobetti, 2019).

Inegável que há também aspectos negativos decorrentes da eleição deste método, principalmente relacionados à ideia de justiça fiscal, os quais serão melhor analisados nos capítulos que seguem. No entanto, cabe desde registrar, dentro da ideia de que é preciso considerar o contexto do legislador de 1995, que a visão dominante nos anos 1990 era de que a política tributária não deveria se envolver com objetivos distributivos. O argumento utilizado para sustentar esta ideia era de que políticas de natureza tributária não seriam eficientes quando utilizadas como instrumentos de política social, as quais deveriam ser implantadas a partir da alocação de gastos públicos. A política tributária deveria se ocupar apenas em ser o mais neutra possível, garantindo condições para o desenvolvimento econômico a partir de mecanismos que estabelecessem a possibilidade de uma concorrência equilibrada (Gobetti, 2019).

Em suma, o legislador brasileiro não desconhecia o cenário de que a isenção no âmbito individual não representa um benefício, bem como de que a concentração da tributação no âmbito corporativo apresenta benefícios, ainda que também seja alvo de fortes críticas. A decisão pela adoção deste método foi tomada, ao que se percebe, com o intento de alcançar maior formalização à atividade econômica, tornar a fiscalização mais prática e eficaz, mas sem que seus aspectos controversos fossem desconhecidos (Derzi; Fonseca, 2020).

Neste contexto, tem-se que é possível tecer críticas à escolha feita em 1995, mas desde que o argumento não seja assentado na mera e pressuposta existência de um benefício em favor de determinadas classes de contribuintes. As críticas, como veremos nos capítulos seguintes, podem ser feitas a partir da análise de questões de justiça fiscal e de neutralidade tributária. Mas, antes de aprofundarmos um pouco o estudo a respeito desses aspectos, convém analisarmos os outros métodos de implementação do modelo integrado de tributação da renda.

1.3.2. A tributação integrada: métodos de integração da tributação da renda corporativa e individual

A tributação da renda pelo modelo clássico, com a incidência do imposto tanto no nível corporativo quanto individual, pressupõe o entendimento de que tanto as pessoas jurídicas quanto as físicas são centros de imputação de direitos e obrigação e, assim, reúnem condições para serem consideradas contribuintes. Por sua vez, a tributação pelo modelo integrado, embora compartilhando desta mesma premissa de que é possível tributar a renda nos dois níveis, atenta para outras questões, como a praticabilidade da fiscalização e a dupla incidência do imposto sobre o que, ao menos do ponto de vista econômico, pode ser considerado a mesma renda. A partir desta concepção se desenvolveram diversos métodos de arrecadação que visam integrar a tributação no âmbito da sociedade e dos sócios e acionistas, ou seja, sobre o "lucro produzido" e o "lucro distribuído" (Andrade, 2008, p. 104).

De início, cabe ressaltar o que já vem sendo dito ao longo deste trabalho no sentido de que a adoção do modelo integrado, por qualquer de seus métodos, não representa a concessão de um benefício. É por este motivo que se considera correto o emprego do termo integrado para designar este modelo, uma vez que transmite a ideia de que há uma verdadeira integração entre os dois âmbitos de tributação e não apenas a mera desoneração de um deles.

Assim, o modelo integrado constitui técnica de tributação da renda que pressupõe a opção pela "redução da dupla oneração sobre uma mesma riqueza como forma de aumentar a eficiência na arrecadação e minimizar a interferência do tributo sobre a atividade econômica" (Derzi; Fonseca, 2020, p. 53). Trata-se de uma tentativa de sanar as principais distorções causadas pela tributação com base no modelo clássico pertinentes a dupla oneração econômica da renda e à indução de comportamentos nos agentes econômicos (Derzi; Fonseca, 2020).

O modelo integrado visa concentrar a incidência do tributo sobre a renda em um único nível, o que pode ser efetivado através da tributação apenas no âmbito corporativo ou somente no âmbito dos beneficiários finais dos rendimentos. Podem ainda ser implementados métodos que garantam a integração do imposto sobre a renda mediante a adoção de regimes mistos, em que o imposto sobre a renda, embora incidindo nos dois níveis, será apurado de forma a se elidir ou ao menos reduzir os impactos da dupla tributação.

Encontram-se na prática tributária mundial diversos métodos de integração da tributação da renda corporativa e individual. Tratam-se de "técnicas de arrecadação" (Botelho, 2020, p. 312) eleitas pelos legisladores a partir do momento em que decidido pela adoção do modelo integrado. A variedade de métodos ou técnicas de integração do imposto sobre a renda é grande, o que impede que se analisem todos ou mesmo que se façam generalizações tendentes a classificá-los em grupos, pois de um país para outro podem ser encontradas variações que modificam completamente o funcionamento do método. Isto porque cada país adota uma metodologia compatível com sua administração tributária e com seu ordenamento jurídico (Castro, 2014).

No entanto, algumas características são comuns entre os diversos métodos de integração, sendo verificáveis em maior ou menor grau em cada um dos países que os adotam. Pode-se mencionar como exemplos dessas características a neutralidade com relação às distribuições de resultados positivos, a forma de tratamento dispensada à rendas provenientes do trabalho ou do capital em referência à questões de justiça fiscal e a preocupação com a dupla tributação econômica da renda (Cooper; Gordon, 1998).

Assim, em que pese a mencionada dificuldade prática de agrupar os diversos métodos de tributação integrada, a doutrina costuma apontar a existência de cinco possibilidades gerais de operacionalização deste modelo: (i) a isenção no nível individual; (ii) a dedução no nível corporativo do imposto pago no âmbito individual; (iii) a imputação direta no nível individual; (iv) a imputação no nível individual, mas com crédito em favor da pessoa física referente ao tributo recolhido pela pessoa jurídica; e (v) o regime de marcação a mercado (Bank, 2003).[28]

Como o método da isenção já foi analisado no tópico antecedente, passa-se agora a analisar os demais, a partir da técnica da dedução.

1.3.2.1. Dedução no nível corporativo do imposto pago no âmbito individual

Quando eleito esse método de integração, os lucros e dividendos distribuídos pelas pessoas jurídicas são tributados no nível individual e, ao mesmo tempo, são deduzidos na apuração do imposto no nível corporativo. Desta forma, os resultados positivos distribuídos pelas sociedades são tributados no nível dos sócios e acionistas e considerados como despesa sob a perspectiva da pessoa jurídica que os distribui (Cooper; Gordon, 1998). A consequência prática é a eliminação da incidência do IRPJ sobre os lucros distribuídos, transformando-o em tributo incidente apenas sobre os lucros retidos (Tilbery, 1985).

O método da dedução apresenta um aspecto positivo de destaque no que diz respeito à percepção de isonomia entre os rendimentos oriundos do trabalho e do capital. Isto porque os lucros e dividendos ficam sujeitos as mesmas regras de tributação aplicáveis às pessoas físicas quando da incidência do imposto sobre rendimentos decorrentes do trabalho. Elimina-se, assim, o argumento de que os resultados positivos distribuídos por pessoas jurídicas a seus sócios ou acionistas teriam tratamento mais favorecido do que as demais espécies de rendimentos (Derzi; Fonseca, 2020).

[28] Ratifica-se o exposto nos tópicos anteriores no sentido de que o denominado modelo clássico modificado, no qual há previsão de alíquotas menores para o IRPF incidente sobre lucros e dividendos em comparação aos demais rendimentos do capital, também pode ser enquadrado como uma técnica de integração da tributação da renda corporativa e individual. Contudo, tendo em vista que tal método se implementa pela simples instituição de alíquotas diferentes, não demandando maior aprofundamento para sua compreensão, o presente tópico ocupa-se das demais formas de integração acima referidas.

Também no que tange à mitigação da dupla tributação este método apresenta pontos favoráveis, uma vez que os resultados positivos distribuídos serão considerados como despesas dedutíveis para fins de apuração do IRPJ. O efeito prático, assim, é que os lucros e dividendos acabam por ser tributados de forma concentrada apenas no nível da pessoa física (Pignatari, 2020).

Um dos pontos de maior crítica em relação ao método da dedução diz respeito a questões de neutralidade fiscal e indução de comportamentos, pois ao caracterizar os lucros distribuídos como despesas dedutíveis, este método pode acabar por gerar um estímulo a que as pessoas jurídicas distribuam resultados como forma de reduzir a base de cálculo do IRPJ (Pignatari, 2020). Salienta-se que isto não implica dizer que haveria redução da incidência tributária sobre os rendimentos, pois, como já mencionado, a integração da tributação não implica em benefício, mas apenas em métodos que concentram o imposto em um ou outro nível.

Pode-se perceber certas semelhanças entre o método da dedução e o método do Relatório Carter, como ficou conhecida a técnica de distribuição e alocação de resultados instituído no Canadá em 1966 pela *Report of the Royal Comission on Taxation* à época presidida por Kenneth Carter. Segundo este método de tributação da renda, o imposto pago pelos sócios e acionistas em decorrência dos lucros ou dividendos pagos por pessoas jurídicas deveria ser considerado como crédito em favor da sociedade no momento da apuração do imposto corporativo (Cavalcanti, 2010).[29]

No ordenamento jurídico brasileiro, é possível apontar a já mencionada figura dos Juros sobre Capital Próprio (JCP) como exemplo de prática do método da dedução. Como já visto, quando as sociedades utilizam a figura dos JCP o ônus tributário recai exclusivamente sobre a pessoa física que os recebe, havendo permissão legal para dedução do montante pago na apuração do IRPJ (Andrade, 2008). Desta forma, a incidência tributária do

[29] Registra-se que o Relatório Carter previa que os lucros e dividendos auferidos pelos sócios ou acionistas seriam tributados no nível individual acrescidos da parte proporcional correspondente ao imposto devido no nível corporativo sobre os respectivos resultados positivos a que tinham direito o sócio ou acionista. Este método previa, ainda, a possibilidade de se atribuir aos sócios ou acionistas lucros que ainda não haviam sido efetivamente distribuídos pela sociedade, tributando-os desde já pelo IRPF em uma forma de projeção de rendimentos (Cavalcanti, 2010).

imposto sobre a renda ocorre no nível individual, havendo permissão para dedução do valor correspondente no nível corporativo.

1.3.2.2. Imputação direta no nível individual

Outro método de implementação do modelo integrado é a imputação direta no nível individual. Neste, o sócio ou acionista que recebe os lucros ou dividendos é tributado na proporção de sua participação nos resultados positivos distribuídos. No âmbito da pessoa jurídica, por sua vez, não há incidência de imposto sobre a renda. Em outras palavras, o lucro produzido pela pessoa jurídica não é onerado no âmbito corporativo, mas apenas e diretamente no nível individual, através do IRPF (Derzi; Fonseca, 2020).

Assim, os lucros e dividendos são submetidos, em regra, às mesmas alíquotas aplicáveis às pessoas físicas e que incidem sobre os demais tipos de rendimentos. Mas, mesmo que haja alíquotas diferenciadas previstas para a tributação dos resultados positivos distribuídos por pessoas jurídicas a seus sócios e acionistas, pode-se dizer que este método apresenta pontos positivos com relação à percepção de isonomia e à não dupla tributação econômica da renda.

Em que pese a não tributação dos lucros pelo IRPJ, a adoção deste modelo não implica dizer que as sociedades não são reconhecidas pelo ordenamento como entes dotados de personalidade jurídica. O que este modelo considera é que as sociedades são "veículos para os lucros auferidos pelos sócios e acionistas" (Pignatari, 2020, p. 297). E, por este motivo, os lucros produzidos no âmbito corporativo devem ser submetidos à tributação apenas no nível individual, depois de distribuídos.

Portanto, as pessoas jurídicas são vistas como uma entidade transparente para efeitos tributários, de forma que o fisco "olha através delas (*look through*)" e alcança diretamente a pessoa do sócio ou acionista, tributando-o no nível individual (Andrade, 2008, p. 104). De outra forma, pode-se dizer que as sociedades são vistas pelo sistema tributário como fluidas – "*flow through entities*" (Cooper; Gordon, 1998, p. 817).

Embora não se trate de método comumente utilizado pelos países pode-se verificar sua adoção para alguns tipos societários ou atividades específicas. É o que ocorre, por exemplo, nos Estados Unidos da América em relação às *Partnerships* e na Itália com as sociedades de pessoas, associações profissionais e empresas familiares (Derzi; Fonseca, 2020). Nestes tipos societários o lucro produzido pela pessoa jurídica é objeto de tributação em apenas um nível, no âmbito das pessoas físicas.

Também no Brasil este método de tributação já foi adotado para algumas formas de sociedades. Pode-se mencionar como exemplo a tributação das sociedades de profissionais liberais. Em um primeiro momento, entre 1947 e 1966, por força da Lei nº 154/1947 estas pessoas jurídicas sujeitavam-se a alíquota de IRPJ de apenas 3%, ao invés de serem tributadas pelas alíquotas progressivas vigentes à época que variavam de 10% a 15%. Posteriormente, no período de 1967 até 1976, em conformidade com o Decreto-Lei nº 62/1966 a alíquota a elas aplicada era de 11% em contrapartida a uma alíquota geral de 30% incidente para as demais pessoas jurídicas. Verifica-se, pois, que neste período a técnica da imputação direta foi adotada em uma versão "abrandada" (Polizelli, 2018, p. 427-428).

Já no período seguinte, de 1988 a 1996, consoante disposto pelo Decreto-Lei nº 2.397/1987 as sociedades civis se tornaram totalmente "transparentes, sendo seus rendimentos tributados exclusivamente na pessoa dos sócios" (Polizelli, 2018, p. 428). Então, em 1996, a Lei nº 9.430 revogou expressamente o dispositivo do Decreto-Lei nº 2.397/1987 que previa a não incidência do IRPJ sobre o lucro apurado pelas sociedades civis de prestação de serviços profissionais. Referida lei passou a prever, em seu artigo 55, que tais sociedades passariam, a partir do exercício de 1997, a serem tributadas pelo imposto sobre a renda da mesma forma que as demais pessoas jurídicas.

De fato, pode-se afirmar que o Decreto-Lei nº 2.397/1987 atribuiu às sociedades civis de prestação de serviço uma forma de tributação semelhante à das *Partnership* do ordenamento norte americano. A justificativa para a não tributação da renda no âmbito corporativo neste tipo de sociedade, mas apenas no nível das pessoas físicas, era no sentido de que suas atividades são exercidas diretamente por seus sócios (Pignatari, 2020).

Ainda, as Sociedades em Conta de Participação (SCP) também podem ser vistas como exemplos de sociedades que foram transparentes para o sistema tributário (Andrade, 2008), ao menos até 1986. Isto porque, a partir do advento do Decreto-Lei nº 2.303 daquele ano, embora mantidas como transparentes para fins societários, elas foram equiparadas às demais pessoas jurídicas para fins de incidência do IRPJ.

Atualmente, tem-se a figura do consórcio como exemplo de adoção deste método de integração no ordenamento brasileiro (Andrade, 2008).

Trata-se de uma modalidade de sociedade não personificada, constituída por outras sociedades com finalidade específica, conforme previsto na Lei nº 6.404/1976. Os resultados decorrentes da atividade realizada pelo consórcio são considerados, para fins fiscais, diretamente nas pessoas ou sociedades consorciadas, proporcionalmente a participação de cada uma. Assim, a figura do consórcio caracteriza-se como entidade transparente para fins fiscais.

Dentre os problemas apontados para adoção deste método destaca-se o aumento do número de contribuintes, pois evidentemente há mais pessoas físicas do que jurídicas, o que eleva as dificuldades de fiscalização (Cooper; Gordon, 1998). Outro aspecto complexo deste método diz respeito à forma de tributação dos lucros produzidos pelas sociedades e não distribuídos. Como não há incidência do IRPJ, os lucros retidos ficariam desonerados. Apenas no caso de sua incorporação ao capital social, com o aumento da participação de cada sócio ou acionista, seria possível tributar estes lucros retidos se e quando houvesse a alienação destas quotas, caso em que incidiria imposto sobre a renda sobre os ganhos de capital decorrentes da mudança no valor da participação acionária (Cooper; Gordon, 1998)[30].

1.3.2.3. Imputação no nível individual com crédito em favor da pessoa física

Através deste método de integração, ao mesmo tempo em que há a imputação do resultado positivo produzido pela pessoa jurídica no nível individual, com a tributação pelo IRPF, também há a tributação pelo IRPJ no nível corporativo. O que diferencia este método dos demais é a concessão de um crédito em favor da pessoa física correspondente ao imposto já recolhido pela pessoa jurídica. Trata-se de uma forma de compensação do imposto recolhido no nível da pessoa jurídica com o imposto devido na pessoa física (Pignatari, 2020).

[30] Cabe destacar, como os próprios autores Graeme S. Cooper e Richard K. Gordon o destacam, que a tributação sobre ganhos de capital está entre os impostos mais difíceis de serem aplicados e fiscalizados. Para sua correta incidência e fiscalização, é necessário que haja uma sofisticada estrutura de administração tributária, capaz de avaliar a real valorização patrimonial e, assim, identificar qual o efetivo ganho de capital auferido pelo contribuinte (Cooper; Gordon, 1998).

Assim, quando adotado o método da imputação com crédito, os resultados positivos produzidos pela pessoa jurídica são tributados pelo IRPJ e quando distribuídos aos sócios ou acionistas serão novamente tributados, agora pelo IRPF. Contudo, estes recebem um crédito equivalente ao que foi anteriormente pago pela sociedade, que pode ser integral ou parcial em relação ao imposto pago pela pessoa jurídica. Em caso de eventual diferença a maior ou a menor quando do encontro de contas entre o IRPF a ser apurado e o crédito concedido poderá existir previsão legal para restituição ou recolhimento complementar do imposto (Derzi; Fonseca, 2020).

Trata-se de um sistema mais complexo do que os anteriormente vistos, pois envolve a utilização de um *gross-up factor or rate* para o cálculo da renda tributável do sócio ou acionista (Botelho, 2020). De certa forma, o IRPJ acaba se tornando uma espécie de antecipação, "dado que o ônus do tributo acaba deslocado para as pessoas físicas" (Derzi; Fonseca, 2020, p. 50). Assim, esta técnica de integração eleva a complexidade do sistema tributário, especialmente para apuração do IRPF, exigindo dos contribuintes pessoas físicas um maior ônus na elaboração e cumprimento das obrigações tributárias acessórias.

Importante não se confundir a técnica da imputação com crédito com as hipóteses do modelo clássico de tributação em que há previsão de retenção na fonte. Nestes, o imposto sobre a renda incide nos dois níveis sem maiores precauções quanto à dupla oneração econômica da renda, funcionando a retenção na fonte unicamente como um mecanismo de recolhimento do imposto devido pelo sócio ou acionista de forma antecipada. Enquanto que no método da imputação com crédito há uma tentativa de minimizar as consequências decorrentes do método clássico justamente através da concessão de um crédito que irá reduzir o imposto devido pelas pessoas físicas (Cooper; Gordon, 1998).

Outro aspecto importante deste método de integração é que ele pode apresentar variações a depender da forma como instituído pelo país que o adota (Cooper; Gordon, 1998). Os pontos em comum serão sempre a manutenção da tributação nos dois níveis com a concessão de um crédito em favor dos sócios ou acionistas. Contudo, em alguns sistemas este crédito pode não corresponder a totalidade do imposto pago pela sociedade, ou pode corresponder a um valor superior ao do imposto corporativo.

Este método de integração foi originalmente desenvolvido após a Segunda Guerra Mundial, na Europa Ocidental. Diversos países, como

França, Alemanha e Reino Unido, por exemplo, adotaram alguma variante desta técnica (GRAETZ; WARREN JR., 2016). Esta tendência de adoção do método em tela começou a se modificar nos anos 1990 principalmente em decorrência da complexidade intrínseca a ele e também por questões referentes à discriminação do investidor estrangeiro.

A maioria dos sistemas tributários que adotavam este método previam crédito somente para sócios e acionistas residentes e que investissem em empresas residentes, exigindo, ainda, que o imposto corporativo tivesse sido pago também no país (ALMEIDA, 2012). No início dos anos 2000, diversos países iniciaram processos de revogação ou de drásticas alterações nos modelos de tributação, especialmente em decorrência de decisões da Corte Europeia de Justiça (CEJ) no sentido de que algumas legislações sobre a forma de funcionamento da imputação com crédito violavam os tratados da União Europeia (DERZI; FONSECA, 2020)[31].

Atualmente, sistemas que adotam o método da imputação com crédito são raros. Pode-se citar como exemplo a Austrália, o Canadá, o Chile, a Coreia do Sul, o México e a Nova Zelândia. Também no Reino Unido encontra-se uma variação desta técnica, em que o crédito recebido pelo acionista neutraliza apenas parcialmente o imposto pago no âmbito corporativo (BOTELHO, 2020)

No histórico da tributação da renda do Brasil podemos encontrar episódios em que este método foi aplicado. O já mencionado Decreto-Lei nº 1.338/1974 autorizava que os sócios ou acionistas, ao declarar os lucros ou dividendos recebidos na Cédula "F" de suas respectivas declarações, abatessem um crédito correspondente a 250% do imposto pago no nível da sociedade. Este crédito, em razão de seu elevado percentual, tinha a bem definida característica de estimular a distribuição dos resultados positivos (PIGNATARI, 2020).

Além da já mencionada complexidade na adoção deste sistema e da problemática envolvendo lucros e dividendos distribuídos por empresas

[31] O problema decorria do fato de que alguns países se mostraram poucos dispostos a reconhecer os créditos concedidos por outros países. Misabel Derzi e Fernando Daniel de Moura Fonseca (2020) destacam, nesse sentido, as sentenças Manninen 7-9-2004, C-319/02, e Meilick 6-3-2007, C-292/04, que declararam as regras da Finlândia e da Alemanha, que não concediam créditos em relação aos dividendos provenientes de outros Estados-Membros da União, incompatíveis com a livre circulação de capital estabelecida pelo artigo 56 do Tratado da União Europeia.

sediadas em outros países, pode-se apontar outro problema de ordem arrecadatória (LONGO, 1984). Com efeito, em alguns casos, o montante do crédito apurado pode acabar sendo superior ao valor do imposto que seria devido pela pessoa física do sócio ou acionista, levando à necessidade de uma restituição de IRPF (TILBERY, 1985).

De fato, quando a pessoa física apura o IRPF por ela devido e considera, para tanto, o crédito concedido pela legislação em decorrência do IRPJ pago quando da produção do resultado positivo pela sociedade, poderá se deparar com duas situações. Será apurado um valor maior de IRPF do que o valor do crédito recebido, havendo assim imposto a ser pago, ou será apurado um valor menor de IRPF do que o valor do crédito recebido, havendo assim imposto a ser restituído. Questiona-se, como forma de solucionar este problema arrecadatório causado pelo potencial aumento de restituições, se não poderia o sistema então prever a utilização deste saldo creditório para pagamento de outros tributos ou para compensação em exercícios posteriores (POLIZELLI, 2018).

Percebe-se, portanto, que efetivamente este método, embora pareça responder bem a questões de isonomia, neutralidade e dupla oneração da renda, apresenta complexidades de difícil e onerosa resolução (ALMEIDA, 2012). Seria preciso, por exemplo, criar um aparato administrativo que permitisse lidar com essas questões de restituições e compensações, bem como seria preciso encontrar uma forma de como tratar os créditos decorrentes de IRPJ pagos em outros países.

1.3.2.4. Regime de marcação a mercado

Por fim, o último método de integração a analisar é denominado de regime de marcação a mercado, cuja aplicação fica limitada às companhias de capital aberto. Nesta técnica, os acionistas são tributados de acordo com a valorização de suas ações em bolsa de valores, com a eliminação do IRPJ ou sua limitação apenas às sociedades de capital fechado (GRAVELLE, 2016).

Esse método apresenta algumas dificuldades bastante expressivas, como um elevado custo administrativo para acompanhar e verificar as oscilações de preços das ações nas bolsas de valores. Além de enfrentar grande resistência no que se refere à incidência de um imposto sobre meras variações e oscilações nominais de valor, o que levaria também à necessidade de criação de um mecanismo de compensação para os casos de eventual desvalorizações das ações (SANTOS, R. T., 2019a).

Sem contar que, no ordenamento jurídico brasileiro, o método de marcação a mercado encontra óbice constitucional a sua implementação (Derzi; Fonseca, 2020). Como se pode depreender das considerações trazidas no início deste capítulo, a tributação pelo imposto sobre a renda em razão da simples oscilação do preço das ações na bolsa de valores ofende o conceito constitucional de renda. Ademais, restariam contrariadas também as normas que preveem a necessidade de prévia realização da renda para sua tributação.

1.3.2.5. Panorama dos modelos de tributação nos países da OCDE

Cabe trazer aqui, a fim de permitir uma melhor visualização da adoção das técnicas de tributação integrada, bem como da utilização do modelo clássico, uma tabela elaborada a partir da que consta em pesquisa comparativa realizada pelo Instituto de Estudos para o Desenvolvimento Industrial (2021, p. 60)[32] acerca do sistema tributário brasileiro e os países da OCDE. A tabela indica os modelos e técnicas de tributação de cada um dos países da OCDE no ano de 2018, trazendo também, para fins de melhor comparação, a indicação do sistema brasileiro:

Tabela 6 – Modelos e métodos de tributação da renda adotados pelos países membros da OCDE e pelo Brasil

País	Modelo de Tributação	Método de Integração
Alemanha	Clássico	-
Áustria	Clássico	-
Bélgica	Clássico	-
Eslovênia	Clássico	-
França	Clássico	-
Grécia	Clássico	-

[32] A tabela original constante do referido estudo indica outros elementos, como a base tributável e as alíquotas incidentes para pessoas físicas e jurídicas. Embora se tratem de informações relevantes, para os fins deste trabalho optou-se por destacar apenas os modelos e métodos de tributação da renda adotados pelos países da OCDE e pelo Brasil, sendo ainda a nomenclatura adaptada para a terminologia que vem sendo empregada com base nas doutrinas citadas, principalmente Derzi; Fonseca, 2020 e Bank, 2003. Ratifica-se também o já exposto quanto ao modelo clássico modificado que, embora nesta tabela seja indicado em conformidade com o que consta no original, pode ser classificado como técnica de integração da tributação da renda.

Hungria	Clássico	-
Irlanda	Clássico	-
Islândia	Clássico	-
Israel	Clássico	-
Itália	Clássico	-
Portugal	Clássico	-
República Eslovaca	Clássico	-
República Tcheca	Clássico	-
Suécia	Clássico	-
Dinamarca	Clássico modificado	-
Espanha	Clássico modificado	-
Estados Unidos	Clássico modificado	-
Japão	Clássico modificado	-
Polônia	Clássico modificado	-
Suíça	Clássico modificado	-
Austrália	Integrado	Imputação com crédito
Canadá	Integrado	Imputação com crédito
Chile	Integrado	Imputação com crédito
Coreia do Sul	Integrado	Imputação com crédito
México	Integrado	Imputação com crédito
Nova Zelândia	Integrado	Imputação com crédito
Reino Unido	Integrado	Imputação com crédito
Finlândia	Integrado	Isenção parcial
Luxemburgo	Integrado	Isenção parcial
Noruega	Integrado	Isenção parcial
Turquia	Integrado	Isenção parcial
Estônia	Integrado	Isenção total
Letônia	Integrado	Isenção total
Holanda	Integrado	Marcação a mercado
Brasil	Integrado	Isenção total

Fonte: Elaborada pelo autor com base em IEDI, 2021, p. 60.

Destaca-se que Itália, Bélgica (que utilizam o modelo clássico) e Turquia (optante do modelo integrado pela técnica da isenção parcial) permitem a dedução do capital próprio referente a novos investimentos da base de cálculo do IRPJ. No caso da Turquia esta dedução é limitada a no máximo 50% da taxa de juros nacional aplicada sobre o incremento de capital decorrentes destes novos aportes (IEDI, 2021).

Já quando se observa a tributação no nível individual, verifica-se conforme a tabela acima que, no contexto da OCDE, apenas a Estônia e a Letônia isentam integralmente os dividendos. Portanto, o método adotado atualmente pelo Brasil não se trata de técnica comumente utilizada, sendo este justamente um dos argumentos utilizados para defender-se o retorno da tributação pelo modelo clássico, como veremos mais detidamente no capítulo terceiro deste trabalho.

Cabe fazer uma referência também ao método empregado pela Holanda, que corresponde à técnica da marcação a mercado acima explicada. Neste país, o IRPF incide sobre o retorno presumido dos ativos do contribuinte, tomando-se como base o valor de mercado do primeiro dia do ano fiscal das ações que este possui. Sobre este valor incide uma taxa de retorno pré-estabelecida, que varia progressivamente de acordo com o nível de riqueza do acionista entre 2,02% e 5,38%. Apurado este valor de retorno presumido, incide uma alíquota de 30%, o que equivale, tomando-se por base a maior taxa de retorno, a uma tributação de 1,6% sobre o valor das ações (IEDI, 2021).

Em suma, percebe-se que no ano de referência da pesquisa que originou a tabela acima, entre os membros da OCDE, o modelo clássico era adotado por quinze países e por outros seis em sua versão modificada. O modelo integrado, por sua vez, era utilizado por quatorze países, sendo dois através da técnica da isenção total, quatro pela isenção parcial, sete pela imputação com crédito e um pelo método de marcação a mercado. Portanto, a maioria dos países da OCDE utiliza o modelo clássico, enquanto que a técnica de integração mais empregada é da imputação com crédito. Chega-se, assim, a conclusão de que efetivamente a prática mais comum entre os países da OCDE é praticar a dupla tributação, porém submetendo os dividendos a alíquotas inferiores às aplicáveis aos demais rendimentos ou a técnicas de integração que reduzam o impacto da dupla oneração.

Dessa forma, referida a origem da tributação sobre a renda, bem como analisado o panorama histórico do imposto sobre a renda brasileiro e, ainda, vistos os modelos clássico e integrado de tributação, bem como os principais métodos pelo qual este pode ser implementado, analisa-se agora aqueles que são apontados como principais problemas do atual modelo.

1.4. Os problemas do atual modelo de tributação da renda do Brasil

Para melhor compreensão das perspectivas de mudança do modelo de tributação, objeto do terceiro capítulo deste estudo, o presente tópico inicia pela apresentação das principais distorções do atual sistema e de composição da carga tributária, as quais estão na base da ideia de uma necessidade de reforma. São apresentadas as principais críticas voltadas ao método da isenção total, implementado pela Lei nº 9.249/1995, bem como os principais problemas de nosso atual sistema tributário. Busca-se demonstrar porque a situação atual, com suas mazelas, enseja uma mudança no modelo de incidência dos impostos sobre a renda corporativa e individual.

1.4.1. O método de isenção dos dividendos: questões controversas

É certo que a tributação da renda produzida no âmbito corporativo e dos lucros e dividendos distribuídos aos sócios e acionistas no âmbito individual pelo modelo integrado através do método da isenção, adotado pelo Brasil desde 1996 e analisado no capítulo anterior, apresenta pontos positivos demonstrados por importantes doutrinadores. Roque Antonio Carrazza (2006), por exemplo, aponta que a incidência do imposto sobre a renda apenas na sociedade evita a dupla tributação dos resultados positivos, elidindo assim o *bis in idem*. Da mesma forma, a adoção deste modelo dificulta a prática de fraudes e facilita a fiscalização pelos órgãos estatais competentes.

A par disso, cabe ratificar o quanto também já expresso acerca da compatibilidade do método de isenção com o sistema constitucional tributário. Com efeito, inexiste qualquer comando constitucional que determine a necessidade de uma dupla incidência (âmbitos corporativo e individual conjuntamente) do imposto de renda sobre os resultados produzidos pela pessoa jurídica e auferidos pela pessoa física do sócio ou acionista.

Ratifica-se, ainda, a filiação à posição demonstrada nos tópicos anteriores no sentido de que a adoção da técnica da isenção dos dividendos no âmbito individual não representa a mera concessão de um benefício fiscal em favor dos sócios ou acionistas. Não se trata de simples desoneração das pessoas físicas que percebem este tipo de rendimento, mas sim de concentração da tributação da renda em apenas um nível.

Inobstante tal posição, pode-se encontrar na doutrina jurídica e, principalmente, econômica, autores que defendem a existência de diversos problemas e distorções na eleição de tal do método da isenção para implementação do modelo integrado. Tais pontos, como uma possível violação da isonomia e a exacerbação da regressividade, serão analisados neste tópico.

1.4.1.1. Assimetrias na tributação dos rendimentos do capital e do trabalho

De fato, o método da isenção dos lucros e dividendos é alvo de constantes críticas quando adotado como forma de implementação da tributação da renda pelo modelo integrado. A principal delas diz respeito a alegada existência (ou a percepção de existência) de um tratamento tributário mais benéfico, favorecido, em favor dos rendimentos do capital quando comparados com o tratamento dispensado aos rendimentos do trabalho (Derzi; Fonseca, 2021). Alega-se que os detentores de participações societárias e investidores em sociedades teriam seus rendimentos tributados de forma menos gravosa do que os trabalhadores assalariados.

Sustenta-se que o método da isenção é inadequado para sistemas em que a tributação da renda das pessoas jurídicas e das pessoas físicas se dá através da incidência de alíquotas diferentes, principalmente quando a alíquota do IRPJ for menor do que a do IRPF (Derzi; Fonseca, 2020). Isto porque, em tais casos, o resultado positivo distribuído aos sócios ou acionistas acaba sendo menos onerado do que os rendimentos auferidos por meio de outras fontes, gerando um tratamento desigual entre os rendimentos.

É justamente por isto que se aponta que uma tributação integrada da renda não se limita a apenas isentar os lucros e dividendos distribuídos. Carlos Alberto Longo bem observa que, embora este método permita que haja uma quase total eliminação da dupla tributação econômica da renda, ainda assim há que se considerar que "boa parte da iniquidade e distorção do sistema tributário resulta, não só da dupla tributação dos dividendos, mas também do tratamento preferencial concedido" (Longo, 1984, p. 105).

Analisando dados da Receita Federal do Brasil e dos países membros da OCDE, Cristiane Mirando Botelho (2020) afirma que a isenção conferida aos rendimentos decorrentes da distribuição de resultados positivos é a principal causa das assimetrias existentes na tributação da renda. Isto porque tal isenção faz com que a carga tributária incidente sobre a renda decorrente do trabalho seja mais pesada do que a que onera os rendimentos do capital.

A respeito dos países membros da OCDE, a referida autora destaca que entre os anos de 1981 e 2013 houve uma significativa redução da tributação incidente sobre lucros e dividendos, muito maior do que a redução aplicada aos tributos sobre a renda das pessoas jurídicas ou as outras espécies de rendimentos tributáveis das pessoas físicas (BOTELHO, 2020). E esta constatação explica a percepção de injustiça na tributação da renda, pois é possível afirmar que que são as classes econômicas mais ricas as que mais auferem rendimentos decorrentes do investimento de capital em sociedades empresárias[33]. Assim, enquanto as classes menos abastadas da sociedade se sustentam principalmente com rendimentos decorrentes do trabalho e, logo, são oneradas de forma mais pesada pelo imposto sobre a renda, as classes mais altas, que auferem rendimentos com lucros distribuídos e dividendos, tem uma tributação mais favorecida.

E no que tange ao Brasil, os dados divulgados pela RFB demonstram que, no ano de 2018, 92,3% do valor total de lucros e dividendos distribuídos foram recebidos por contribuintes que se encontravam enquadrados na faixa superior da tabela progressiva do IRPF, o que representou naquele ano o valor de R$ 258,65 bilhões (TAVARES, R. J. S., 2020). Este dado parece mesmo indicar que os lucros e dividendos, em regra, são auferidos, ao menos em maior extensão pelas classes mais abastadas. Consequentemente, são as classes mais ricas beneficiadas com um tratamento tributário mais brando do que aquele incidente sobre os outros tipos de rendimentos, especialmente os decorrentes do trabalho.

Outrossim, as diferenças no tratamento tributário entre os rendimentos decorrentes do capital e do trabalho no Brasil ficam ainda mais evidentes quando se leva em consideração também os tributos incidentes sobre a folha de pagamento. Embora não seja o objetivo deste trabalho analisar tal incidência, cabe mencionar que, somente a título de Contribuição Previdenciária Patronal (CPP), há uma oneração de 20% sobre a remuneração do trabalho. Quer dizer, do ponto de vista econômico, há um "custo sobre a renda do trabalho" (TAVARES, R. J. S., 2021, p. 33) inexistente nos rendimentos decorrentes do capital.

Verifica-se, pois, que há diversas questões controversas e críticas bem consubstanciadas em desfavor da técnica da isenção. Inclusive, pode-se

[33] De acordo com Cristiane Miranda Botelho (2020), esta percepção encontra amparo em estudos realizados pelo Fundo Monetário Internacional (FMI). Com efeito, com base em dados divulgados pela receita federal norte-americana, o FMI apurou que, no ano de 2014, 60% da renda dos 400 contribuintes mais ricos dos Estados Unidos teve origem nos rendimentos do capital (lucros, juros ou dividendos) e não do trabalho.

destacar também que não se trata de método tributário comumente utilizado pelos países que adotam o modelo integrado. Como já foi ventilado no capítulo anterior, considerando-se o universo dos 34 países membros da OCDE, dentre os quais encontramos economias desenvolvidas e outras em desenvolvimento, apenas Estônia e Letônia utilizam um regime de isenção como no Brasil (Gobetti; Orair, 2016). Todos os demais países da OCDE, embora muitos deles utilizem o modelo integrado, não o fazem por meio do método da isenção, mas sim por outros mecanismos.

1.4.1.2. Isolacionismo internacional em termos de modelo tributário

Há que se considerar que na prática a Estônia é o único outro país que utiliza o método da isenção de forma semelhante ao Brasil, ou seja, de forma ampla. Isto porque, desde 2010, a Letônia possui em seu ordenamento a previsão de tributação à alíquota de 10% dos dividendos distribuídos a não-residentes (Gobetti, 2019). Da mesma forma, outros países que utilizaram esta técnica de integração da tributação da renda também realizaram alterações em seus sistemas. Como é o caso da Eslováquia, que em 2011 criou uma contribuição social sobre dividendos e em 2017 a substituiu pelo imposto sobre a renda com alíquota de 7%. Também o México, que a partir de 2014 voltou a tributar os lucros e dividendos distribuídos a alíquota de 10% incidente na fonte e aplicável a residentes e não residentes (Botelho, 2020).

A origem do modelo tributário adotado pela Estônia reside na ideia do *flat tax*, sistema teórico que previa a instituição de um imposto simplificado, com apenas uma alíquota e incidindo em apenas um nível. Com origem em estudos dos economistas americanos Robert Hall e Alvin Rabushka, este modelo foi adotado por diversos países do Leste Europeu (como a Estônia), bem como pela própria Rússia, chegando também a alguns países da Ásia (como Iraque, Mongólia e Kuwait). Ao todo, em 2007, contabilizavam-se pelo menos 17 países com algum tipo de *flat tax* em vigor (Gobetti, 2019).

Este modelo de *flat tax* sempre foi muito criticado por permitir que as distorções inatas ao sistema tributário se mantivessem, em razão da distribuição pouco equânime da carga. Em sua defesa, os partidários deste modelo sustentavam que o objetivo não seria eliminar ou reduzir estas distorções, nem de simplificar o sistema. Seria de estimular a competição, erradicando a tributação sobre o capital e tornando transparente a carga incidente sobre os rendimentos. Analisando a experiência da Estônia com o modelo de *flat tax*, Sérgio Wulff Gobetti (2019) aponta que houve efetivamente um bom desempenho econômico com esta forma de tributação, o qual, no entanto, fez aumentar os níveis de desigualdade social naquele país.

1.4.1.3. Renúncia à arrecadação

Sustenta-se também que a reforma promovida pela Lei nº 9.249/1995 teria representado uma "renúncia do governo em contar com maiores recursos da tributação direta" e uma opção "por impostos cumulativos, em nome do 'princípio da competitividade', o qual, supostamente, estaria orientando as reformas tributárias no restante do mundo" (Oliveira, F. A. De, 2020, p. 97). Dados divulgados pela RFB podem ser utilizados para projetar os valores que seriam arrecadados caso houvesse alguma forma de tributação dos lucros e dividendos. Veja-se a tabela abaixo, que apresenta os valores de rendimentos declarados conforme o tipo (tributáveis, sujeitos à tributação exclusiva na fonte e isentos e não tributáveis) no período de 2009 a 2013:

Tabela 7 – Rendimentos declarados (em "R$ bilhões")

Tipo de Rendimento	2009	2010	2011	2012	2013	Variação
Tributáveis	854,31	942,60	1069,92	1196,76	1293,21	51,3%
Tributados exclusivamente na fonte	111,10	137,04	183,03	181,43	207,36	86,6%
Isentos e não tributáveis	**377,48**	**444,36**	**523,35**	**566,37**	**632,17**	**67,5%**
Total	1342,89	1524,00	1773,71	1944,55	2132,74	58,8%

Fonte: Telles, 2016, p. 63.

Percebe-se que há um significativo montante declarado anualmente como rendimentos isentos e não tributáveis. Verifica-se também que, no período analisado, houve um aumento nesta classe de rendimentos bastante expressivo (67,5%). E especificamente em relação a este tipo de rendimentos, a tabela abaixo demonstra que sua composição é majoritariamente formada por lucros e dividendos recebidos por sócios ou acionistas de pessoas jurídicas:

Tabela 8 – Rendimentos isentos e não tributáveis declarados (em "R$ bilhões")

Rendimentos isentos e não tributáveis	2009	2010	2011	2012	2013
Indenizações por rescisão de contrato de trabalho e FGTS	14,72	14,41	16,74	19,31	23,21
Lucro na alienação de bens e direitos de pequeno valor	19,91	27,43	36,20	38,90	44,13
Lucros e dividendos	**133,28**	**162,71**	**195,56**	**208,52**	**231,30**
Parcela isenta correspondente a atividade rural	22,48	26,11	30,25	32,78	33,05
Parcela isenta dos proventos de aposentadoria	27,87	30,77	32,95	37,15	42,93
Pensão e proventos de aposentadoria por moléstia grave	24,40	26,41	28,45	30,97	33,55
Rendimentos de cadernetas de poupança e letras hipotecárias	10,45	12,26	16,15	17,15	20,69
Rendimentos sócios/titulares de ME e EPP	22,85	29,67	37,01	47,01	55,99
Doações e heranças	46,43	50,48	54,17	47,97	51,41
Outros	55,08	64,11	75,87	86,61	95,91
Total	377,48	444,36	523,35	566,37	632,17

Fonte: Telles, 2016, p. 64.

Dentro da categoria de rendimentos isentos e não tributáveis os lucros e dividendos são o tipo que mais se destaca, correspondendo a mais de um terço do total declarado nesta categoria. Assim, pode-se mesmo concluir que a isenção concedida pela Lei nº 9.249/1995 acarreta em um expressivo valor que deixa de ser arrecadado. A esse respeito, interessante transcrever a simulação feita por Sérgio Gobetti e Rodrigo Orair acerca do quanto poderia ser arrecadado caso se tributassem os lucros e dividendos distribuídos:

> 1) Tributar dividendos nos moldes vigentes até 1995, com alíquota linear de 15% exclusiva na fonte, independentemente da renda total do seu recebedor, atingiria 2,1 milhões de pessoas, aumentaria a receita em R$ 43 bilhões (valores de 2013) e reduziria a desigualdade em 3,67%, ou seja, 0,89 pontos percentuais (p.p.) a mais do que atualmente).
>
> 2) Tributar dividendos pela atual tabela progressiva do IRPF, com uma faixa de isenção e alíquotas variando de 7,5% a 27,5%, conforme a renda do recebedor, geraria uma receita adicional de R$ 59 bilhões, atingindo 1,2 milhão de pessoas e reduzindo a desigualdade em 4,03%.
>
> (Gobetti; Orair, 2016, p. 26)

No entanto, em contraponto a esta questão de renúncia de arrecadação a partir da reforma realizada em 1995 cuja vigência teve início no ano seguinte, como já analisado no capítulo anterior, pode-se mencionar o alargamento da base de cálculo do IRPJ, implementada mediante a adoção do critério da renda mundial com o cômputo dos lucros, rendimentos e ganhos de capital auferidos no exterior na determinação do lucro real. Da mesma forma, a então recente criação da CSLL por meio da Lei nº 7.689/1988 também pode ser utilizada como argumento contrário à ideia de que teria havido uma renúncia à arrecadação tributária.

Porém, ainda que tenha havido o alargamento da base de cálculo do IRPJ e a instituição da CSLL, não se pode perder de vista que a Lei nº 9.249/1995 também promoveu uma redução na alíquota do imposto sobre o lucro tributável das pessoas jurídicas, que passou de 25% para 15%. Tem-se, assim, que houve uma redução na carga tributária sobre os lucros corporativos e, ao mesmo tempo, a instituição de uma isenção sobre a distribuição destes lucros aos sócios e acionistas das sociedades (Oliveira, F. A. De, 2020).

A respeito dessa questão, Victor Polizelli (2018) aponta que houve grandes discussões na Câmara dos Deputados à época da aprovação da Lei nº 9.249/1995. O principal ponto de divergência entre os deputados era justamente a redução de alíquotas do IRPJ, para muitos considerada exagerada. E nem mesmo as justificativas apresentadas como exposição de motivos da referida Lei, no sentido de incentivar a formalidade e regularização fiscal, foram capazes de evitar tais discussões.

Além da redução da carga tributária e, a consequente possibilidade de críticas no sentido de haver uma renúncia à receita, outra questão bastante controversa diz respeito a abrangência desta isenção concedida a partir de 1996. De fato, se trata de uma isenção ampla e que alcança indistintamente todos os lucros contábeis (Polizelli, 2018). Desta forma, é possível que lucros não tributados pelo IRPJ sejam distribuídos pelas sociedades para seus sócios ou acionistas de forma isenta (Catarino; *et al.*, 2017; Silva, J. M. P. Q.; *et al.*, 2015). Com efeito, a referida Lei, ao instituir a isenção sobre lucros distribuídos com base na contabilidade, não exigiu que tais lucros já tivessem sido tributados pelo IRPJ.

Outrossim, o método da isenção total e ampla adotado pelo Brasil permite que as pessoas jurídicas repassem aos seus sócios ou acionistas todo e qualquer benefício fiscal que tenha recebido do Estado (Polizelli,

2018). Desta forma, até mesmo investidores estrangeiros poderão acabar sendo beneficiados com incentivos concedidos pelo Governo brasileiro, o que nitidamente contraria a ideia de que estes sirvam ao propósito de estimular o investimento empresarial (Cooper; Gordon, 1998).

Por outro lado, o argumento utilizado em defesa desta técnica de tributação no sentido de que se estaria evitando a dupla tributação econômica da renda também parece não se sustentar. De fato, ainda que a isenção permita que o resultado positivo distribuído passe livremente para os sócios e acionistas, inclusive evitando que o lucro deixe de ser distribuído por razões exclusivamente tributárias, quando proposta a modificação em 1995 não foram apresentados nenhum estudo ou pesquisa que demonstrassem tal ponto (Barreto, G. G., 2018).

Ademais, a bitributação econômica é um fenômeno complexo que vai muito além da simples relação entre IRPJ e IRPF. Não se pode desconsiderar que, antes da própria incidência do IRPJ, a receita (base imponível mais ampla que compreende e da qual se extrai a base do imposto sobre a renda) já fora onerada pela incidência de outros tributos, tais como as contribuições ao Programa de Integração Social (PIS) e para o Financiamento da Seguridade Social (COFINS)[34]. Outrossim, uma verdadeira busca pela não bitributação da renda deve, necessariamente, levar em consideração os acordos internacionais para a impedi-la quando envolvidas sociedades ou sócios e acionistas residentes em outros países (Almeida, 2012).

Nesse sentido, é interessante observar que o método da isenção não garante totalmente a não bitributação econômica da renda. Isto porque, embora os resultados positivos distribuídos sejam isentos de imposto sobre a renda no nível individual, se estes forem reinvestidos não haverá desoneração semelhante (Almeida, 2012). Com efeito, os lucros retidos e reinvestidos na sociedade ocasionarão aumento de capital social e, consequentemente, valorização das quotas sócias. Logo, quando de uma eventual alienação das quotas, os sócios apurarão ganho de capital, o qual estará sujeito à incidência do imposto sobre a renda. Portanto, mesmo quando se fala em ternos de evitar a bitributação da renda, o método da isenção se mostra controverso.

[34] No terceiro capítulo deste estudo, quando analisados os principais aspectos do *non bis in idem* em relação à tributação da renda e dos lucros e dividendos distribuídos, a questão da bitributação econômica será retomada e melhor analisada, inclusive quanto a este ponto de uma oneração anterior à própria incidência do IRPJ, caso em que se poderia cogitar de uma múltipla tributação da renda.

1.4.1.4. Atração de investimentos internacionais

Outro argumento bastante utilizado em favor do emprego da técnica da isenção como método para integração da tributação corporativa e individual diz respeito a tornar as sociedades empresárias mais atrativas para investimentos. Isto ocorreria porque se estaria abrindo uma possibilidade de retorno quanto ao capital aplicado de forma isenta de IRPF, o que, teoricamente ao menos, serviria como estímulo a este tipo de aporte. No entanto, estudos realizados através de pesquisas científicas demonstram que a distribuição de dividendos isentos não causa impacto significativo na tomada de decisão dos investidores.

Por exemplo, em trabalho que verifica os efeitos da sinalização de pagamento de dividendos por empresas brasileiras negociadas na bolsa de valores foi constatado que não houve grandes modificações no valor das ações (Agnes, 2005). Referido trabalho analisou 203 anúncios de pagamentos de dividendos no período de 1996 a 2003. Os resultados indicaram haver pouca influência da tributação na procura por ações de empresas que ofertam dividendos, o que implica em pouca elevação do valor das ações.

Em outro estudo (Verdi, 2001), foram analisados preços das ações de companhias que pagaram dividendos entre 1996 e 1998. Dos 620 eventos considerados, em apenas quatro deles o valor das ações apresentou valorização a partir do primeiro dia posterior ao pagamento dos dividendos. O interessante é que 30% dos eventos apresentaram desvalorização no preço da ação em comparação com a data anterior ao início do período em que tal ação passou a ensejar o direito ao recebimento de dividendos. Analisando tais resultados, o estudo conclui que:

> Essas constatações contrariam fortemente as expectativas do modelo, uma vez que esse comportamento pode ser considerado irracional por parte dos investidores, já que estariam pagando, por uma ação sem direito a dividendos, um valor maior do que foi pago quando a ação tinha direito a recebê-los. Pode-se dizer, com base nos resultados encontrados, que o mercado brasileiro não considera os impostos incidentes como fator predominante para a formação dos preços das ações que optam por distribuir dividendos. (Verdi, 2001, p. 68-69)

Analisando-se um período anterior a 1995, quando os lucros e dividendos eram objeto de tributação pelo IRPF, também se pode concluir pelo pequeno impacto das modificações tributárias no preço das ações ou no comportamento dos agentes investidores (Poli, 1993). Com efeito, em estudo que analisou empresas brasileiras que negociaram ações na bolsa de valores entre 1990 e 1991[35], a conclusão foi pela inexistência de alterações na política de dividendos das empresas brasileiras em razão de modificações na estrutura legislativa tributária.

Conclusão que é corroborada por outros estudos, que inclusive avaliam os efeitos da tributação no cenário dos Estados Unidos, país que adota o modelo clássico modificado de tributação da renda. Autores das ciências econômicas e administrativas afirmam, com base em dados coletados empiricamente, que "alterações na tributação sobre o recebimento de dividendos e/ou de ganhos de capital, não modificam a preferência dos investidores em relação à forma de retorno do seu capital", bem como que "a tributação não tem nenhuma influência na preferência dos investidores" (Poli, 1993, p. 5).

Bem se vê, que o método da isenção possui pontos controversos e que ensejam críticas. Sobretudo no que diz respeito à diferença no tratamento dispensado aos rendimentos do capital e do trabalho. Mas também no que se refere à posição isolada do Brasil em relação aos demais países, que ou utilizam o modelo clássico ou outros métodos de integração da tributação da renda. E, ainda, quanto à existência de uma expressiva renúncia de arrecadação tributária, a amplitude da isenção concedida, a incerteza quanto aos seus efeitos em relação à bitributação econômica e a ausência de efeitos positivos com relação ao valor das ações das empresas.

É certo que cada método de integração da tributação da renda apresentará vantagens e desvantagens e a escolha de uma ou outra técnica dependerá muito de quais valores e objetivos o país pretende alcançar. Mas também é certo que o método da isenção, mais do que as outras técnicas, privilegia a acumulação da renda e compromete a progressividade (Botelho, 2020).

De fato, a modificação realizada em 1995 pela Lei nº 9.249 representou uma profunda alteração no sistema de tributação da renda do Brasil,

[35] Tal estudo fez uma análise em vista às modificações realizadas na estrutura tributária brasileira em 1989. Em tal ano, como visto no capítulo primeiro, foram implementas significativas mudanças no regime legislativo. A Lei nº 7.713/1988, por exemplo, introduziu a sistemática de apuração mensal do imposto devido pelas pessoas físicas e suprimiu a classificação de rendimentos em cédulas. Também foi esta Lei a responsável pela instituição do Imposto sobre o Lucro Líquido (ILL).

a qual passou e está longe de ficar imune às críticas. Cristiane Miranda Botelho afirma que a isenção concedida acabou por fazer "tábula rasa dos aspectos da universalidade, generalidade, progressividade e pessoalidade da tributação da renda, confrontando ainda com a tradição brasileira de tributação desses valores" (Botelho, 2020, p. 299). No mesmo sentido, Fabrício Augusto de Oliveira refere que:

> Longe de contribuir para um ajuste estrutural das contas públicas, uma precondição para o sucesso do Plano Real, a Lei Everardo Maciel [Lei nº 9.249/1995] revelou um Estado prisioneiro do pensamento neoliberal, para quem tanto o capital como as camadas mais ricas da sociedade devem ser poupadas do pagamento de impostos pela importância que têm para a poupança, o investimento e o crescimento, uma crença que caiu por terra há mais de cem anos com os trabalhos de Wicksell e Schumpeter e, posteriormente, de forma mais definitiva, com o de Keynes. (Oliveira, 2020, p. 98-99)

Ainda nesta mesma linha, oportuno transcrever também as palavras de Romero Tavares, que após analisar a tributação da renda no Brasil, em recente relatório de pesquisa do Núcleo de Tributação do Insper, conclui que:

> O Brasil diverge do mundo em aspectos fundamentais da sua tributação de renda. Em especial no que concerne aos lucros e dividendos, o sistema brasileiro pode ser considerado ineficiente e injusto. Ineficiente pois institui diferenças tributárias entre pessoas jurídicas e entre pessoas físicas que podem induzir à alocação ineficiente de capital e trabalho dentro do país, e por apresentar obstáculos para o incremento do investimento estrangeiro no País e para a maior inserção da economia brasileira no comércio internacional. Injusto, primeiramente, porque tal ineficiência deprime o crescimento econômico do país, representa perdas de bem-estar que empobrecem a sociedade brasileira como um todo. E injusto porque sobrecarrega a renda do trabalho, especialmente dos trabalhadores menos qualificados, ao passo em que desonera o capital nacional e os trabalhadores mais qualificados, prestadores de serviços pessoais. (Tavares, R. J. S., 2020, p. 32)

E, não bastassem os problemas intrínsecos ao método de isenção, como se procurou apontar neste tópico, o sistema brasileiro padece ainda de outras mazelas. A pesada carga tributária e sua composição, majoritariamente por tributos indiretos, faz com os problemas decorrentes da técnica de integração eleita em 1995 sejam acentuados. É o que se procura abordar no próximo tópico deste trabalho.

1.4.2. O sistema nacional tributário atual: composição da carga tributária e complexidades

Além de se encontrar em posição praticamente isolada quanto à técnica de tributação utilizada para a integração entre os impostos de renda do nível corporativo e individual, o Brasil também diverge da maioria dos países do mundo em termos de composição da carga tributária. Entretanto, antes de aprofundar um pouco este ponto, cabe fazer algumas considerações acerca do tamanho da carga brasileira de tributos.

Atualmente, a carga tributária no Brasil representa cerca de 33% do PIB (Oliveira, 2020), podendo ser considerada elevada quando comparada a outros países. Na América Latina, a carga brasileira figura dentre as mais elevadas (Castro, 2014). A tabela abaixo auxilia a uma melhor comparação entre a carga brasileira e a dos demais países latinos e do Caribe:

Tabela 9 – Carga tributária total nos países da América Latina e Caribe em 2019 (em % do PIB)

País	%
Antigua y Barbuda	18,2
Argentina	28,6
Bahamas	18,7
Barbados	33,1
Belice	32,4
Bolívia	24,7
Brasil	**33,1**
Chile	20,7
Colômbia	19,7
Costa Rica	23,6
Cuba	42,0
República Dominicana	13,5
Equador	20,1
El Salvador	20,8
Guatemala	13,1

Guyana	23,2
Honduras	21,9
Jamaica	28,6
México	16,5
Nicarágua	25,9
Panamá	14,1
Paraguai	13,9
Perú	16,6
Santa Lucía	21,1
Trinidad y Tobago	23,7
Uruguai	29,0
Venezuela	--
Média da AL e Caribe[36]	22,9
Média da OCDE[37]	33,8

Fonte: OCDE, 2021, p. 171.

Interessante notar que a carga tributária brasileira está mais de dez pontos percentuais acima da média dos demais países referidos na tabela acima. Porém, quando comparada com os membros da OCDE, nossa carga fica bem próxima da média. De fato, quando comparada com estes países a situação se modifica e verifica-se que a carga tributária brasileira não destoa muito da média dos países da OCDE.

Aliás, no ano de 2016, considerando-se um *ranking* de maiores cargas entre os países da OCDE e o Brasil, nosso país passou da 15ª posição ocupada desde 2009 para a 23ª. Isso significa que nossa carga tributária apresentou redução se comparada a de muitos países membros da OCDE, mas também que ainda é superior a um grupo de 13 países. E dentre estes países com carga tributária menor do que a brasileira encontramos tanto economias emergentes (como México, Chile e Turquia) quanto desenvolvidas (como Nova Zelândia, Canadá, Austrália, Estados Unidos e Irlanda) (IEDI, 2021).

[36] Representa o grupo de 26 países da América Latina e Caribe incluídos nesta tabela, excluindo-se a Venezuela devido à questões de disponibilidade de dados. Chile, Colômbia e México também fazem parte do grupo de países da OCDE.

[37] Calculada aplicando a variação percentual média não ponderada para 2019 nos 35 países que forneceram dados para aquele ano ao imposto médio geral.

O gráfico abaixo representa dados das cargas tributárias dos países membros da OCDE nos anos de 2009 (indicados pelos pontos) e 2016 (representados pelas colunas), trazendo também o Brasil para fins de comparação. As cargas estão ordenadas de maneira decrescente entre os membros da OCDE. Verifica-se uma tendência média de elevação da carga entre os países da OCDE, uma vez que foram trinta elevações contra cinco reduções.

Gráfico 1 – Média da carga tributária na OCDE e Brasil em 2009 e 2016 (em % do PIB)

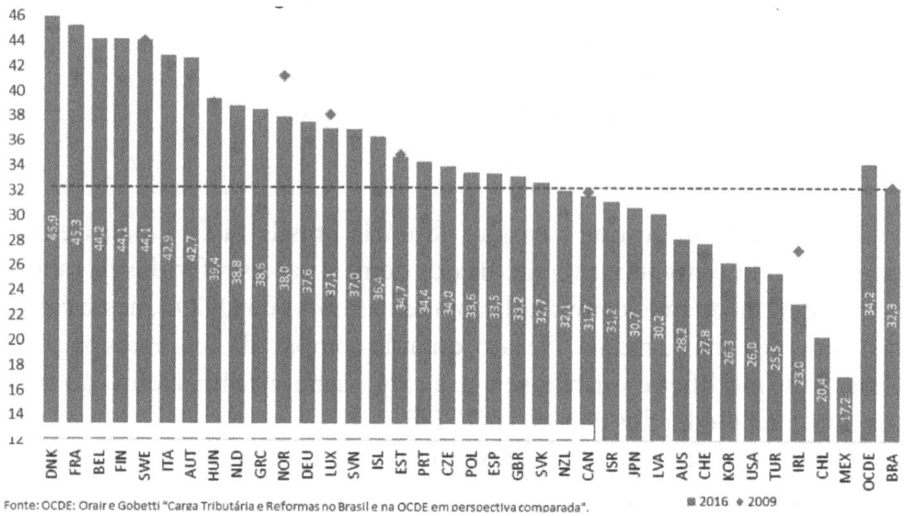

Fonte: IEDI, 2021, p. 16

De fato, tem-se que a carga tributária brasileira está bem próxima da média dos países membros da OCDE. A principal divergência para tais países, especialmente para os mais desenvolvidos, diz respeito mesmo à composição e forma de incidência da carga. No Brasil, a carga tributária acaba por incidir de forma mais onerosa sobre pessoas físicas assalariadas e de classes econômicas mais baixas. Além do que, diferentemente do que ocorre na maioria dos países da OCDE, no Brasil o retorno entregue pelo Estado através de serviços públicos não é condizente nem compatível com a arrecadação realizada (Queiroz, 2004).

1.4.2.1. Composição e distorções da carga tributária

Estudos com base em dados divulgados pela Receita Federal acerca da arrecadação tributária têm comprovado que o sistema brasileiro faz com que a carga seja mais pesada justamente para as classes mais pobres. Por exemplo, trabalho realizado pelo Instituto de Pesquisa Econômica aplicada – IPEA (2009) com base em informação da RFB referentes aos anos de 2004 e 2008 revela que os contribuintes pertencentes à faixa dos 10% mais pobres da população suportam uma carga que onera 32,8% da sua renda, enquanto os contribuintes da faixa dos 10% mais ricos arcam com uma carga que consome 22,7% da sua renda.

E quando se utiliza o valor do salário mínimo como fator de comparação, esta divergência fica ainda mais evidente. As famílias brasileiras com renda de até dois salários mínimos pagam 48,8% da sua renda em tributos, enquanto que as com renda acima de trinta salários mínimos, cerca de 26,3% (IPEA, 2009). Analisando justamente este estudo do IPEA, Fabrício Augusto de Oliveira pontua que o sistema tributário brasileiro pode ser descrito como:

> Um sistema altamente regressivo, que opera, portanto, como uma espécie de Robin Hood às avessas, em que cabe aos mais pobres o maior fardo de financiamento dos gatos do Estado, os quais tendem a favorecer, de maneira geral, as classes das camadas mais ricas e o capital. (Oliveira, 2020, p. 288-289)

Se, por um lado, estes estudos apontam que as famílias mais pobres são oneradas com uma carga mais pesada, há também estudos que comprovam uma redução de carga em favor das classes mais ricas. Em análise realizada a partir de informações divulgadas pela Receita Federal (Gobetti; Orair, 2016) referentes ao volume de lucros e dividendos distribuídos, verifica-se que os valores declarados destes rendimentos passaram de R$ 149 bilhões em 2007 para R$ 287 bilhões em 2013. Esses montantes foram declarados por 2,1 milhões de pessoas, o que corresponde a uma parcela de apenas 7,9% dos declarantes. E dentre estes declarantes o mais interessante é notar que 72% deles declararam rendimentos anuais totais superiores a R$ 1,3 milhão. Resta evidente, portanto, que os recebedores de lucros e dividendos estão concentrados nas classes mais altas.

Outros dados divulgados pela Receita Federal referentes ao mesmo período e analisados no antes citado estudo do IPEA (2009) também ajudam a compreender as distorções do sistema tributário nacional. Os tributos suportados pelo conjunto de contribuintes não proprietários (ou seja, as contribuições previdenciárias, FGTS e o IRPF incidente sobre os rendimentos do trabalho e retido na fonte) somaram, em 2006, o valor de R$ 236,9 bilhões. Tal valor equivalia, naquele ano, a 24,4% do total arrecadado. Já o total de tributos arrecadado do conjunto de contribuintes proprietários (tributos incidentes especificamente sobre a propriedade e IRPF incidente sobre os rendimentos do capital) foi de R$ 141,1 bilhões, ou seja, 13,6% do total arrecadado.

Essa distorção no sistema tributário, que onera mais os mais pobres, ostentando fortes marcas de regressividade, pode ser explicada pela composição da carga tributária, que privilegia os tributos incidentes sobre o consumo em detrimento daqueles incidentes sobre a renda. Nos primeiros dez anos seguintes a sua instituição, o imposto sobre a renda tinha pequena participação na receita tributária da União, representando em torno de 3% do total. Com o tempo, a arrecadação foi aumentando e, na década de 1930, chegava aos 8% da receita arrecadada. E já em 1943 o imposto sobre a renda passou a ocupar o primeiro lugar na arrecadação da União, tendo posteriormente passado a dividir essa liderança com o IPI (Nóbrega, 2014). Com o crescimento constante de sua arrecadação, o imposto sobre a renda atingiu seu recorde histórico em 1985, onde representou 57,3% da receita (Nóbrega, 2014)

Contudo, atualmente pode-se dizer que o imposto sobre a renda é responsável por uma parcela pequena da arrecadação federal quando comparada a composição da carga com a de outros países. Quer dizer, ainda que em questão de tamanho de carga tributária o Brasil esteja próximo da média dos países da OCDE, quando se trata de composição dessa carga encontramos divergências.

Dados divulgados pelo Governo Federal referentes à Carga Tributária Bruta (CTB) mostram que efetivamente há uma concentração da estrutura tributária brasileira em impostos sobre bens e serviços. Em 2016 tais tributos corresponderam a 40,9% da arrecadação total, enquanto que a média nos países da OCDE para estes foi de 32,1%. Por outro lado, verifica-se que a tributação sobre a renda correspondeu a 22,4% do total arrecadado, sendo de 33,9% na média dos países da OCDE[38] (IEDI, 2021).

[38] Interessante especificar a composição da carga tributária em alguns países mais desenvolvidos. Na Alemanha, por exemplo, o imposto de renda representou 32,5% da

Em 2017 a situação se intensificou ainda mais, pois 48,44% da arrecadação foi decorrente de tributos incidentes sobre o consumo de bens e serviços e apenas 19,22% da arrecadação de tributos sobre a renda (BOTELHO, 2020).

Percebe-se que, embora em um determinado momento de sua história o imposto sobre a renda tenha sido protagonista na arrecadação tributária brasileira, atualmente perde espaço para os tributos sobre o consumo. E este é outro aspecto que demonstra o distanciamento da realidade do Brasil em comparação com os países da OCDE. A composição da carga tributária na média dos países da OCDE é bem mais equilibrada entre as três principais bases de incidência (renda, consumo e patrimônio) do que ocorre no Brasil. Em nosso país, como visto, a tributação centra-se principalmente no consumo, o que acaba ensejando regressividade e os problemas de má distribuição da carga já mencionados. O gráfico a seguir ilustra essa questão:

Gráfico 2 – Nível e composição da carga tributária na OCDE de 1965 a 2016 (em % do PIB)

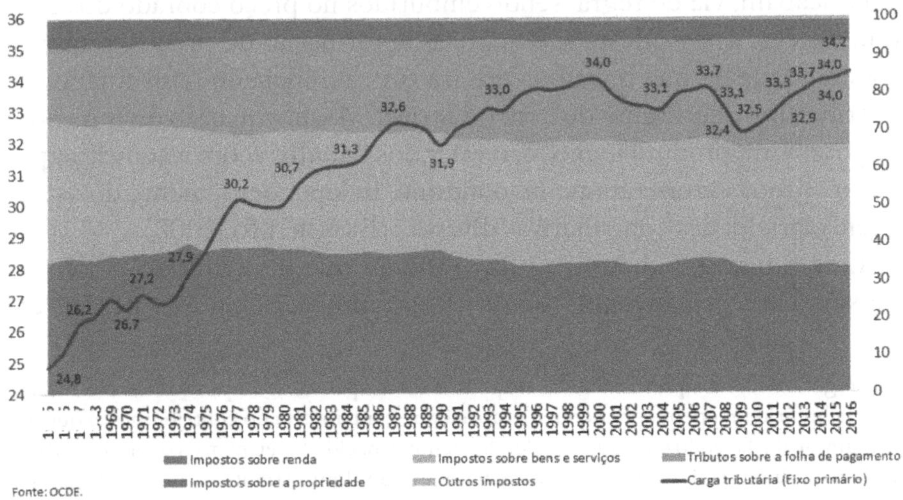

Fonte: IEDI, 2021, p. 15

arrecadação no ano de 2017. Na França, também no mesmo ano, correspondeu a 23,7%. E na Noruega chegou a 42,4% do total arrecadado (TAVARES, R. J. S., 2020). Analisando-se os países individualmente, há apenas cinco (Chile, Letônia, Estônia, Turquia e Hungria) onde o peso da tributação sobre bens e serviços supera o Brasil e três onde o peso da tributação sobre renda é inferior (Polônia, Eslovênia e Hungria) (IEDI, 2021).

No período analisado nesse gráfico, constata-se que, em 2016, a carga tributária média nos países da OCDE atingiu o percentual mais elevado em relação ao PIB (34,2%). Quanto à composição, verifica-se uma boa distribuição da carga entre tributos incidentes sobre a renda (em percentuais superiores) e sobre o consumo de bens e serviços. E a variação destas duas bases de incidência na composição da carga variou pouco durante o período analisado sempre mantendo uma boa distribuição.

Por sua vez, a composição da carga tributária brasileira se dá principalmente por impostos indiretos sabidamente regressivos. Ao contrário dos impostos diretos, como aqueles que oneram a renda e a propriedade, os quais permitem sua graduação de acordo com o nível de renda e riqueza do contribuinte (Castro, 2014). Justamente este é o problema dos impostos indiretos, não tomarem como referência a renda ou riqueza do contribuinte, mas apenas o seu consumo. Desta forma, não há diferenciação entre poder aquisitivo, mas apenas a possibilidade de que alguns produtos sejam menos onerados em razão de sua essencialidade.

Com efeito, os tributos que oneram as operações com produtos ou serviços acabam, via de regra, sendo embutidos no preço cobrado dos consumidores. Através desta sistemática de formação de preços, tem-se a possibilidade de que haja uma efetiva transferência do ônus financeiro do tributo ao adquirente do bem ou serviço. Assim, quando duas pessoas adquirem um produto idêntico, o valor dos tributos sobre a aquisição por elas realizadas será exatamente o mesmo, independentemente de ostentarem capacidades contributivas diversas (Esturilio, 2008).

Luís Eduardo Schoueri (2018) salienta que, na tributação sobre o consumo, a regressividade[39] se torna bastante visível, pois o percentual

[39] A regressividade aqui tratada diz respeito a este aspecto, de imposição de um mesmo ônus tributário independentemente da capacidade contributiva do contribuinte, o que, via de regra, acaba fazendo com que aqueles de menor capacidade sejam mais onerados. Não se trata, pois, da regressividade como a característica que alguns tributos ostentam no sentido de se constatar uma diminuição de suas alíquotas à medida em que há um aumento da base de cálculo. Contudo, cabe registrar que esta regressividade também representará uma mazela do sistema tributário, pois acabará onerando menos uma base maior, o que tende a beneficiar contribuintes de maior capacidade contributiva. Haverá uma exceção a isto, no entanto, quando tal forma de cobrança atender a finalidades constitucionais relevantes (Weiss, 2011). É o caso, por exemplo, do Imposto sobre a Propriedade Territorial Rural (ITR), em que o adequado uso da terra de forma a atender às funções sociais da propriedade rural farão incidir alíquotas menores para as propriedades mais produtivas.

de renda de cada contribuinte destinado a aquisição de bens e serviços decresce à medida em que se eleva a riqueza deste contribuinte. De fato, um contribuinte com baixa renda irá destinar um percentual elevado desta à aquisição de bens e serviços, mesmo que somente consuma aqueles mais essenciais. Enquanto que um contribuinte com rendas mais elevadas terá um percentual menor destinado ao consumo, ainda que consuma mais produtos e serviços e que estes sejam de valor mais elevado. Esclarece o citado autor:

> Uma pessoa de altíssima renda, mesmo que consuma muito mais que aqueles de renda mais baixa, ainda assim terá baixo percentual de sua renda destinado ao consumo. Ou seja: para uma pessoa que receba um salário mínimo, por exemplo, possivelmente terá a totalidade de sua renda empregada no consumo. Se admitirmos que a tributação do consumo seja de 20%, então se dirá que 20% da renda dessa pessoa foi destinada ao pagamento de tributos. Considere-se, agora, uma pessoa com renda de 100 salários mínimos. É razoável admitir que seu padrão de gastos seja muito mais elevado. Digamos que 50 salários mínimos sejam seu gasto mensal. Se a alíquota do imposto permanece em 20%, então se dirá que o imposto será de 20% sobre 50 salários mínimos (consumidos), o que equivale a 10% de sua renda total de 100 salários mínimos. Ou seja: no exemplo, o contribuinte com 1 salário mínimo destinou 20% de sua renda ao pagamento de impostos, enquanto o outro, que ganha 100 salários mínimos, destinou 10% de sua renda ao mesmo fim. Aí se evidencia o caráter regressivo da tributação do consumo. (Schoueri, 2018, p. 396–397)

Nesse contexto, verifica-se a importância da essencialidade, antes mencionada, como forma de atenuar as consequências da regressividade na tributação sobre o consumo. Com efeito, a regressividade pode ter seus efeitos reduzidos por meio da aplicação de alíquotas diferenciadas para produtos ou serviços considerados como mais essenciais. Assim, através da seletividade em razão da essencialidade, torna-se possível corrigir ou ao menos amenizar os efeitos da regressividade.

Já a seletividade remete à ideia de seletivo, isto é, de selecionar conforme algum critério. No âmbito do Direito Tributário, o imposto ser seletivo indica que terá seu valor variando conforme um critério eleito pelo legislador (Machado, 2008). Adotando a teoria de Humberto Ávila (2005), é possível defender que a seletividade se caracteriza como postulado, pois orienta a aplicação de outra norma. Neste sentido, Fábio Canazaro (2015) observa que a seletividade não seria um princípio ou uma regra, mas sim uma forma ou técnica para a concretização de um princípio eleito pela Constituição, no caso a essencialidade.

Essa, por sua vez, é vinculada a um padrão mínimo de vida e de garantia de bem-estar. Produtos e serviços essenciais são aqueles necessários à implementação e manutenção de uma vida digna (Bainy, 2012). A essencialidade, para além de sua função ou perspectiva metodológica, pode ser conceituada como princípio constitucional que, mais do que impor o dever de listar o que é essencial, limita o legislador e lhe impõe o dever de definir uma graduação na tributação conforme o grupo de mercadorias e serviços sejam mais ou menos essencial, visando a promoção da divisão equânime da tributação sobre o consumo (Canazaro, 2015).

Nesta senda, a essencialidade seria o critério para aplicação da seletividade e, ao mesmo tempo, o princípio constitucional que lhe orienta, na medida em que determina a busca pelo fim da justa distribuição da carga nos tributos incidentes sobre o consumo. Mas a seletividade em razão da essencialidade pode não ser o suficiente para corrigir a distorção da regressividade causada pela tributação prioritariamente centrada no consumo. Eduardo Sobral Tavares defende justamente a tese de que tal técnica de tributação é "incapaz de promover, em concretização à ideia de capacidade contributiva, o financiamento equânime do Estado ou mesmo a redistribuição de bens na sociedade" (Tavares, E. S., 2017, p. 211).

Portanto, o fato de a tributação brasileira ser centrada no consumo, desprestigiando a renda como matriz tributária, causa efetivos e sérios problemas à repartição da carga e ao próprio sistema em si. E não é apenas o Brasil que apresenta uma má distribuição da carga. Pode-se dizer que esta é a regra entre os países da América Latina, os quais possuem um sistema tributário mais voltado a onerar o consumo do que as demais bases. Este fato pode ser explicado pela menor renda *per capta* destes países quando comparados com economias mais desenvolvidas e que, por tal motivo, conseguem centrar seu sistema em tributos sobre a renda. No entanto, mesmo neste contexto de América Latina chama a atenção a baixa atenção dada ao imposto sobre a renda no Brasil. Apenas a Argentina, Bolívia e Paraguai tributam menos a renda que nosso país. (Castro, 2014).

E além dos problemas de regressividade causados pela maior tributação do consumo, a própria estrutura atual do imposto sobre a renda brasileiro levanta dúvidas quanto a efetividade em atender a progressividade e, consequentemente, a uma justa repartição da carga tributária. Tomando-se por exemplo a tabela de alíquotas vigente do IRPF, pode-se questionar se as atuais faixas de alíquotas são o suficiente e se estão corretamente distribuídas.

A esse respeito, Tatiana Junger (2020) afirma que, além da insuficiência das atuais faixas de alíquotas para explorar todo o potencial progressivo do IRPF, outro problema reside no fato de que as faixas estão muito próximas umas das outras. A consequência é que toda a progressividade prevista acaba por atingir uma parcela da sociedade em condições econômicas muito semelhantes, passando a tratar de forma idêntica contribuintes com rendimento superior ao limite da última faixa (R$ 4.664,68). Assim, um contribuinte com renda de cinco mil reais e outro com renda de cinquenta mil estarão sujeitos a mesma alíquota.

1.4.2.2. Necessidade de modificações na estrutura do imposto sobre a renda

Constata-se, assim, uma necessidade de mudanças na forma de composição da carga tributária brasileira, a fim de minorar os impactos negativos da regressividade causada, principalmente, pela priorização de tributos indiretos. Nesse sentido, antes ainda de entrarmos na análise dos projetos de reforma tributária (questão objeto do próximo tópico). É interessante notar que diversos países têm reorganizado seus sistemas visando uma maior eficácia e melhor distribuição da carga.

Dentre as medidas mais adotadas, verifica-se uma tendência de redução das alíquotas do IRPJ. Porém, esta diminuição é posta em prática conjuntamente com outras medidas que visam justamente manter os níveis de arrecadação. A principal delas é justamente um aumento da carga sobre a renda nas pessoas físicas, seja por meio da elevação das alíquotas do IRPF ou pela ampliação de sua base de incidência. Pode-se citar como exemplo de ordenamentos que adotaram recentemente este recurso pelo menos dez países: Japão, Espanha, Hungria, Luxemburgo, Estados Unidos, Reino Unido, França, Bélgica, Holanda e Itália (IEDI, 2021).

Nos Estados Unidos, por exemplo, o presidente Donald Trump promoveu, em 2017, alterações substanciais no sistema tributário por meio da *Tax Cuts and Jobs Act*. A alíquota do imposto sobre a renda devido por pessoas jurídicas foi reduzida de 35% para 21%, ao mesmo tempo em que foram estabelecidos limites para dedução de prejuízos acumulados (Gassen; Valadão, 2020).

Na Inglaterra, também se verifica uma redução de alíquota no imposto sobre a renda devida pelas pessoas jurídicas. A *Corporation Tax Act* previa alíquota de 20%, a qual foi reduzida em 2017 para 19% e em 2020 para 17%. E da mesma forma que nos Estados Unidos, esta redução de alíquotas também veio acompanhada da limitação da dedução de prejuízos acumulados (Pimentel, 2020).

Medida semelhante foi adotada também na Bélgica com a reforma realizada em 2018. A alíquota do imposto sobre a renda no nível corporativo foi reduzida de 33% para 29% e depois para 25% em 2019. Da mesma forma que nos países antes mencionados, a compensação da arrecadação também se deu através da limitação da compensação de prejuízos (Soares, 2020).

No que se refere ao Brasil, pode-se concluir do antes exposto que o principal problema do sistema tributário no que diz respeito a carga não está tanto em sua dimensão, mas muito mais na forma como composta. Prestigiando os tributos sobre o consumo de bens e serviços e apresentando uma tributação da renda que representa uma parcela menor da arrecadação tributária, nosso sistema se torna extremamente regressivo.

Em suma, pode-se afirmar que a sistemática atual de arrecadação precisa ser reformulada[40]. Sobretudo no que diz respeito à tributação da renda, os problemas que se procurou sintetizar desencadeiam uma forte sensação de injustiça e minam a confiança dos cidadãos em relação ao Estado, indispensável para a própria manutenção deste enquanto Estado Tributário. Cristiane Miranda Botelho destaca que:

> De toda a descrição realizada neste tópico, verifica-se que o modelo brasileiro atual de tributação de lucros e dividendos não é justo, tampouco eficaz e, por ser altamente regressivo, gera desconfiança da grande maioria dos brasileiros que, sobrevivendo da renda salarial e sentindo o peso da tributação no consumo, se indignam com o tratamento generoso conferido à renda oriunda do capital.
>
> Por não corresponder à concepção de justiça distributiva e de igualdade material acolhida na Constituição de 1988, a sistemática atual de tributação

[40] Isso sem adentrar na análise de outros fatores que também levariam ou reforçariam esta conclusão, os quais não são objeto deste estudo. A própria tributação sobre o consumo, que hoje onera em separado bens e serviços, dando margem a um pesado contencioso, exige uma revisão a fim de torná-la mais racional.

da renda necessita ser reformulada. A perpetuação do sistema que desonera os rendimentos dos mais abastados e limita as deduções na apuração da base de cálculo da renda salarial conspurca a comunidade de confiança que envolve o arcabouço tributário. (Botelho, 2020, p. 349)

De fato, o sistema tributário necessita que haja uma confiança dos contribuintes em relação ao Estado e quanto ao fato de que os demais contribuintes também participam, de forma isonômica, satisfazendo suas obrigações tributárias (Batista Júnior, 2015). Nessa senda, Klaus Tipke (2012) assinala que o Estado não deveria se ocupar apenas do caráter impositivo da norma tributária, mas também de criar um ambiente favorável à arrecadação. O cidadão cumpriria com seu dever de pagar tributos não apenas pela natureza cogente da imposição, mas também pela constatação da necessidade dos tributos para o funcionamento e manutenção da máquina estatal, bem como por uma questão de justiça e isonomia.[41]

Deve-se ter em mente, ainda, que as mazelas de que sofre o sistema tributário não se limitam à dimensão e composição da carga tributária. A inflação legislativa que se pode perceber facilmente também contribui para que hajam distorções que prejudicam o ordenamento. Ives Gandra da Silva Martins considera que "o sistema tributário brasileiro é caótico, principalmente à luz das sucessivas emendas constitucionais, que o maltrataram, com superposições de incidências e elevado nível de complexidade" (2017, p. 507).

A consequência é um alto custo de administração, tanto para o fisco quanto para os contribuintes. Ademais, a elevada complexidade, ao passo

[41] Sobre esta questão, cabe registrar que pesquisas empíricas conduzidas sob a metodologia da Teoria dos Jogos (*Game Theory*) e embasadas em estudos de *Behavioral Law Economics* demonstram que os agentes não apresentam comportamento estritamente egoísta, preocupados unicamente com a maximização de suas utilidades. Motivações como altruísmo, interesse geral, bem comum, justiça, solidariedade e equidade também são levadas em consideração (Caminha; Lima, 2014). Inobstante o comportamento egoísta possa até mesmo ser mais perceptível do que o comportamento pró-social, diversos estudos comprovam que as pessoas frequentemente violam o denominado *homo economicus* da visão neoclássica da economia (Posner, 2011), submetendo-se inclusive à sacrifícios e experimentando perdas para seguir e fazer seguir regras legais e éticas (Stout, 2014). A maioria dos agentes efetivamente se importa, ou pelo menos age como se importasse, com os outros agentes, ainda que estranhos à relação da qual estão participando. Em muitas circunstâncias, os agentes se preocupam em serem tratados de forma justa e desejam tratar os outros de igual forma, desde que estes também estejam se comportando dessa maneira (Jolls; Sunstein; Thales, 1998).

em que dificulta a fiscalização também favorece a sonegação. Para se ter uma ideia do tamanho de tal complexidade, cabe referir estudo feito pelo Banco Mundial que aponta a necessidade de 2600 horas anuais para o cumprimento de obrigações tributárias no Brasil, enquanto países como Alemanha e Estados Unidos exigem 100 e 300 horas, respectivamente (Martins, I. G. da S., 2017).[42]

E esta extraordinária complexidade do sistema tributário brasileiro acarreta graves problemas em termos de concorrência internacional com outros países na busca por atrair contribuintes para seus territórios. A Lei nº 9.249/1995, responsável por instituir a isenção aos lucros e dividendos distribuídos, foi editada num contexto de maior preocupação com os efeitos da dupla tributação econômica da renda. Ocorre que o momento atual, dados os problemas atuais da tributação no Brasil, acima brevemente delineados, sugere novas preocupações.

Como antes mencionado, a tendência mundial é de uma redução da carga incidente sobre os lucros corporativos. Desta forma, o Brasil também precisa se manter alinhado com esta tendência, sob pena de perder contribuintes que migrem para outros países onde encontrem tributações mais favoráveis. É neste contexto que a reforma da tributação da renda, com a oneração dos lucros e dividendos nas pessoas físicas, se apresenta como uma alternativa a permitir a redução das alíquotas do IRPJ (Derzi; Fonseca, 2021).

Por esses motivos, é que se pode afirmar que o sistema tributário brasileiro precisa ser revisto. Especialmente no que diz respeito à tributação da renda, cerne deste estudo, são muitas as questões que precisam ser reconsideradas. Desta forma, o próximo capítulo examina questões constitucionais que precisam ser considerados para uma reforma do modelo de tributação. E, no capítulo final, procura-se justamente analisar um dos projetos de mudanças legislativas que impactam o imposto sobre a renda brasileiro.

[42] Desde a Constituição de 1988 até setembro de 2016, o Brasil editou 363 mil normas tributárias, o que corresponde a 45 novas normas jurídicas por dia útil (Amaral; *et al.*, 2016). Por sua vez, o relatório *Doing Business* 2020 do Banco Mundial (WORLD BANK, 2018), que analisa 190 países quanto à facilidade do pagamento de seus tributos, coloca o Brasil atualmente na 184ª posição.

CAPÍTULO 2
QUESTÕES CONSTITUCIONAIS PERTINENTES À TRIBUTAÇÃO DOS LUCROS E DIVIDENDOS

No primeiro capítulo, realizou-se uma contextualização do tema com o estabelecimento de premissas teóricas e o exame dos diferentes modelos de tributação da renda. Nesse capítulo, por sua vez, serão analisados os princípios do *non bis in idem*, da isonomia, da neutralidade e da segurança jurídica, com o fim de melhor conhecer o ambiente jurídico em que uma eventual reforma do IR será realizada.

As questões constitucionais aqui apresentadas são atinentes aos modelos de tributação e não propriamente a um determinado projeto legislativo. Tal análise se faz necessária uma vez que o sistema tributário não pode ser visto como mera técnica de extração de renda dos contribuintes, mas sim como um conjunto de escolhas políticas necessariamente balizadas por princípios constitucionais.

2.1. O *non bis in idem* e a dupla tributação da renda produzida e distribuída

A possível caracterização de *bis in idem* ou de dupla tributação[43] é argumento frequentemente utilizado para se defender a impossibilidade de tributação dos lucros e dividendos nos dois âmbitos: corporativo e individual. Sustenta-se que a incidência do imposto sobre a renda sobre o resultado positivo quando auferido pela empresa e, posteriormente, quando distri-

[43] A expressão dupla tributação ou o termo bitributação serão utilizados neste trabalho como expressões sinônimas e abrangentes também da múltipla tributação, a qual designa a ocorrência de mais de duas incidências tributárias idênticas (ou muito semelhantes) sobre um mesmo fato imponível praticado por um mesmo contribuinte.

buído aos sócios ou acionistas, revelaria caso de dupla incidência sobre a mesma riqueza que deve ser evitado. Neste tópico, busca-se analisar este fenômeno tanto em sua perspectiva jurídica, quanto econômica.

2.1.1. O *non bis in idem* e a dupla tributação no sistema tributário brasileiro

De início, registra-se que a dupla tributação pode ocorrer no cenário internacional, ou seja, quando dois ou mais Estados soberanos exercem sua competência sobre um mesmo fato (Almeida, 2012). Nesses casos, fala-se em bitributação ou dupla tributação internacional que frequentemente é objeto de Tratados e Acordos Internacionais que visam evitar ou minimizar os efeitos de sua ocorrência. Tal fenômeno, em que pese se tratar de efetiva dupla incidência que atinge a renda dos contribuintes, não será analisado neste trabalho, que se dedica a estudar o *bis in idem* e a bitributação em um contexto interno.

Quando se fala a respeito da cumulação de tributos ou múltiplas incidências sobre um mesmo fato imponível, poderemos estar diante de três situações distintas (Moreira, 2020). A primeira delas trata da exigência de tributos diferentes sobre um mesmo fato, que pode caracterizar *bis in idem* ou dupla tributação. A segunda refere-se à inclusão de tributos em sua própria base de cálculo ou na de outros tributos. Já a terceira se trata da incidência de um mesmo tributo em dois ou mais estágios de uma cadeia produtiva. Inicia-se a análise pelas situações que não serão aprofundadas por se distanciarem do tema central deste trabalho, quais sejam, a inclusão de tributos na base de cálculo e a incidência cumulativa ao longo da cadeia.

Haverá superposição quando o valor de um tributo for incluído na base de cálculo de outro ou na sua própria. Tratam-se de práticas comuns no ordenamento brasileiro, havendo diversos exemplos. Referente a primeira hipótese acima mencionado, tem-se a inclusão do ICMS nas bases de cálculo do IPI e das contribuições ao PIS e COFINS[44]. Já quanto à segunda

[44] Acerca desta questão, especificamente quanto à inclusão do ICMS na base do PIS e COFINS, registra-se o conhecido caso referente ao Tema nº 69 da Repercussão Geral do Supremo Tribunal Federal. No julgamento do Recurso Extraordinário nº 574.706/PR (BRASIL, 2017), a Corte entendeu pela impossibilidade de o mencionado imposto estadual compor a base de cálculo das referidas contribuições. Em decorrência deste julgado, diversas teses semelhantes ganharam força argumentativa, como as que pretendem a exclusão do Imposto sobre Serviços

hipótese, pode-se exemplificar com a inclusão do ICMS em sua própria base (o chamado cálculo por dentro). A consequência prática comum acarretada por ambas as hipóteses é uma elevação da alíquota do tributo, que se torna superior àquela prevista legalmente em razão de incidir sobre uma base majorada pela própria exação que se está calculando (Moreira, 2020).

Quanto à inclusão do tributo em sua própria base de cálculo, trata-se de distorção que "agride aos mais rudimentares postulados de política fiscal, afronta garantias elementares do contribuinte e conflita até mesmo com princípios mais amplos, norteadores de todo Direito Administrativo" (Goldschmidt, 2014, p. 197). Isto porque a inclusão do valor do tributo em sua própria base causará uma extrapolação do critério material da hipótese de incidência prevista na Constituição. Em outras palavras, não se estará tributando apenas a materialidade prevista constitucionalmente, mas indo além e fazendo o tributo incidir sobre o próprio tributo. Justamente por isto que tal prática somente será possível quando expressamente prevista e autorizada na Constituição (Goldschmidt, 2014).

Acerca da incidência do mesmo tributo em mais de uma etapa da cadeia produtiva, trata-se de hipótese relacionada às exações incidentes sobre a produção e comercialização de bens e serviços e denominada de cumulatividade ou incidência cumulativa (Moreira, 2020). Em resposta a esse fenômeno, visando evitar uma sobretaxação, via de regra os tributos incidentes sobre bens e serviços estão submetidos à técnica da não cumulatividade. Esta se caracteriza pela possibilidade de deduzir do imposto devido em relação ao produto acabado, por exemplo, o imposto incidente sobre as etapas anteriores da produção (Coêlho, 2020).

Paulo Caliendo (2019) explica que a não cumulatividade caracteriza-se como princípio que se aplica aos tributos que incidem sobre o consumo com o objetivo de alcançar respeito à neutralidade fiscal. Por meio desta técnica, visando impedir que o tributo incida mais de uma vez ao longo da cadeia, evita-se que as decisões dos agentes econômicos sejam influenciadas ou mesmo distorcidas pelo peso da carga tributária incidente. A lógica da não cumulatividade, portanto, é de que os tributos pagos em uma operação gerem créditos para serem compensados com os tributos incidentes

(ISS) da base das mesmas contribuições ou a exclusão do valor referente ao PIS e COFINS de suas próprias bases. Contudo, estas são questões ainda sem uma definição no âmbito do STF.

nas próximas operações, de modo que a cobrança se dê sempre somente em relação ao valor acrescido ao longo da cadeia.

2.1.1.1. Distinção entre *bis in idem* e dupla tributação

A doutrina nacional tradicionalmente define o *bis in idem* como uma das formas de manifestação de dupla incidência tributária sobre uma mesma materialidade (a outra forma seria a dupla tributação). Sua ocorrência é verificada quando um mesmo contribuinte é taxado mais de uma vez acerca de uma mesma materialidade e pelo mesmo ente tributante (Masagão; Oliveira, 2019). Trata-se de uma dupla incidência tributária sobre um único fato imponível realizada por um único sujeito ativo (Paulsen, 2020). Outrossim, pode-se dizer que ocorre *bis in idem* "quando o mesmo fato jurídico é tributado duas ou mais vezes, pela mesma pessoa política" (Carrazza, 2013, p. 669).

Já a dupla tributação (ou bitributação)[45] ocorre nos casos em que se verifica um concurso de normas, ou seja, quando o mesmo fato imponível compõe a hipótese de incidência de duas ou mais normas diferentes editadas por entes diferentes (Xavier, 2010). A consequência desta coincidência será que um mesmo fato irá dar origem à constituição de mais de uma obrigação tributária. Para a correta caracterização deste fenômeno, Alberto Xavier (2010) explica que é necessário que ocorra a plena justaposição das hipóteses de incidência das normas tributárias em concurso, o que se verificará pela denominada regra das quatro identidades. Com efeito, será preciso que se identifique (i) o mesmo pressuposto material; (ii) o mesmo sujeito; (iii) o mesmo período; e (iv) o mesmo tributo.

Trata-se então de "fenômeno pelo qual o mesmo fato jurídico vem a ser tributado por duas ou mais pessoas políticas" (Carrazza, 2013, p. 669). Sua ocorrência é verificada sempre que "dois ou mais sujeitos de direito público tributam o mesmo sujeito passivo em razão do mesmo fato jurídico" (Caliendo, 2019, p. 96). Poderá ser dupla ou múltipla, conforme forem dois ou mais os entes tributantes envolvidos. Também poderá ser interna ou externa, a depender se os sujeitos ativos encontram-se dentro das competências próprias de um mesmo Estado ou se referem-se a Estados soberanos distintos, respectivamente (Andrade, 2008).

[45] Que também pode ser denominada dupla tributação ou bitributação jurídica, principalmente a fim de melhor diferenciar da dupla tributação ou bitributação econômica, que será analisada no tópico seguinte deste capítulo.

A dupla tributação pode ainda ser vertical ou horizontal (Caliendo, 2019), correspondendo a primeira ao fenômeno verificado quando entes federados de diferentes níveis da federação tributam o mesmo fato gerador. É o que ocorre, por exemplo, quando tanto o Estado quanto o Município consideram a prestação de um determinado serviço como sujeito à imposição de um imposto por eles instituído (ICMS e ISS, respectivamente). Enquanto que a segunda diz respeito a cumulação de exações exigidas por entes da mesma espécie. Por exemplo, quando mais de um Município exige IPTU sobre um determinado imóvel ocorre está dupla incidência horizontal. Percebe-se, pois, que a dupla tributação irá sempre envolver um problema de conflito de competências (Paulsen, 2020).

Dessa forma, como nosso sistema constitucional atribui competências tributárias exclusivas e de forma bastante rígida, a dupla tributação será, em princípio, rejeitada pelo ordenamento, pois representará invasão de competências. Porém, podem haver casos excepcionalmente previsto na Constituição em que uma mesma materialidade tributária seja atribuída à competência de pessoas políticas distintas (Ribeiro, 2011). Como exemplos, pode-se mencionar a tributação incidente sobre a importação de produtos industrializados, em que incidirá o IPI, o Imposto de Importação (II) e as contribuições ao PIS e COFINS, exigidas pela União; bem como o ICMS, de competência estadual.

A diferenciação entre *bis in idem* e dupla tributação feita pela doutrina, conforme explicam Fernando Mariz Masagão e Ricardo Mariz de Oliveira (2019), tem base em um elemento histórico. É que nas Constituições de 1934, 1937 e 1946, constava expressamente o termo bitributação em referência à dupla incidência sobre um mesmo fato por dois entes distintos em âmbito interno. Fabio Brun Goldschmidt (2014) aponta ainda que a construção desta distinção pode ter se intensificado na doutrina a partir do seu emprego em julgado do STF de relatoria do Ministro Aliomar Baleeiro de 18 de setembro de 1974 (BRASIL, 1974).

Tradicionalmente, esta diferenciação é feita a partir do apontamento dos elementos característicos de cada fenômeno conforme exposto acima. Enquanto o *bis in idem* ocorre quando o mesmo ente tributante concretiza mais de uma incidência sobre o mesmo fato imponível, a dupla tributação ocorre quando esta múltipla incidência é realizada por entes diferentes (Caliendo, 2019). Ricardo Lodi Ribeiro (2011) também expõe a diferença entre os mencionados fenômenos, referindo a impossibilidade de confundi-los, pois o *bis in idem* sempre exigirá que o sujeito ativo dos diversos tributos exigidos seja o mesmo, enquanto que a dupla tributação se caracterizará justamente pelo contrário, ou seja, pela atuação de mais de uma pessoa política.

Tomando por base a doutrina mais clássica de distinção entre *bis in idem* e dupla tributação, encontramos argumentos no sentido de que esta será sempre inconstitucional, enquanto aquele pode ou não ser admitido pela Constituição (Caliendo, 2019). Pode-se exemplificar com o seguinte trecho do voto do Ministro Aliomar Baleeiro proferido no julgado acima mencionado:

> Tenho como certo que se a bitributação (a exigência do mesmo tributo por duas competências diferentes) é sempre inconstitucional no Brasil, o *bis in idem*, no sentido de decretação do mesmo imposto duas vezes pelo governo competente, pode ser constitucional em muitos casos, ainda que represente, quase sempre, uma política legislativa má. (BRASIL, 1974, p. 6)

No entanto, é preciso considerar que essa diferenciação realizada com base no mencionado julgado do STF de relatoria de Aliomar Baleeiro e com origem justificada pelos textos constitucionais anteriores a 1946 parece não mais se sustentar nos dias de hoje. A esse respeito, oportuno transcrever o seguinte trecho da obra de Fabio Brun Goldschmidt sobre a teoria do *non bis in idem*, para quem tal distinção:

> [...] foi feita a partir do texto de uma dada Constituição, a de 1969 (e, como referido acima, provavelmente baseada em texto da Carta de 1934), e não a partir de critérios propriamente científicos capazes de conceituar as figuras com base em premissas técnicas e em razão de seu conteúdo deôntico. Tanto é assim que, trazida para o contexto atual, da Carta de 1988, tais enunciados não se confirmam e a distinção cai por terra. Afinal, temos nela casos de dupla tributação por entes distintos perfeitamente permitidos e, também, casos de dupla tributação, pelo mesmo ente, vedados. (Goldschmidt, 2014, p. 100–101)

Fernando Mariz Masagão e Ricardo Mariz de Oliveira (2019), ao fazerem a mencionada referência quanto à origem da distinção em tela, também observam que esta foi construída com base em um contexto constitucional que continha a estipulação dos tributos comuns e de competências privativas a cada um dos entes políticos, bem como de competências concorrentes atribuídas à União e aos Estados. Desta forma, era necessário que houvesse alguma forma de controle e regulamentação do que o texto constitucional chamava de bitributação, pois a competência concorrente então outorgada abria margem para a sua ocorrência.

Logo, considerando o atual sistema de distribuição de competências da Constituição de 1988, pode-se dizer que a distinção entre *bis in idem* e dupla tributação deve ser reconsiderada. Até mesmo porque é preciso ter em mente que a expressão *bis in idem*, por si só, é vazia de significado deôntico (Goldschmidt, 2014). Sua utilização apenas contempla algum sentido jurídico quando atrelada ao aforismo *non bis in idem* (ou *ne bis in idem*, ou ainda proibição de *bis in idem*). Isto significa dizer que o que existe no ordenamento jurídico é a proibição de uma dupla exigência sobre o mesmo fato em face da mesma pessoa, o que independe de a exigência ser proveniente de um mesmo ou de diversos entes.

Entretanto isso não significa que haja uma garantia constitucional genérica contra a dupla tributação, de modo que "não decorre automaticamente da identificação do fenômeno a conclusão pela sua inconstitucionalidade" (Paulsen, 2020, p. 140). Com efeito, a dupla tributação poderá ser admitida, a depender sobretudo da forma como as competências tributárias foram discriminadas e distribuídas na Constituição (Goldschmidt, 2014). O legislador poderá estipular normas que evitem a dupla tributação, seja em nível constitucional ou ordinário, mas poderá, também, intencionalmente manter casos de dupla tributação, que serão compatíveis com o ordenamento e mesmo com um rígido sistema de repartição de competências, como no Brasil (Andrade, 2008).

De fato, não se pode falar em uma proibição geral de *bis in idem* no ordenamento jurídico brasileiro. Do mesmo modo que não se pode falar em permissivo geral de sua ocorrência. Ao mesmo tempo em que tal vedação não nos permite uma aplicação geral e incondicionada, também não pode sua aplicação ser simplesmente afastada de modo a permitir toda e qualquer forma de bitributação (Goldschmidt, 2014).

No plano da norma concreta e individual sua aplicação será incontestável, pois uma vez exigido o tributo e extinta a obrigação, por exemplo, pelo pagamento, é absolutamente inviável que se faça nova exigência. No entanto, não existe na Constituição brasileira de 1988 uma vedação ampla à instituição de dois ou mais tributos idênticos por pessoas políticas distintas ou pela mesma. Portanto, o ponto central da questão acerca da proibição do *bis in idem* é compreender que, se a Constituição prevê a sua possibilidade, não haverá nenhum óbice (Goldschmidt, 2014).

Na Constituição brasileira de 1988 há diversos casos de dupla tributação previstos e, logo, aceitos pelo ordenamento. Como exemplo, pode-se mencionar a já apontada dupla incidência pela exigência do II e do PIS/COFINS sobre o fato importação. E, ainda, a previsão de incidência de ICMS sobre este mesmo fato. Logo, trata-se de nítido caso de dupla (em verdade, múltipla) tributação de um fato único, no primeiro caso pelo mesmo ente (a União) e, no segundo, por entes diversos (a União e os Estados).

Esses exemplos representam inegavelmente "um *bis*, sobre um mesmo - *idem* - fato (uma mesma materialidade). E todos são contemplados no sistema jurídico-tributário nacional, sem qualquer vício de constitucionalidade" (Goldschmidt, 2014, p. 101). Contudo, diferenciam-se por ora serem exigências múltiplas realizadas pelo mesmo sujeito ativo (que tradicionalmente seria definido como *bis in idem*), ora por sujeitos ativos diversos (tradicionalmente, caso de dupla tributação). Mas o resultado em ambos os casos é o mesmo: a dupla incidência tributária, mas nestes casos admitida constitucionalmente. Portanto, evidencia-se "a impropriedade/inaplicabilidade da distinção traçada no contexto constitucional brasileiro" (Goldschmidt, 2014, p. 102).

Entretanto, é importante salientar que nem sempre a dupla tributação será permitida pelo ordenamento jurídico, havendo casos em que ela será proibida. Por exemplo, o artigo 154, inciso I, do atual texto constitucional pode ser indicado como fundamento para aplicação do princípio *non bis in idem* em relação às competências residuais (Masagão; Oliveira, 2019). Dele se extrai, primeiro, que tal espécie de competência é exclusiva da União, o que afasta qualquer possibilidade de competência concorrente. Segundo, que a competência residual deve ser exercida mediante Lei Complementar. E, por fim, que a instituição de impostos residuais deve ser feita de forma a evitar a cumulatividade e a repetição de fatos imponíveis ou bases de cálculo próprios dos impostos já discriminados pela Constituição.[46]

[46] Nesse mesmo sentido, cabe também fazer menção ao artigo 145 da Constituição de 1988, que estabelece a chamada competência comum para instituição de impostos, taxas e contribuições de melhoria e que, em seu parágrafo 2º, expressamente prevê a vedação de que taxas base de cálculo própria de impostos.

Portanto, no âmbito das competências residuais, a dupla tributação é proibida pela Constituição de 1988. Vedação esta que ocorre por força da proibição de *bis in idem* e pela rígida distribuição de competências tributárias. Assim, havendo bitributação em caso de exercício de competência residual, se estará diante de uma invasão de competência e, logo, de uma inconstitucionalidade (Masagão; Oliveira, 2019).

Fora do âmbito das competências residuais, a mesma lógica deverá ser observada, pois igualmente a dupla tributação poderá ser, em alguns casos, aceita e, em outros, proibida. Veja-se que a Constituição de 1988, ao estabelecer competências tributárias privativas em favor de cada ente político para a instituição de impostos discriminados por seu texto, acabou por vetar a dupla tributação em referência a estes (Paulsen, 2020). Ora, como já dito, verificada a instituição de dois ou mais impostos sobre a mesma materialidade descrita na Constituição, se estará diante de caso de invasão de competência e, portanto, de inconstitucionalidade.

Cabe registrar que a única exceção contemplada para essa situação diz respeito aos impostos extraordinários de guerra. A previsão do artigo 154, inciso II, da Constituição autoriza em tal caso a instituição de impostos pela União que estejam compreendidos na competência tributária de outros entes (Paulsen, 2020). Assim, se diante de uma guerra a União vier a criar um novo IPTU, por exemplo, a sua exigência será válida e, ao mesmo tempo, os Municípios e o Distrito Federal também poderão continuar a exigir os seus próprios impostos sobre a propriedade (Carrazza, 2013). Trata-se, pois, de típico caso de dupla tributação permitido constitucionalmente (Carvalho, P. de B., 2018).

Portanto, a dupla tributação poderá ser admitia ou proibida, dependo da situação concreta e do quanto previsto na Constituição. Principalmente em sistemas de distribuição de competência rígidos como o do Brasil, quando o texto constitucional determina qual poder será exercido por qual ente, está afirmando uma competência tributária e, ao mesmo tempo, negando o exercício de tal competência por outros entes. "Nesse sentido, a simples enunciação das competências impositivas já implica, *per se*, regra proibitiva de *bis in idem*" (Goldschmidt, 2014, p. 40).

No entanto, em algumas situações, a própria Carta poderá prever a dupla incidência. Mas, nestes casos, é importante ter em mente que tal fenômeno somente será permitido quando expressamente autorizado, do contrário se verificará extrapolação de competência pelo ente tributante, o que implica também em violação ao *non bis in idem* e, logo, em caso de dupla tributação proibida.

Pode-se concluir que o *non bis in idem*, enquanto axioma aplicável em diversas áreas do Direito, quando empregado no contexto do Direito Tributário irá constituir o fundamento para vetar a dupla tributação proibida. Trata-se de um modal deôntico proibitivo que será aplicado, ou não, a depender do quanto previsto pelo sistema para o caso em concreto, sobretudo do que dispõe o texto constitucional. Caracterizada a situação em que a dupla tributação é permitida pela Constituição, não haverá nenhuma consequência resultante daí no que se refere a controle de validade. Porém, em se tratando de caso de dupla tributação proibida constitucionalmente, então a máxima *non bis in idem* irá servir de fundamento para impedir sua efetivação (Goldschmidt, 2014).

Tal conteúdo proibitivo do *non bis in idem* decorre da noção de que, uma vez exercido determinado direito, este não pode ser novamente exercido. Ou, por outro lado, da ideia de que uma vez cumprido um dever imposto, o devedor fica desobrigado e não pode ser novamente compelido ao seu cumprimento (Goldschmidt, 2014). Tratam-se de premissas que se aplicam a todos os ramos do Direito e que estão presentes em todas as sociedades.

Aliás, pode-se até mesmo afirmar que a proibição de *bis in idem* decorre de uma exigência humana natural e, por isso mesmo, se revela mesmo "antes da constituição formal do Estado e da existência de um Direito no sentido de sistema de regras jurídicas – de segurança, certeza, estabilidade, proporção e boa-fé nas relações jurídicas" (Goldschmidt, 2014, p. 14–15). Trata-se de um sentimento humano que repugna a repetição na exigência de direitos ou no cumprimento de deveres.

Quanto à sua natureza normativa, Fabio Brun Goldschmidt (2014) explica que o *non bis in idem* pode assumir tanto a feição de regra quanto de princípio, conforme estiver inserto e for desenvolvido no ordenamento. O citado autor menciona que, quando tal axioma for utilizado em uma vertente processual, com efeito preclusivo e servindo de fundamento para o instituto da coisa julgada, terá natureza de regra. Isto porque, neste caso, apresenta um limite objetivo, cuja violação é facilmente comprovável, possuindo, assim, um sentido objetivo e concreto sujeito à juízo de conformidade. Também se apresentará como regra quando o *non bis in idem* for utilizado para vetar objetivamente a dupla imposição de sanções em relação a um mesmo fato. Da mesma forma que também será regra quando impedir a dupla imposição tributária idêntica[47].

Por outro lado, a proibição de *bis in idem* irá se apresentar como princípio quando analisada sob a ótica da política fiscal[48]. Neste caso, irá contribuir para o alcance de fins relacionados à transparência, simplicidade, comodidade e modicidade. Nesses casos, ainda que não tenha força vinculante e não esteja sujeita à controle de conformidade, "possui inegável função normogenética, orientando a atividade legislativa de modo a evitar, na medida do possível, a superposição tributária" (Goldschmidt, 2014, p. 39-40). Assim, o *non bis in idem* irá influenciar e direcionar a produção legislativa e também a atividade hermenêutica na aplicação do Direito.

Quanto aos casos concretos acerca da proibição de *bis in idem* já analisados pelo Supremo Tribunal Federal, utiliza-se da lição de Fernando Mariz Masagão e Ricardo Mariz de Oliveira (2019) para indicar os principais pontos já fixados pela jurisprudência da Corte. Pode-se perceber que o STF entende no mesmo sentido do acima exposto, quanto à inexistência de uma regra geral proibitiva do *bis in idem*. Veja-se o seguinte trecho extraído de artigo redigido pelos mencionados autores:

> O Supremo já fixou os seguintes pontos:
>
> - não há uma norma que vede a ocorrência de bis in idem, daí os casos expressos no próprio texto constitucional;
> - que a norma do art. 154, I, não alcança sequer a competência residual prevista para a instituição de contribuições sociais pelo parágrafo 4º do art. 195 da Carta;
> - que a remissão expressa ao art. 154, I, constante da parte final do parágrafo 4º, refere-se a necessidade de lei complementar para o exercício da competência, e não que as contribuições sociais criadas não possam ter fato geral ou base de cálculo iguais as dos impostos previstos na Constituição; e

[47] Salienta o autor que o antes mencionado artigo 154, inciso I, da Constituição é claro exemplo de situação em que o *non bis in idem* se apresenta como regra, pois dispõe de forma expressa acerca da uma proibição específica de dupla tributação (Goldschmidt, 2014).

[48] A proibição de *bis in idem* também assume status de princípio no âmbito do Direito Internacional (Goldschmidt, 2014). Especificamente quanto ao ramo tributário, trata-se de um valor a ser buscado por Estados soberanos a fim de afastar a dupla tributação internacional da renda. Irá orientar a formulação de Tratados e Acordos Internacionais pelos quais estes Estados, voluntariamente, expressam o intento de impedir a bitributação.

> – que o art. 154, I, não constitui regra geral proibitiva de bis in idem, extensível a todos os tributos.
>
> (MASAGÃO; OLIVEIRA, 2019, p. 63)

Interessante notar que o STF nunca analisou especificamente a aplicabilidade do axioma *non bis in idem* ao Direito Tributário brasileiro. Os casos apreciados pela Corte sempre disseram respeito a verificar a ocorrência ou não de dupla tributação proibida diante de uma determinada situação. A aplicabilidade teórica do axioma nunca foi questionada, ficando a discussão limitada a caracterização do fenômeno em um caso concreto (GOLDSCHMIDT, 2014).

Nessa senda, merece destaque o julgado em que a Corte analisou uma alegada ocorrência de dupla tributação pela exigência de imposto sobre a renda, contribuição previdenciária (em alíquota fixa) e mais um adicional variável a esta contribuição sobre os vencimentos dos servidores públicos federais (BRASIL, 2006c). O STF acabou por não reconhecer a ocorrência de dupla tributação proibida em tal caso, mas mesmo assim afastou o adicional variável da contribuição previdenciária. O argumento empregado foi no sentido de que a soma deste com o IR e a contribuição em alíquota fixa poderia resultar no recolhimento de quase metade do salário aos cofres públicos[49].

Verifica-se que mesmo não entendendo pela ocorrência de bitributação indevida, a Corte considerou os tributos cobrados pelo mesmo ente conjuntamente, mesmo sendo de espécies diversas (MOREIRA, 2020). Dessa forma, mesmo não se reconhecendo a caracterização de dupla tributação proibida, o *non bis in idem* poderá ser utilizado como fundamento de forma conjunta com outros princípios constitucionais, como a vedação de efeitos confiscatórios e o respeito à capacidade contributiva (RIBEIRO, 2011). Pode-se dizer, então, que a dupla incidência tributária será permitida sempre que a Constituição a permitir expressamente (afastando, assim, a carga proibitiva do axioma *non bis in idem*), mas desde que sua exigência não implique em violação à princípios constitucionais.

[49] Percebe-se, pois, uma relação entre este caso e o analisado no capítulo anterior acerca da possibilidade de caracterização de efeitos confiscatórios pela aplicação do IRRF sobre a distribuição de resultados positivos auferidos em exercícios anteriores e que haviam sido submetidos a alíquotas elevadas de IRPJ, como pretende o PL nº 2.337/2021.

2.1.1.2. Inocorrência de dupla tributação na exigência do IR sobre lucros e dividendos

Especificamente acerca da possível ocorrência de dupla tributação pela exigência do IRPJ sobre o resultado positivo produzido pela sociedade e do IRPF (ou IRRF) quando da sua distribuição sob a forma de lucros ou dividendos aos sócios ou acionistas, incialmente é importante observar que não se trata de dupla exigência exatamente sobre o mesmo fato imponível. Veja-se que o artigo 45 do CTN (BRASIL, 1966) estabelece que o contribuinte do IR é o titular da disponibilidade econômica ou jurídica da renda, ou seja, é a pessoa física ou jurídica que aufere renda ou proventos de qualquer natureza.

Assim, cabe retomar aqui o quanto visto no primeiro capítulo deste trabalho acerca da titularidade enquanto elemento de suma importância para a análise da tributação da renda. Com efeito, considerando que o tributo em questão incide sobre o acréscimo patrimonial, o sujeito passivo será o titular deste patrimônio que teve acréscimo (OLIVEIRA, R. M. de, 2020). No caso do resultado positivo auferido por uma determinada pessoa jurídica, o contribuinte do imposto sobre a renda será justamente tal pessoa jurídica. Já quando houver a distribuição deste resultado, sob a forma de lucros ou dividendos, o acréscimo patrimonial se incorporará ao patrimônio de outro titular, o sócio ou acionista, que será então o sujeito passivo de uma nova relação obrigacional tributária.

Da mesma forma, também o quanto analisado a respeito da questão temporal referente ao momento de ocorrência do critério material. O momento em que se fará a consideração da renda para fins de incidência do imposto em relação a obtenção do resultado positivo e sua posterior distribuição aos sócios ou acionistas não é o mesmo. Um primeiro momento refere-se à obtenção deste resultado positivo pela sociedade e, um segundo momento, a sua distribuição.

Portanto, no caso da incidência do IRPJ sobre os resultados positivos e do IRPF sobre os lucros e dividendos daí advindos, não se tratam dos mesmos titulares (mesmos sujeitos passivos) e nem de mesmo momento de consideração de ocorrência de acréscimo patrimonial. O titular e o momento a ser considerado é o do auferimento da renda, não importando qual a destinação posterior dada. Assim, quando a sociedade aufere a renda, independe se o resultado positivo a ser possivelmente distribuído no futuro será ou não tributado, pois há que se considerar que se tratam de titulares e de momentos distintos.

Assim, percebe-se que tanto a sociedade quanto os seus sócios e acionistas podem figurar como sujeitos passivos da relação tributária referente ao imposto sobre a renda. Ambos realizam, em momentos distintos, fatos geradores igualmente distintos do tributo em questão: a pessoa jurídica no momento em que aufere lucro como resultado de sua atividade empresarial; e os sócios ou acionistas quando recebem os lucros ou dividendos distribuídos pela sociedade (Benedito, 2013). Ambas as situações constituem fatos imponíveis distintos do imposto, realizados por contribuintes diferentes.

Logo, tem-se que não é possível sustentar a ocorrência de dupla ou bitributação jurídica da renda no caso de incidência do IR quando da obtenção de lucros pela empresa e no momento de sua distribuição aos sócios ou acionistas. E isto porque se está diante da incidência de tributos diferentes, em face de contribuintes diferentes e em razão da constatação de fatos imponíveis também diferentes. No entanto, não se pode negar a aparente existência de dupla tributação sobre uma mesma riqueza, sobre uma mesma renda, que passa da pessoa jurídica para a pessoa física de seus sócios ou acionistas. Este fenômeno, denominado dupla tributação econômica da renda, será o objeto de análise do próximo tópico deste capítulo.

2.1.2. A dupla tributação econômica da renda

O fenômeno da dupla tributação se distingue em duas diferentes perspectivas: a jurídica e a econômica. A primeira foi analisada no tópico anterior, podendo-se sintetizar o quanto visto na constatação de que nem sempre sua ocorrência será vedada pelo ordenamento, havendo situações em que será autorizada. Contudo, em todos os casos em que proibida, se estará diante de caso de aplicação do axioma *non bis in idem* de forma a evitar que um mesmo fato imponível seja onerado duas ou mais vezes pelo mesmo ou por diferentes entes tributantes.

A questão da incidência do imposto sobre a renda no nível corporativo, quando da apuração de resultados positivos, e posteriormente no nível individual, quando estes resultados são distribuídos aos sócios ou acionistas sob a forma de lucros ou dividendos, não se amolda à situação de dupla tributação jurídica. Isto porque, ainda que corresponda a incidência de tributos semelhantes por uma mesma pessoa política, não se tratam de duas exigências tributárias em referência ao mesmo fato imponível. Pelo contrário, referem-se a dois fatos distintos praticados por pessoas (contribuintes) também distintos.

A coincidência encontrada neste caso refere-se a riqueza que é objeto de tributação, ou seja, a renda. Com efeito, pode-se sustentar que se trata da mesma renda, produzida no âmbito da pessoa jurídica e, após, somente transferida para a pessoa física. Assim, a mesma riqueza está sofrendo a tributação primeiro pelo IRPJ e posteriormente pelo IRPF. Ainda que em face de contribuintes distintos, é a mesma base imponível que está sendo submetida duas vezes à incidência tributária do imposto sobre a renda.

Esse fenômeno caracteriza o que a doutrina chama de dupla tributação (ou bitributação) econômica, cuja origem da distinção para a dupla tributação jurídica remete a estudo do economista Herbert Dorn[50] publicado originalmente em 1927 (SANTOS, 2021). Sua ocorrência se verifica quando fatos jurídicos distintos, mas que constituem um mesmo fato econômico, são tributados duas ou mais vezes pelo mesmo ou por diferentes entes. É o típico caso do que ocorre na situação posta em exame, pois "a tributação dos rendimentos da pessoa jurídica e dos sócios produz uma tributação da mesma riqueza, porém de sujeitos distintos de Direito" (CALIENDO, 2019, p. 96).

Logo, quando houver identidade de fatos e pluralidade de normas jurídicas, estar-se-á diante de situação de dupla tributação jurídica. A identidade de fatos deve ser verificada com base no critério das quatro identidades, antes mencionado e explicado por Alberto Xavier (2010). Desta proposição chega-se à conclusão de que somente haverá a ocorrência de tal fenômeno quando presentes todas as características indicadas pelo mencionado critério. Do contrário, ou seja, não estando presentes todos os elementos do critério das quatro identidades, não haverá que se falar em dupla tributação jurídica, mas poderá ser caso de dupla tributação econômica que então assume uma feição residual (SANTOS, R. T., 2021).

2.1.2.1. Ocorrência de dupla tributação econômica na exigência do IR sobre lucros e dividendos

No caso da tributação pelo IRPJ e pelo IRPF dos resultados positivos produzidos no âmbito de uma pessoa jurídica e distribuído às pessoas físicas suas sócias ou acionistas constata-se a ausência da característica de iden-

[50] Herbert Dorn analisa a dupla tributação econômica em sua obra *Das Recht der internationalen Doppelbesteuerung*, publicada em 1927 e posteriormente traduzida para o italiano em artigo de 1938 (DORN, 1938).

tidade de sujeitos passivos. Com efeito, trata-se de contribuintes diferentes, estando de um lado a sociedade e, de outro, os sócios ou acionistas. E como visto anteriormente, o ordenamento jurídico brasileiro é marcado por uma forte separação entre a sociedade e seus sócios[51].

No caso posto em análise, o critério das quatro identidades não estaria plenamente preenchido em razão de não se tratar do mesmo sujeito passivo. Mesmo assim, haveria ainda uma possibilidade de se defender que a identidade de sujeitos não é elemento essencial para a aplicação do aludido critério, bastando a presença dos demais três fatores. O fundamento desse argumento é que a identidade de fatos se caracteriza pelo critério material da hipótese de incidência, de forma que haveria concurso de normas e dupla tributação jurídica ainda que o elemento subjetivo, ou seja, os sujeitos tributados fossem diferentes (Xavier, 2010). Adotando essa premissa, mesmo no caso em exame, em que a renda é onerada em face de pessoas diferentes, como a materialidade é a mesma, sendo tributada cada vez que há mudança de titular, haveria dupla tributação jurídica.

Porém, a maior parte da doutrina segue a linha exposta por Alberto Xavier (2010) no sentido de que para a caracterização de dupla tributação jurídica é essencial que também se constate a identidade de sujeitos[52]. E seria justamente este o principal ponto de diferenciação deste fenômeno para o da dupla tributação econômica, na medida em que esta se amolda à diversidade dos sujeitos.

Logo, a questão da identidade ou não de sujeitos é ponto crucial para definição e distinção entre dupla tributação jurídica e econômica. Aliás, ainda que o objeto deste estudo não seja a dupla tributação internacional da renda, cabe registrar que já o primeiro modelo de convenção da OCDE, de 1963, trazia uma referência a ambas as expressões, dupla tributação jurídica e econômica, e as diferenciava uma da outra. A primeira diria respeito

[51] Diferentemente do que ocorre em outros ordenamentos, como nos Estados Unidos da América em relação a praticamente todas as espécies societárias (com exceção apenas das *C Corporations*), no Brasil a pessoa jurídica é nitidamente vista como um centro autônomo de imputação de direitos e deveres (Schoueri; Barbosa, 2014).

[52] Cabe destacar, como bem observa Alberto Xavier (2010), que embora se exija a identidade de sujeitos este elemento não pode ser submetido a uma análise a partir de rígidos parâmetros formais. Isto porque há casos em que sua constatação apresenta elevado grau de dificuldade, como, por exemplo, quando se tratam de pessoas vinculadas, marido e mulher, proprietário e usufrutuário, dentre outros que devem ser apreciados à luz de cada ordenamento jurídico.

a situações em que a renda de um mesmo contribuinte fosse tributada por dois Estados, já a segunda ocorreria quando lucros de empresas coligadas fossem tributados por duas diferentes jurisdições (Almeida, 2012).

Nesse mesmo sentido também a lição de Luís Flávio Neto (2018), para quem a dupla tributação econômica ocorre quando o mesmo rendimento é tributado por dois ou mais entes durante um mesmo período, mas em relação a contribuintes diferentes. Desta forma, a "ausência de identidade do contribuinte é *discriminem* para diferenciar a dupla tributação econômica da jurídica" (Flávio Neto, 2018, p. 70), na medida em que quando houver esta identidade será caso do fenômeno jurídico e, do contrário, se tratará de bitributação econômica.

Desse modo, a diferença de sujeitos passivos das obrigações tributárias impostas é fundamental para a caracterização da dupla tributação econômica, inclusive em contextos internacionais, e para sua distinção do fenômeno jurídico (Rocha, 2011). Em outras palavras, pode-se dizer que, a partir da ideia que afirma ser a dupla tributação uma decorrência do concurso de normas, será a variedade de sujeitos passivos que irá distinguir os fenômenos jurídico e econômico, este também chamado de dupla imposição ou sobreposição (Andrade, 2008). Nesse mesmo sentido, Gerd Willi Rothmann bem sintetiza:

> A bitributação jurídica, tal como acabamos de conceituá-la, distingue-se da bitributação econômica, também chamada de dupla imposição, que ocorre quando o mesmo objeto é tributado em relação a vários sujeitos passivos, como, por exemplo, na dupla tributação do lucro da empresa pelo imposto de renda da pessoa jurídica e pelo imposto de renda da pessoa física, no caso de sua distribuição. (Rothmann, 2019, p. 73–74)

Outrossim, pode-se dizer também que a dupla tributação econômica se evidencia quando há uma justaposição de fontes contributivas. Especificamente no caso da distribuição de resultados positivos auferidos por pessoas jurídicas, embora os lucros ou dividendos distribuídos reflitam capacidade contributiva dos sócios ou acionistas não se pode negar que também constituem economicamente uma parcela ou a totalidade dos lucros auferidos pela sociedade. Assim, a dupla tributação econômica caracteriza inegável "duplicidade de cobrança sobre a mesma riqueza produzida" (Andrade, 2008, p. 377).

Dessa forma, quando a pessoa jurídica, enquanto sujeito passivo do IRPJ, tem sua renda submetida à tributação e, posteriormente, quando a pessoa física, sujeito passivo do IRPF, recebe lucros ou dividendos daquela sendo tributada por tal fato haverá dupla tributação econômica. Para melhor compreensão desse fenômeno, convém trazer a lição de Ricardo Mariz de Oliveira (2020) acerca da ideia de separação da renda. Inicialmente, registra-se que a renda, sempre que existente, "se confunde com a parcela de acréscimo patrimonial (novo elemento positivo no patrimônio) que é representada por alguma receita" (Oliveira, R. M. de, 2020, p. 174).

Por sua vez, a receita pode ser designada por uma série de nomes como, por exemplo, vendas, honorários, juros, dividendos, *royalties*, aluguéis, entre outros. Conceitualmente, o termo é utilizado para designar todo e qualquer "ingresso ou entrada de direito que se incorpore positivamente ao patrimônio, e que represente remuneração ou contraprestação de atos, atividades ou operações da pessoa titular do mesmo" (Oliveira, R. M. de, 2020, p. 108). O citado autor, a partir da análise dos elementos essenciais à caracterização de receita diante de uma situação concreta, resume o conceito a partir das seguintes afirmativas:

> – receita é um tipo de entrada ou ingresso no patrimônio da pessoa jurídica, sendo certo que nem todo ingresso ou entrada é receita;
>
> – receita é o tipo de entrada ou ingresso que se integra ao patrimônio sem reserva, condição ou compromisso no passivo, acrescendo-o como elemento novo e positivo;
>
> – a receita passa a pertencer à entidade com sentido de permanência;
>
> – a receita remunera a entidade, correspondendo ao benefício efetivamente resultante de atividades suas;
>
> – a receita provém de outro patrimônio, e se constitui em propriedade da empresa pelo exercício das atividades que constituem as fontes do seu resultado;
>
> – a receita exprime a capacidade contributiva da entidade;
>
> – a receita modifica o patrimônio, incrementando-o.
>
> (Oliveira, R. M. de, 2020, p. 127)

A receita ainda traz como característica o fato de que procede de fora do patrimônio que a recebe, mas é derivada de dentro dele. Ou seja, a receita ingressa no patrimônio, vindo de fora dele, mas se origina a partir de atos, operações ou atividades praticados ou desenvolvidos pelo titular do patrimônio a partir do emprego de recursos que já o compõem (Oliveira, R. M. de, 2020). Assim, pode-se dizer que as receitas são frutos do patrimônio tanto quanto uma árvore produz frutos no sentido de que estes provêm do principal, mas com ele não se confundem.

Justamente por se trataram de frutos, assim como previsto no âmbito do direito privado, as receitas podem ser separadas do principal, no caso, do patrimônio. É importante notar que esta separação possível ocorre sem que se destrua ou mesmo desfalque o patrimônio[53]. Assim, todas as receitas produzidas por um determinado patrimônio passam a compor uma universalidade de outros frutos. Essa, após deduzidas as despesas necessárias para a sua produção, podem ter seu resultado líquido (lucro) separado para que passe a integrar outro patrimônio no caso de distribuição ou mantido junto ao principal originário no caso de reinvestimento (Oliveira, R. M. de, 2020).

A receita auferida pelo sócio ou acionista quando do recebimento de lucros ou dividendos distribuídos por pessoa jurídica, portanto, é um fruto do resultado positivo (lucro) produzido no âmbito da sociedade da qual participa. Assim, ratifica-se o argumento de que se trata da mesma riqueza sendo tributada no âmbito corporativo e individual por tributos muito semelhantes exigidos pelo mesmo ente e frente a contribuintes diversos, ou seja, típico caso de dupla tributação econômica da renda.

Nessa senda, seria possível até mesmo cogitar de uma tripla ou múltipla tributação da renda no caso em exame. Partindo do conceito de renda trabalhado por Ricardo Mariz de Oliveira, tem-se que ela estará sempre "embutida em alguma receita" (Oliveira, R. M. de, 2020, p. 174). Isto significa que receita é um termo com conteúdo mais amplo, que engloba a renda tanto em sentido estrito (inciso I do artigo 43 do CTN) quanto em sentido amplo (inciso II do referido dispositivo), pois esta sempre se originará daquela.

Dessa forma, quando a receita é tributada, por exemplo pela incidência da contribuição ao PIS e da COFINS, poderia ser falar em uma primeira tributação. Depois, haveria uma segunda imposição sobre a mesma

[53] Ricardo Mariz de Oliveira (2020) adverte, contudo, que a separação da renda não é elemento necessário para a ocorrência da hipótese de incidência do imposto de renda. Exemplo é o caso da tributação do ganho de capital, no qual é a alienação de um bem do patrimônio que dá origem a obrigação tributária. Ora, havendo alienação do bem, por certo que não ocorre a separação do ganho a tributar sem sacrifício, ainda que parcial, da fonte.

riqueza, já convertida em renda, pela exigência do IRPJ. E, por fim, quando da distribuição desta mesma riqueza aos sócios ou acionistas pessoas físicas, agora sob a forma de lucro, se estaria diante de uma tripla taxação, desta feita pelo IRPF.

2.1.2.2. Cumulação do IR com a CSLL

Outrossim, a cumulação do IRPJ com a Contribuição Social sobre o Lucro Líquido (CSLL) também poderia caracterizar dupla tributação, até mesmo jurídica, na medida em que exigida do mesmo contribuinte, qual seja, a pessoa jurídica que aufere lucros. Mas também poderia se tratar de dupla (ou melhor, múltipla) tributação econômica, se considerada a exigência sobreposta do IRPF quando da distribuição do resultado positivo já antes taxado pelo imposto corporativo e pela indigitada contribuição, a semelhança do acima exposto quanto à incidência do PIS, COFINS, IRPJ e IRPF.

O imposto de renda incide sobre a totalidade dos fatores positivos de acréscimo patrimonial reunidos, por foça do princípio da universalidade, juntamente com todos os fatores negativos em uma mesma hipótese de incidência de uma única obrigação tributária (Oliveira, R. M. de, 2020). Da mesma forma, a CSLL também incide sobre essa universalidade de fatores positivos e negativos considerados conjuntamente. Portanto, a materialidade destas exações é exatamente a mesma. Tanto é assim que se pode dizer que, "pela aplicação da definição na natureza jurídica específica do tributo, contida na cabeça do artigo 4º do CTN, isoladamente considerada, a CSLL seria tão imposto de renda quanto este" (Oliveira, R. M. de, 2020, p. 1230).

Quanto à ocorrência de dupla tributação jurídica a doutrina mais tradicional, considerando a mencionada distinção entre *bis in idem* e dupla tributação, afasta a caracterização de ambos os fenômenos. Quanto à bitributação, diz não se caracterizar pelo fato de que a exigência de ambos os tributos é feita pelo mesmo ente, a União. E com relação ao *bis in idem*, argumenta que a destinação necessária do produto da arrecadação da CSLL acaba lhe conferindo materialidade diversa da do imposto sobre a renda, ainda que incida sobre a mesma base econômica (Carrazza, 2013).

Já considerando o acima exposto no sentido de que tal diferenciação não se sustenta no atual panorama constitucional, ainda que se admita a ocorrência de dupla tributação (o que de fato parece realmente haver), não se trata de bitributação proibida, pelo que o axioma do *non bis in idem* não é aplicável. Isto porque é a própria Constituição de 1988 que autoriza expressamente à União a instituição de ambos os tributos, outorgando competência para a instituição do IR em seu artigo 153, inciso III, e para a CSLL no artigo 149 em conjunto com o artigo 195, inciso I, alínea "c".

O Supremo Tribunal Federal já teve oportunidade de examinar a constitucionalidade da CSLL em face de sua sobreposição ao IRPJ (BRASIL, 1992). No caso, o STF decidiu pela inexistência de qualquer vício de validade, justamente com base no argumento de que tanto o imposto sobre a renda quanto a CSLL estão contemplados na própria Constituição. Cabe destacar que neste julgado a Corte expressou o argumento antes analisado no sentido de que inexiste uma norma que vede a dupla tributação de forma genérica.

Diante do exposto, pode-se concluir ou pela inexistência de dupla tributação e *bis in idem*, caso se adote a diferenciação tradicionalmente feita em relação a estes institutos, ou pela inexistência de dupla tributação proibida, caso se adote a posição supra abordada a respeito do descabimento de tal distinção. Portanto, não se trata de caso de dupla tributação jurídica ou ao menos não de dupla tributação jurídica proibida pelo ordenamento. Por outro lado, contudo, não se pode negar a caracterização de dupla tributação econômica, pois indiscutivelmente tem-se a mesma riqueza sendo tributada duas vezes (ou até mais vezes).

2.1.2.3. Dupla tributação econômica no ordenamento jurídico

A partir dessa constatação, retorna-se à questão mais específica da cumulação do IRPJ e IRPF quando da distribuição de lucros ou dividendos pela pessoa jurídica aos seus sócios ou acionistas pessoas físicas. Esta dupla tributação em sua perspectiva jurídica foi analisada no tópico anterior, quando se concluiu pela sua possibilidade haja vista a existência de autorização normativa no ordenamento para tanto, principalmente em face de se tratarem de impostos exigidos em face de contribuintes e fatos imponíveis distintos. Contudo, agora deve-se verificar se a sua ocorrência em dimensão econômica é vedada pelo sistema jurídico.

A resposta a essa questão apresenta-se como negativa, pois não há no ordenamento jurídico vigente nenhuma disposição que possa fundamentar a proibição da dupla tributação econômica de uma mesma riqueza por tributos diferentes, exigidos em face de contribuintes distintos e em razão da prática de fatos imponíveis diversos. De fato, a dupla tributação econômica não é repelida constitucionalmente de formal geral e abstrata, sendo fenômeno que ocorre frequentemente em razão de que, em uma economia de mercado, a riqueza circula a todo tempo, sendo transmitida, partilhada e transmutada. Assim, "é natural que uma única riqueza recebe a cada tempo um gravame impositivo diferente – até mesmo porque as riquezas são escassas" (JUNGER, 2020, p. 273-274).

Logo, o principal ponto a respeito deste tema, sob um viés econômico, não diz respeito a sua impossibilidade ou invalidade, mas sim a como evitar que ocorra mesmo que permitida constitucionalmente. O debate a ser travado diz respeito a como tributar os lucros distribuídos e os dividendos pagos pelas pessoas jurídicas, ou ainda, através de qual modelo e de qual técnica a exigência tributária será mais adequadamente realizada (CASTRO, 2014).

A justificativa para se procurar meios que evitem ou ao menos diminuam os efeitos da dupla tributação econômica pode ser encontrada a partir de uma análise de contexto de globalização da economia, ainda que se esteja falando de bitributação interna e não internacional. Isto porque a dupla tributação acaba onerando demasiadamente as transações internas de um Estado acarretando um efeito inibidor e elevando a dificuldade de atuação dos agentes econômicos no comércio internacional. Dessa forma, a dupla tributação da renda está "na contramão do processo de globalização econômica mundial, sendo um entrave à livre movimentação de bens, serviços, capital e pessoas" (ROCHA, 2011, p. 701).

Com razão, a exigência cumulativa de tributos sobre uma mesma riqueza acaba por constituir um entrave econômico e por dificultar a competição no mercado internacional, na medida em que eleva o peso da carga tributária incidente nas operações internas. Nesse sentido, André Martins de Andrade destaca que:

> O esmaecimento das fronteiras políticas, cuja exteriorização mais concreta se faz sentir na formação dos blocos regionais, o intenso intercâmbio de mercadorias pelo comércio exterior, os deslocamentos cada vez mais instantâneos dos fluxos de capitais entre diferentes países tornaram inadmissível para a vida econômica, já desde o final do século XX, a possibilidade de dupla ou múltipla tributação da renda. (ANDRADE, 2008, p. 378)

Logo, é imperioso que se discutam medidas para evitar ou aliviar a dupla tributação econômica da renda. Quando se trata da ocorrência interna deste fenômeno, os Estados podem adotar medidas unilaterais no âmbito de suas próprias jurisdições para evitá-lo ou minimizar seus efeitos. Situação diversa do que ocorre quando se busca evitar a dupla tributação internacional, a qual demanda a elaboração de medidas bilaterais através da celebração de Tratados ou Pactos entre Estados soberanos (Rocha, 2011).

Entre as medidas unilaterais destaca-se a importância da escolha correta e adequada do modelo de tributação da renda e, em sendo o caso, do método de integração a ser utilizado. O Brasil, como se sabe, utiliza desde 1996 o modelo integrado pela técnica da isenção total como forma de evitar a dupla tributação da renda auferida pela pessoa jurídica e distribuída aos seus sócios ou acionistas, na medida em que os lucros e dividendos não estão sujeitos à incidência do IRPF. Trata-se de medida que, como visto, foi adotada com o intuito não apenas de evitar a bitributação, mas também de buscar maior neutralidade fiscal e facilitar a fiscalização da chamada distribuição disfarçada de lucros ou DDL (Queiroz, 2004).

No entanto, o método da isenção apresenta diversas questões controversas que estimulam os debates em torno da necessidade de mudanças na forma de tributação da renda, tanto que o PL nº 2.337/2021, objeto de análise mais detida no próximo capítulo, pretende a reinserção do modelo clássico de tributação em nosso ordenamento. Se aprovada tal proposta de reforma haveria uma nítida dupla tributação econômica da renda, uma vez que os lucros e dividendos distribuídos simplesmente passariam a ser tributados pela incidência de uma alíquota na fonte pagadora sem qualquer tipo de integração com a tributação já exigida no âmbito corporativo.

Se, por um lado, pode-se sustentar a necessidade de afastamento da isenção total por ser medida que responde mal a questões de isonomia, por outro lado não se pode ignorar que a instituição de uma dupla tributação também acarretaria diversos problemas que vão desde a diminuição da competitividade internacional até o estímulo à sonegação e à adoção de planejamentos tributários abusivos. Assim, para além da manutenção da isenção e da escolha do modelo clássico, tem-se como melhor alternativa a implantação de um modelo integrado com melhores técnicas que minimizem a dupla incidência econômica sobre a renda.

De fato, mesmo países sempre apontados como exemplos de adeptos do modelo clássico, como os Estados Unidos da América e a Alemanha, acabam empregando meios de minimizar os efeitos da incidência anterior do IRPJ (Botelho, 2020, p. 334). No caso dos Estados Unidos América, além de a dupla incidência não ocorrer para todos os tipos de sociedades empresariais, ainda há previsão de alíquotas diferenciadas para a taxação dos dividendos (Polizelli, 2018), o que como já dito caracteriza uma técnica de integração.

Portanto, os efeitos econômicos da dupla incidência do imposto sobre a renda devem ser considerados pelos projetos que pretendem a modificação do sistema tributário. Não se pode ignorar a sua ocorrência e tampouco seus efeitos negativos no âmbito, principalmente, do mercado internacional. A consequência é uma necessária adoção de técnicas que permitam uma adequada integração entre a tributação da renda nos âmbitos corporativo e individual. No entanto, estes métodos vão muito além da simples isenção total dos dividendos e lucros recebidos por pessoas físicas, como atualmente é feito no Brasil, o que, apesar de elidir a dupla tributação econômica, acarreta graves distorções quanto à isonomia, princípio este que é justamente o objeto de análise no próximo tópico deste estudo.

2.2. A isonomia tributária na tributação da renda produzida e distribuída

Neste tópico, pretende-se verificar como o princípio da isonomia tributária se relaciona com as questões anteriormente discutidas a respeito dos modelos e métodos de tributação da renda. Incialmente, verificam-se questões teóricas relacionadas ao princípio em tela para, posteriormente, se discutir como fica a igualdade diante do tratamento diferenciado conferido aos rendimentos do capital constituídos por lucros e dividendos em comparação com aqueles advindos do trabalho.

2.2.1. A isonomia tributária e as teorias de justiça tributária

Ao longo da história da tributação, como visto brevemente no primeiro capítulo deste trabalho, pode-se perceber que os Estados passaram a buscar a aferição da capacidade contributiva de seus cidadãos. Assim, os tributos sobre os rendimentos individuais passaram a ganhar maior relevância, justamente por serem os que melhor expressam tal capacidade (Queiroz, 2005). Da mesma forma, diante da percepção de que um tributo progressivo melhor atende aos ideais de justiça e equidade, a ideia de instituição de um imposto sobre a renda ganha ainda mais destaque. Surgem, então, os impostos com alíquotas progressivas e que não distinguem (ou ao menos buscam não distinguir) a origem do rendimento tributado (Gobetti, 2018).

A respeito da questão da origem do rendimento cabe destacar que o citado Primeiro Ministro britânico William Pitt defendia, já em 1799, a necessidade de que todos que auferissem renda fossem chamados a pagar tributos, mais especificamente um imposto sobre os seus rendimentos. Segundo ele, não poderia haver distinção entre a fonte da renda, pelo que inclusive os investidores em ações e aqueles que percebiam rendas de títulos do governo deveriam se sujeitar ao imposto (Murphy, 2020).

De fato, o imposto sobre a renda tem uma alta visibilidade no sistema tributário uma vez que sua incidência e cobrança é facilmente perceptível por todos os seus contribuintes, sejam pessoas jurídicas ou físicas (Appy; *et al.*, 2018). A partir disto, o IR também pode ser utilizado como instrumento de redistribuição de renda, na medida em que a progressividade permite onerar mais os contribuintes com maior capacidade contributiva (Appy; *et al.*, 2018).

Outrossim, é interessante observar o destacado por Klaus Tipke (2008) no sentido de que quanto mais elevada for a carga tributária, igualmente maior será a necessidade de que a sua distribuição entre os contribuintes se dê de forma mais justa. Isto porque, conforme o mencionado autor, "quem tem que pagar muitos tributos espera não pagar nem participar do pagamento dos tributos de outros" (Tipke, 2008, p. 55).

No atual sistema tributário brasileiro encontramos diversas formas de erosão destas ideias de igualdade na imposição do IR independentemente da origem da renda, bem como de aferição da capacidade contributiva e de isonomia na distribuição dos ônus tributários. Pode-se mencionar como exemplos os incentivos fiscais e regimes tributários preferenciais, muitas vezes concedidos apenas em decorrência de pressão de grupos políticos (Appy; *et al.*, 2018). Da mesma forma, a concessão de isenções totais a determinadas rendas, como os lucros e dividendos distribuídos ou pagos aos sócios ou acionistas de pessoas jurídicas, ponto este que será aprofundado ao longo do presente tópico à luz da isonomia tributária.

Perspectiva essa que se justifica porque a isonomia ou igualdade tributária é o "princípio que informa e condiciona todo o sistema constitucional tributário brasileiro" (Gonçalves, 1993, p. 20). Sua observância deve ocorrer durante todo o ciclo de positivação da norma[54], ostentando,

[54] O chamado ciclo de positivação da norma tributária compreende todas as etapas necessárias para a concretização da incidência impositiva. Inicia-se com a própria formulação dos enunciados jurídicos que, posteriormente, irão formar a regra matriz de incidência tributária.

assim, duas dimensões. A primeira, dita formal e também denominada de igualdade perante a lei, garante que a lei seja aplicada de forma uniforme para todos os sujeitos aos quais ela for dirigida. Nesta dimensão a isonomia impõe uma paridade de tratamento de acordo com o que está previsto na legislação (Canazaro, 2015).

Porém, é importante notar que, embora sua aplicação inconteste na dimensão supra referida, o princípio da isonomia é voltado precipuamente ao próprio legislador (Gonçalves, 1993). Este, ao desempenhar sua função legislativa deve fazer com que a igualdade seja implementada na lei. Trata-se da dimensão material da isonomia, também chamada de igualdade na lei, que assegura a elaboração de leis que promovam o tratamento paritário em casos semelhantes e, por outro lado, o tratamento diferenciado em casos díspares (Canazaro, 2015).

2.2.1.1. Igualdade e tratamento díspar

A igualdade constitui o núcleo central de qualquer concepção que se adote acerca de justiça, sendo um conceito fundamental para as teorias sobre o tema. Isto pelo básico e elementar fato de que "sem igualdade, não há justiça" (Velloso, 2010, p. 81). Com efeito, diante de uma imposição tributária, é natural que se questione a igualdade em tal exigência como uma medida de justiça. Afinal, se um contribuinte é compelido ao pagamento de um tributo em patamar superior ao de seus iguais, certamente questionará acerca do respeito à igualdade e, logo, chegará à conclusão de que a imposição não é justa (Velloso, 2010).

Analisando a teoria de justiça exposta por John Finnis, Arthur Maria Ferreira Neto (2006) explica que a justiça possui três elementos internos. Um destes corresponde ao caráter atributivo ou imputativo, segundo o qual a justiça implica em uma relação em que algo é devido a alguém. Tal relação

Ao seu final, encontra-se a norma individual e concreta que dá origem à obrigação tributária. Eurico Marcos Diniz de Santi bem explica esta ideia: "Do exercício da competência impositiva do estado até a execução do crédito, existe um cordão jurídico de normas: a regra-matriz de incidência, as normas correspondentes aos deveres instrumentais, as normas que impõem multas, a norma de competência administrativa que regula o exercício do lançamento tributário, a norma individual e concreta do lançamento, a norma que determina sua exigibilidade, a norma individual e concreta da decisão administrativa, a norma administrativa que regula a inscrição em dívida ativa, a norma individual e concreta em que consiste o título extrajudicial da dívida ativa e, por fim a norma processual que disciplina a execução do crédito" (Santi, 1999, p. 211).

será justa quando houver uma adequada atribuição deste algo, seja a atribuição de um bem ou a exigência de um encargo, ao alguém que lhe corresponda. Este ponto é absolutamente pertinente no Direito Tributário, onde invariavelmente se busca (ou se deve buscar) a imputação correta e adequada do ônus tributário a cada um dos contribuintes, sobretudo no que diz respeito com a tributação da renda que é realizada por meio de um imposto absolutamente pessoal.[55]

Portanto, a justiça está atrelada de forma inafastável do princípio da igualdade, de modo que a imposição tributária para ser justa deve ser realizada de forma equânime e adequada às características do contribuinte em face do qual é exigida. No entanto, isto não significa que todas as pessoas e situações devem necessariamente ser tratadas de forma equânime. Pelo contrário, diferenças de tratamento são absolutamente presentes em qualquer ramo do Direito, inclusive no Tributário, sendo que a mera existência de tratamentos diferenciados não evidencia, por si só, qualquer vício de validade (PAULSEN, 2014).

Aliás, há desigualdades de tratamento (desigualdades materiais) que se apresentam como um resultado não intencional e até mesmo desapercebido de medidas fiscais que foram concebidas e implementadas, aprioristicamente, como neutras[56]. Por outro lado, há aquelas que são intencionalmente buscadas para a consecução de objetivos políticos, sociais ou éticos (NEUMARK, 1994). Inclusive, existem normas jurídicas que são exatamente dirigidas à instituição de tratamentos díspares, como as que instituem algum tipo de isenção, por exemplo[57].

[55] Os outros dois elementos da citada teoria de justiça de John Finnis são o da alteridade, ou seja, "a aplicação do critério da justiça somente adquire algum sentido relevante quando a postura ou a ação de uma determinada pessoa é pensada e relacionada com a de outra" (FERREIRA NETO, 2006, p. 61). E a igualdade ou proporcionalidade, sendo este o elemento que "atribui o sentido específico aos outros dois antes destacados, uma vez que é somente através dessa medida de igualdade ou de proporcionalidade que se torna possível justificar racionalmente a atribuições de bens ou a imputação de encargos dentro da relação intersubjetiva analisada" (FRREIRA NETO, 2006, p. 64).

[56] Como exemplo, pode-se mencionar a questão da concessão de parcelamentos especiais e extraordinários de débitos tributário. Ainda que a justificativa para a criação destes seja promover a regularização dos contribuintes e a arrecadação fiscal, é inegável que sua reiteração pode acabar por desestimular a adimplência dos tributos (SOUZA, P. M. F. C. de, 2020)

[57] Nesse sentido, a norma do artigo 10 da Lei nº 9.249/1995 (BRASIL, 1995a), que concede isenção aos lucros e dividendos distribuídos ou pagos por pessoas jurídicas a seus sócios ou acionistas.

Nessa senda, a questão não é indagar sobre a existência de tratamento diferenciado, mas sim por qual motivo o tratamento dispensado é díspar e quais foram os critérios utilizados para sua implementação. Tanto é assim que a igualdade pode ser definida, conforme a lição de Humberto Ávila (2015), como uma relação entre sujeitos diversos analisada com base em um critério de comparação que deve servir de instrumento para a realização de uma determinada finalidade. Logo, a ofensa à isonomia restará caracterizada tão somente quando se identifiquem que os critérios utilizados para implementar tais diferenciações não foram adequados, permitindo que pessoas ou situações que se encontrem em condições equivalentes sejam tratados diversamente sem qualquer justificativa (Paulsen, 2014).

Ademais, além de o princípio da igualdade não vetar a existência de tratamentos diferenciados, mas sim os exigir frente a pessoas ou situações díspares, deve-se considerar que tal princípio "não proporciona critérios materiais para concretizar a justiça. Pelo contrário, é a ideia de justiça que há de orientar a concretização da igualdade tributária" (Velloso, 2010, p. 83).

Isso significa dizer que, embora exija que pessoas e situações, quando em igualdade de condições, sejam tratados de forma equânime e que, quando em condições diferentes, sejam tratados de forma díspar, o princípio da igualdade não específica quais pessoas ou situações devam ser tratados de modo isonômico ou diferenciado (Velloso, 2010). Tampouco indica quais elementos ou características devem ser considerados para avaliar a igualdade ou disparidade de condições (Velloso, 2010). Logo, se considerado de forma isolada, o princípio da isonomia não contém critérios suficientes para sua aplicação.

2.2.1.2. Isonomia no ordenamento jurídico

Para melhor compreensão de como a isonomia é aplicada no sistema jurídico tributário, deve-se analisar os elementos fundamentais que viabilizam a determinação progressiva da noção jurídica de igualdade. Inicialmente, tem-se que as normas constitucionais expressa ou tacitamente veiculam certas especificações do conteúdo de tal princípio (Velloso, 2010).

Em geral, estas especificações são realizadas por meio de normas que proíbem discriminações. Como exemplo, pode-se mencionar as disposições da Constituição de 1988 (BRASIL, 1988a) que vedam diferenças de salários, de exercícios de funções e de critérios de admissão por motivo de sexo, idade, cor, estado civil, ou deficiência (artigo 7º, incisos XXX e XXXI); e a distinção entre brasileiros natos e naturalizados (artigo 12, parágrafo 2º); entre outras. Atinente à matéria tributária, tem-se a proibição de distinção em razão de ocupação profissional ou função exercida (artigo 150, inciso II).

A igualdade também se concretiza a partir da uma análise teleológica, considerando-se os fins de justiça almejados (Velloso, 2010). Assim, o princípio da isonomia deverá ser concretizado a partir da "noção de justiça que permeia os sistemas jurídicos contemporâneos, plasmada essencialmente nos valores constitucionais e sobretudo, nos direitos fundamentais" (Velloso, 2010, p. 107).

Para o mesmo fim, deve-se considerar também que o princípio da isonomia decorre sempre de uma interpretação sistemática da Constituição. Interpretação esta que deve ser realizada com base nos valores fundamentais que orientam o sistema e, ainda, sopesando-se as particularidades do fato regulado e a finalidade da regulação. Assim, a igualdade não apresentará sempre um mesmo conteúdo único, mas sim significados distintos em razão do específico âmbito de aplicação frente ao qual está sendo analisada (Velloso, 2010).

Outro elemento para a concretização do princípio da isonomia é a análise da igualdade na lei à luz do próprio sistema legislativo. Ainda que se trate de um princípio de âmbito constitucional, a legislação infraconstitucional também contribuirá para a sua especificação e aplicação. Isto ocorre porque a Constituição não concretiza plenamente o conteúdo da igualdade, deixando ao legislador ordinário um espaço de conformação. No entanto, é importante observar que, uma vez exercida essa liberdade, o legislador fica adstrito a uma exigência de coerência valorativa e sistemática[58]. Andrei Pitten Velloso explica que:

[58] Trata-se de uma imposição ao legislador ordinário para que este guarde coerência com o sistema jurídico ao exercer sua competência (Ávila, H. 2005). Em recente caso envolvendo o ICMS sobre os serviços de distribuição de energia elétrica e telecomunicações, o STF decidiu que a instituição de alíquota do imposto estadual para incidência sobre os referidos serviços acima daquela considerada como padrão é inconstitucional (BRASIL, 2021f). O fundamento utilizado tem por base a ideia de coerência, uma vez que, a partir da opção pelo legislador por um ICMS com critério quantitativo diferente para determinados produtos e serviços, terá ele optado por um imposto seletivo e, consequentemente, estará obrigado, pelo dever de coerência, a fazer valer a seletividade para todo o âmbito de incidência do imposto e em função da essencialidade do bem ou serviço tributado.

> Em matéria tributária, por exemplo, o princípio da isonomia demanda que, após tomar uma decisão fundamental com respeito à tributação, o legislador seja coerente com ela e oriente-se, na estruturação do tributo, pela noção de igualdade, e jamais por interesses individuais ou de grupos. Após a tomada de tal decisão, a liberdade que o legislador tinha se transforma em autovinculação (*Selbstbindung*) quanto às suas consequências imediatas. (VELLOSO, 2010, p. 113-114)

Decorre também da lei outro elemento de concretização da igualdade. Como já indicado, trata-se de princípio de âmbito constitucional, mas da legislação infraconstitucional também se extraem conteúdos que enriquecem e especificam seu conteúdo (VELLOSO, 2010). Leis ordinárias ou complementares podem veicular normas que irão estabelecer critérios de comparação ou vedar distinções que, tal qual as normas situadas no altiplano da Constituição, irão permitir maior concretização ao princípio da isonomia.

Analisados os elementos necessários para a concretização do princípio da isonomia, pode-se agora verificar como se dá a sua exigência na criação e modificação de tributos, ou seja, igualdade em sua dimensão material ou igualdade na lei. Assim, retoma-se a questão antes mencionada acerca das teorias de justiça, uma vez que a posição acerca destas é condição essencial para a implementação do princípio em tela. Com efeito, é somente a partir da ideia de justiça que se torna "possível atribuir à exigência de igualdade na lei um conteúdo determinado e controlar a constitucionalidade das disparidades de trato" (VELLOSO, 2010, p. 142).

2.2.1.3. Teorias de justiça

A primeira teoria a ser referida é a do benefício, segundo a qual os impostos devem ser graduados conforme as vantagens recebidas pelos cidadãos do Poder Público (VELLOSO, 2010). Com a evolução da concepção de Estado e tendo este passado a prestar mais serviços às pessoas, ganhou força a ideia de que a tributação correspondesse a uma espécie de contrapartida por tais serviços (ROCHA, 2020, p. 63). A premissa central desta teoria é de que o poder tributário é exercido em prol do benefício da sociedade, pelo que esta deve suportar o ônus econômico correspondente (GUTIERREZ, 2009).

Contudo, esta teoria não se mostra adequada para justificar a tributação nos Estados atuais, em que é impossível medir a quantidade de benefício que a atuação estatal gera em cada cidadão (Rocha, 2020). Isto se dá principalmente porque muitas das prestações estatais são economicamente incomensuráveis e, mesmo que fossem passíveis de determinação do ponto de vista econômico poderiam não ser prestadas de forma proporcional às capacidades econômicas de cada pessoa. Em verdade, essa relação até mesmo pode existir, mas sob a forma de uma proporcionalidade inversa (Velloso, 2010).

A parcela mais rica da sociedade, via de regra, depende menos das atividades estatais (como segurança, saúde e educação, que são custeadas de forma privada por estes cidadãos). Por outro lado, a parcela mais pobre é a que depende de uma maior gama de serviços públicos. Assim, a teoria do benefício poderia acabar por impor um ônus tributário maior justamente aos mais pobres.

É interessante observar, apesar de sua inaplicabilidade, que seguindo a teoria do benefício nenhuma isenção seria tolerável (Bank, 1996). Isso porque todos os cidadãos dependem, ainda que alguns em menor grau do que outros, da atuação estatal em determinada(s) área(s) da vida. Seja em questões de segurança pública, saúde, previdência social ou mesmo pela própria estrutura administrativa do Estado, invariavelmente todos auferem benefícios advindos da atuação do Poder Público. Como consequência, todos devem, de alguma forma e em alguma proporção, contribuir com o pagamento de impostos.

Outra teoria a ser mencionada é a do interesse, que está assentada nas premissas de que o pagamento de impostos decorre do interesse na existência das prestações e serviços estatais e de que é justamente a dimensão deste interesse que irá determinar a medida da contribuição de cada cidadão (Velloso, 2010). A esta teoria são dirigidas as mesmas críticas acima mencionadas a respeito da teoria do benefício, especialmente pela impossibilidade de mensuração econômica do grau de interesse de um contribuinte em relação a uma determinada ação do Poder Público.

Tem-se, ainda, a teoria do sacrifício, segundo a qual os impostos devem ser estabelecidos levando-se em conta uma correlação entre carga tributária e sacrifício dos contribuintes para sustentá-la (Velloso, 2010). Alberto Deodato explica esta teoria exemplificando que "aquele que tem cem cruzeiros de renda e paga dez de imposto, faz um sacrifício maior que outro que, tendo mil cruzeiros, paga cem". Isto ocorre porque o primeiro, para pagar o imposto, "é obrigado a privar-se do necessário; o segundo, só se priva do supérfluo" (Deodato, 1979, p. 69). Assim, a igualdade tributária não seria determinada pela comparação do *quantum* que foi dispensado por cada contribuinte para o pagamento dos impostos, mas pelo sacrifício que este pagamento lhes causou.

Seguindo esta teoria, chega-se à conclusão de que os impostos devem necessariamente ser progressivos, pois, conforme a argumentação dos economistas da escola marginalista, a utilidade marginal decresce com o aumento da renda de modo que uma unidade monetária adicional tem mais utilidade para um pobre do que para um rico. Assim, se para que os contribuintes sejam tratados de forma igualitária é preciso que lhes seja imposto um sacrifício idêntico, tem-se a necessidade de um tributo progressivo para igualar o sacrifício em termos absolutos (Gobetti, 2018).

Novamente se está diante de um conceito que não possui conteúdo econômico determinável. Não se pode mensurar o quanto o sacrifício referente ao pagamento de um imposto representa para cada contribuinte, muito menos estabelecer comparações entre contribuintes diferentes acerca do sacrifício sofrido por cada um. Tal dimensionamento ou comparação nunca poderá ser realizada com segurança e objetividade em razão de desconhecermos os desejos e vontades individuais que interferem na percepção de sacrifício (Bank, 1996).

A respeito dessas teorias vistas até aqui, tem-se que são insuficientes para justificar a distribuição dos tributos em uma sociedade complexa como as atuais (Rocha, 2020). A indivisibilidade dos benefícios, a incomensurabilidade dos sacrifícios e a expressa gama de serviços prestados pelo Poder Público, impossibilita que a carga tributária seja distribuída com base nesses critérios. Dessa forma, atualmente prevalece a adoção da teoria da capacidade contributiva para tal finalidade.

Referida teoria vê o tributo não como uma contraprestação com conteúdo econômico equivalente às prestações estatais. Tampouco o considera como uma retribuição em razão de algum benefício alcançado pelo contribuinte em decorrente de uma atividade do Poder Público. O pagamento dos tributos é visto como uma obrigação de cada contribuinte que decorre justamente da sua capacidade de contribuir para a realização das despesas públicas necessárias (Velloso, 2010). A teoria da capacidade contributiva se difundiu e se consolidou como medida de distribuição da carga tributária a partir do desenvolvimento do princípio que lhe é correlato e que possui ampla relação com o princípio da isonomia tributária.

Afirma-se, inclusive, que a capacidade contributiva é o principal critério de diferenciação no âmbito tributário, permitindo, assim, a concretização do princípio da igualdade (Velloso, 2010).

Entretanto, deve-se registrar que o princípio da capacidade contributiva, embora sua proximidade com o princípio da isonomia, possui conteúdo normativo próprio e distinto daquele (Velloso, 2010). Com efeito, o princípio em tela, além de permitir a graduação da carga, também funciona como um pressuposto da tributação, de modo que somente fatos que denotam capacidade contributiva podem ser onerados pela incidência de tributos. E este conteúdo, de pressuposto da tributação, não é identificável através do princípio da isonomia.

Quanto à sua relação com o princípio da igualdade, veja-se que o artigo 145, parágrafo 1º, da Constituição de 1988 impõe que os impostos devem ser graduados conforme a capacidade econômica dos contribuintes. Estabelecer uma graduação conforme características particulares de cada contribuinte impõe que se determinem tratamentos diferenciados, funcionando justamente a capacidade contributiva como o critério de diferenciação (Folloni, 2019). Logo, aqueles com maior capacidade sofrerão um ônus tributário mais gravoso, enquanto que os mais pobres pagarão menos impostos. Há, portanto, nítida instituição de tratamento desigual para sujeitos passivos em situação díspar em relação à capacidade de contribuir.

Considerando, então, que o princípio da capacidade contributiva impõe que cada contribuinte arque com uma carga tributária correspondente a sua capacidade de contribuir, bem como que o dever de pagar tributos decorre sempre de lei (artigo 5, inciso II, e artigo 150, inciso I, ambos da Constituição de 1988), conclui-se que o princípio da capacidade contributiva tem como destinatário inicial o legislador (Folloni, 2019). Assim, ao instituir, ou mesmo modificar os tributos, deverá o legislativo fazê-lo de modo que seja possível estabelecer uma graduação conforme a capacidade econômica dos contribuintes.

2.2.1.4. Natureza normativa da isonomia tributária

Visto que a isonomia tributária se concretiza, sobretudo, por meio da teoria da capacidade contributiva e do princípio correlato, cumpre agora verificar a natureza normativa deste que já vem sendo ao longo do presente tópico denominado princípio da isonomia. Conforme Humberto Ávila (2015), a igualdade pode se apresentar como postulado, na medida em que exerce a função de orientar a aplicação de outras normas. Pode também assumir a feição de princípio, ao orientar a busca por um estado de isonomia. E, ainda, pode ser vista como uma regra nas situações em que se apresenta com conteúdo material determinado. Desta forma, conclui o citado autor que:

> Se se devesse usar apenas um qualificativo para todo o fenômeno normativo da igualdade, então deveria ser cunhado um outro capaz de expressar a sua grandeza. Enquanto fenômeno normativo, pode-se afirmar, a igualdade é uma *supernorma*: influi na aplicação de todas as outras, que devem ser aplicadas de modo uniforme; recebe influência de todas as outras, que lhe preenchem os elementos estruturais. Nenhuma outra norma desempenha essa função tão imbricada com outras normas como o faz a igualdade. (Ávila, H., 2015, p. 142)

Registra-se também a lição de Andrei Pitten Velloso (2010), para quem a igualdade apresenta-se como um sobreprincípio, ou seja, um princípio de dimensão superior e que compreende e coordena regras e outros princípios que se destinem a especificá-lo. Ressalta-se, todavia, que a natureza de sobreprincípio não significa que a isonomia apenas funciona como uma diretriz interpretativa para outras normas jurídicas. Pelo contrário, possui também aplicabilidade direta, ostentando conteúdo próprio que fundamenta conteúdos jurídicos que não derivam de suas projeções, mas sim diretamente de si (Velloso, 2010).

Como já mencionado anteriormente, a isonomia (por si, diretamente) determina a adoção de tratamentos idênticos em sentido jurídico para aqueles que se encontram em situação paritária e de tratamento díspares para os que se encontram em situações desiguais, devendo tais situações serem comparadas por meio de um critério jurídico legítimo e à luz de uma finalidade constitucionalmente válida. Conforme Andrei Pitten Veloso:

> Do princípio da igualdade derivam, portanto, mandados tanto de trato paritário (*Gleichbehandlungsgebote*), quanto de trato díspar (*Ungleichbehandlungsgebote*), ambos dirigidos ao legislador e aos demais aplicadores do Direito. Sob outra perspectiva, o princípio da isonomia proíbe tratar de modo diferenciado os essencialmente iguais e de forma paritária os essencialmente desiguais, estabelecendo tanto proibições de diferenciação (*Differenzierungsverbote*) quanto de tratamento equivalente (*Gleichbehandlungsverbote*). (Velloso, 2010, p. 89)

Fritz Neumark (1994) salienta que o princípio da igualdade em matéria tributária impõe, por um lado, que seja dispensado o mesmo tratamento para pessoas que estejam em situações iguais ou semelhantes para efeitos fiscais. E, por outro lado, que pessoas em situações desiguais tenham um tratamento fiscal desigual. Portanto, do princípio da isonomia não se extrai apenas um mandado de tratamento igualitário, mas também um mandamento de diferenciação, de trato jurídico desuniforme.

Isso se justifica porque nem todas as pessoas ou situações comparadas estarão em igualdade de condições entre si, fato este que deve ser considerado pelo ordenamento. Também porque diferenciar situações é algo inerente ao próprio Direito, cujas normas gerais e abstratas implicam em diferenciações determinadas pelos critérios que as compõem. E, ainda, porque tratar os desiguais de maneira diversa é inerente às ideias de igualdade e de justiça, desde que realizado a partir de um critério de diferenciação válido (Velloso, 2010).

No âmbito do Direito Tributário, a aplicação do princípio da isonomia se dá não apenas em razão da previsão geral de igualdade constante da Constituição de 1988, mas também por força do que se chama de isonomia tributária. Ora, estando a igualdade no cerne do sistema axiológico da Constituição, ela acaba se irradiando por todos os ramos do Direito e encontram-se no texto constitucional diversos enunciados que lhe garante aplicações específicas à luz de finalidades e critérios determinados. Estes desdobramentos específicos são chamados "preceitos especiais de igualdade ou garantias especiais de igualdade" (Velloso, 2010, p. 118).

Assim é a previsão do artigo 150, inciso II, da Constituição de 1988, que revela uma aplicação específica do princípio da isonomia ao Direito Tributário. Seu conteúdo normativo é idêntico ao da igualdade geral, impondo os mesmos mandados de trato paritário e desigual conforme a situação. Mas isso não implica em que se possa negar sua autonomia normativa, pois, ao ser aplicado especificamente às relações impositivas, a isonomia tributária assume projeções determinadas que podem fundamentar exigências inclusive contrapostas às da igualdade geral, como por exemplo no caso de tributos extrafiscais (Velloso, 2010).

Portanto, considerando o conteúdo normativo do princípio da isonomia e a necessidade de observância do princípio da capacidade contributiva para sua correta concretização tem-se que é possível que, no âmbito do imposto sobre a renda, sejam instituídos tratamentos díspares para determinados contribuintes que estejam em situações diferentes. Esta questão remete à distinção existente entre as duas dimensões em que a isonomia pode ser analisada: igualdade vertical e igualdade horizontal, cuja diferenciação foi desenvolvida pelo Tribunal Constitucional Federal alemão (Kirchhof, 2016).

Tomando o imposto sobre a renda por base, tem-se que a igualdade vertical diz respeito a forma de tratamento de contribuintes que auferem diferentes níveis de renda, tendo por consequência uma maior tributação daqueles que possuem renda mais elevada (Cavalcanti, 2010). Já a igualdade horizontal refere-se à exigência de que contribuintes em situação de igualdade, do ponto de vista de um critério de diferenciação, sejam tributados de forma uniforme. Assim, aqueles que auferem um mesmo nível de rendimentos estarão sujeitos a idêntica tributação pelo IR (Cavalcanti, 2010).

A igualdade vertical exige que as pessoas com maior capacidade contributiva sejam mais pesadamente oneradas justamente porque estão melhores condições de arcar com uma carga tributária maior. Assim, a incidência do imposto sobre a renda deve ser diferente para pessoas em situações, em níveis, de renda diferentes. Trata-se, portanto, de um mandado de tratamento díspar que visa concretizar a isonomia entre os desiguais. É em razão desta exigência de igualdade vertical que se adotam alíquotas progressivas para o cálculo do imposto sobre a renda (Gutierrez, 2009).

Quanto à igualdade horizontal cabe fazer algumas observações relevantes para o presente estudo. De início, destaca-se que tal preceito não leva em consideração (e mais: determina mesmo que não seja levado em conta) a fonte do rendimento, mas tão somente o seu nível (Silva, N. M., 2009). Assim, desimporta a origem da renda auferida por um determinado contribuinte, sendo que este deverá ser sujeitado a mesma tributação de outros contribuintes que auferiram níveis semelhantes de renda, ainda que oriundos de outras fontes. Tal conteúdo é reflexo da noção de que os rendimentos não podem ser considerados isoladamente, mas sim como uma universalidade, sendo a renda, pois, um conceito global (Cavalcanti, 2010).

Outro ponto a destacar com respeito à igualdade horizontal diz com a sua aproximação ao princípio da generalidade[59]. Este é, pois, uma mani-

[59] Conforme artigo 153, parágrafo 2º, inciso I, da Constituição de 1988, o imposto de renda "será informado pelos critérios da generalidade, da universalidade e da progressividade"

festação específica da isonomia na tributação da renda (Velloso, 2010) cujo mandado é no sentido de que os contribuintes que se encontrem numa mesma faixa de capacidade contributiva sejam tributados de maneira isonômica. Não se exige, portanto, um imposto sobre a renda único para todos os contribuintes, mas sim o tratamento uniforme daqueles em situação contributiva idêntica ou semelhante.

Conforme leciona Fritz Neumark (1994), a generalidade na tributação da renda é cumprida quando o ônus tributário é imposto de forma equânime em relação a todos os indivíduos que ostentam a mesma capacidade contributiva superior ao mínimo vital, independentemente de qualquer outra situação particular. Deste modo, eventual violação ao princípio da generalidade acarreta também em violação ao princípio da igualdade em sua dimensão horizontal. Analisando a teoria exposta pelo citado doutrinador alemão, Tatiana Junger explica que:

> O preceito de generalidade da imposição tributária preconiza, por um lado, que todas as pessoas, físicas ou jurídicas, independentemente de nacionalidade, estado civil, classe social, religião ou raça, manifestando capacidade contributiva e realizando um fato econômico gerador de obrigação legalmente estatuída, se sujeitam à incidência tributária. Por outro lado, exige que qualquer exceção à regra se justifique por motivos macroeconômicos, sociais, culturais, políticos ou técnicos – isto é: ninguém pode escapar da incidência de um imposto geral e pessoal senão com lastro em um dos fins do Estado. (Junger, 2020, p. 221–222)

A generalidade, pois, tem por objetivo assegurar que todos os contribuintes que auferem o mesmo nível de rendimentos sejam submetidos ao mesmo nível de imposto. Ao determinar que o IR seja informado por tal "critério" (BRASIL, 1988a, artigo 153, § 2º, I), a Constituição visa concretizar o princípio da isonomia na tributação da renda (Murphy, 2020). Trata-se de uma especificação explícita da igualdade aplicável à matéria tributária e que se destina, precipuamente, ao legislador infraconstitucional.

Portanto, atinente à aplicação da isonomia no imposto sobre a renda a premissa central frente a qual este deve ser concretizado diz respeito à

(BRASIL, 1988a). No capítulo anterior deste trabalho tecemos algumas considerações acerca da universalidade e progressividade, ao analisar o PL nº 2.337/2021 frente ao sistema constitucional tributário.

justa distribuição da carga tributária. Para tanto, é imperioso que contribuintes em situação uniforme sejam tributados pelo IR de forma paritária (igualdade horizontal), enquanto que contribuintes com rendas superiores sofram uma incidência mais onerosa em relação aqueles com níveis mais baixos (igualdade vertical).

Atinente à quais rendimentos devem ser objeto de tributação pelo IR, impõe-se que seja considerada a demonstrada relação entre isonomia tributária e generalidade. Deste modo, todos os rendimentos auferidos por contribuintes em níveis idênticos ou semelhantes devem ser submetidos à tributação, independentemente de sua origem, fonte ou natureza.

No próximo tópico será aprofundada justamente esta questão atinente à diferenciação de rendimentos para fins de incidência ou não do imposto sobre a renda, especialmente no que diz respeito a não tributação da renda do capital decorrente dos juros e dividendos em comparação com a oneração dos rendimentos advindos do trabalho.

2.2.2. O tratamento tributário dos rendimentos do trabalho e do capital

Cabe ao Poder Legislativo desenhar a aquela que julga como a melhor configuração possível para o sistema tributário. Para tanto, deve dimensionar as necessidades arrecadatórias e determinar o volume da carga tributária que será exigida. Mas, além disso, tem o legislador também o poder para avaliar os fatos dentro do espectro constitucionalmente permitido e, então, eleger aqueles que serão tributados. Conforme explica André Folloni:

> O Poder Legislativo pode decidir que um determinado tributo deve ser cobrado na maior quantidade possível, até o limite da capacidade contributiva; pode, também, decidir que determinado tributo deve ser cobrado parcimoniosamente, por vários motivos (como incentivar a atividade econômica naquele setor), tributando, se assim decidir, aquém – ou muito aquém – daquilo que os contribuintes teriam capacidade econômica para pagar; e pode, ainda, decidir que determinado tributo não será cobrado, mesmo que os contribuintes tenham capacidade econômica para pagar. Esse tipo de decisão é própria das atividades do Poder Legislativo. (Folloni, 2019, p. 490)

Assim, no exercício da competência tributária outorgada pela Constituição, o legislativo não está obrigado a tributar todas as manifestações de capacidade contributiva que se amoldam às materialidades previstas constitucionalmente. Tributar ou deixar de tributar uma determinada materialidade constitucional é decisão que cabe ao Poder Legislativo no exercício de sua função política (Folloni, 2019).

Nesse sentido, mesmo que determinado fato esteja amoldado à hipótese prevista no texto constitucional e expresse capacidade contributiva, ainda assim não haverá uma obrigação de que seja instituído um tributo que o onere. Mesmo atuando não apenas como instrumento para graduação da imposição, mas também como pressuposto para a tributação, a capacidade contributiva não irá impor que todos os fatos que a denotem sejam necessariamente tributados. Nesse sentido, Luís Eduardo Schoueri afirma que a presença de capacidade contributiva "é condição necessária, mas não suficiente, para que se dê a imposição tributária" (2012, p. 420-421).

Logo, e como já sinalizado nos capítulos anteriores, inexiste uma norma constitucional que imponha a tributação da renda nos níveis corporativo e individual simultaneamente. Deste modo, a adoção do modelo integrado de tributação pelo método da isenção total, a princípio, é válida do ponto de vista jurídico-constitucional.

No primeiro capítulo, demonstrou-se não se sustentar a alegação de que haveria a concessão de um benefício em favor dos lucros e dividendos, mas sim a eleição de um modelo que tem por premissa principal evitar os efeitos da dupla tributação econômica. E dentre as diversas técnicas possíveis para a efetivação deste modelo, o legislador brasileiro optou pelo método da isenção, que concentra a tributação da renda na pessoa jurídica, desonerando-a no âmbito individual.

No entanto, tais considerações não impedem que se teçam críticas ao atual sistema, sendo a mais frequentemente encontrada pertinente à isonomia tributária. Questiona-se a validade da diferença de tratamento concedido em favor dos rendimentos do capital, especificamente lucros e dividendos auferidos por sócios e acionistas, em relação aos advindos do trabalho. O fundamento central desta crítica reside numa alegada violação aos princípios da generalidade, universalidade, progressividade e, consequentemente, ao sobreprincípio da igualdade (Derzi; Fonseca, 2020).

2.2.2.1. Benefícios e desonerações tributárias

Analisados os contornos básicos do princípio da isonomia no tópico anterior, pretende-se agora verificar justamente esta questão referente à diferenciação entre os rendimentos do capital e do trabalho. Inicialmente convém registrar que a existência de desonerações tributárias não é prática exclusivamente brasileira. Existem, pelo contrário, em todos os sistemas e por uma inúmera variedade de motivos.

Por exemplo, analisando a legislação alemã, Fritz Neumark (1994) aponta que é possível encontrar um vasto número de rendimentos que não são tributados pelo imposto sobre a renda. Tratam-se de isenções concedidas sob os mais diversos fundamentos, desde o atendimento a finalidades de política social até justificativas de caráter fiscalizatório. Destaca o citado autor, ainda, um grupo bastante peculiar de isenções que são concedidas com base em argumentos político-econômicos. Argumentos estes que, não raras vezes, se revelam "Típicos engendros del dirigismo político financiero y sean contrarios no sólo al imperativo de igualdad sino también al principio de la capacidad de pago" (Neumark, 1994, p. 111).

É preciso ter em mente também que a instituição de tratamentos díspares para os rendimentos em razão de serem provenientes do capital ou do trabalho acaba por influenciar toda a progressividade do sistema de tributação da renda (Introíni; *et al.*, 2018). E os maiores problemas da carga tributária brasileira não dizem respeito tanto a sua dimensão, mas sim a sua composição e distribuição, que resulta em uma imposição marcada pela regressividade. Nesse sentido, Misabel Abreu Machado Derzi e Fernando Daniel de Moura Fonseca (2020) apontam que a desigualdade de tratamento entre grupos e regiões do país é justamente um dos principais pontos a serem enfrentados em uma reforma tributária.

De fato, pelos dados já apresentados no capítulo segundo deste estudo a respeito da má distribuição do ônus tributário no Brasil, pode-se mesmo chegar à conclusão de que o modelo eleito pelo legislador não responde da melhor maneira à igualdade. Tomada em sua dimensão vertical, a tabela progressiva de alíquotas aplicáveis às pessoas físicas apresenta-se defasada. Por outro lado, quanto à igualdade horizontal, tem-se o problema central deste tópico, haja vista que os rendimentos obtidos por meio de pessoas jurídicas se submetem a tratamento diferenciado em razão de serem oriundos do trabalho ou do capital (Pignatari, 2020).

Com base nestas percepções muitos autores, como por exemplo Cristiane Miranda Botelho (2020), afirmam que o primeiro passo para corrigir os problemas da tributação da renda no Brasil seja elidir a diferença de tratamento existente entre rendimentos do capital e do trabalho. Para tanto, segundo a referida autora, seria necessário revogar a isenção hoje existente em favor dos lucros e dividendos, submetendo-os à tributação[60].

2.2.2.2. Capacidade contributiva como critério de comparação

Para melhor compreender a mencionada crítica ao atual modelo de tributação da renda, impõe-se que sejam feitas mais algumas considerações acerca do princípio da isonomia. Veja-se que não se está a defender que se realize um juízo de identidade entre os contribuintes pessoas físicas. Com efeito, não se exige que os contribuintes ostentem características idênticas para se questionar a instituição de tratamento díspar. Dito de outro modo, o fato de não serem contribuintes em situações idênticas não significa por si só que não devem ter tratamento tributário igualitário.

Isso porque a igualdade não exige que todos os aspectos dos grupos comparados sejam idênticos. Igualdade e identidade não se confundem, pois aquela é sempre parcial, referindo-se a determinada(s) e específica(s) característica(s) comparada(s). Andrei Pitten Velloso inclusive salienta que a "falta de clareza sobre essa distinção costuma conduzir a decisões patentemente incorretas, pelos seus fundamentos e/ou conclusões" (2010, p. 83)[61]. Portanto, a análise do respeito ao princípio da isonomia envolverá uma análise de igualdade parcial entre os sujeitos, atos ou situações comparadas.

Desse ponto decorre a importância do critério de comparação para fins de aplicação do princípio da isonomia. Sendo esta uma igualdade ou equivalência parcial em relação a algumas características ou propriedade relevantes juridicamente, dependerá sempre da escolha correta dos critérios para o estabelecimento desta comparação e consequente determinação das diferenças (Velloso, 2010). E estes critérios de comparação deverão ser determinados pela própria ordem jurídica (Kirchhof, 2016). Da aplicação

[60] Registra-se que a referida autora também adverte, ao mesmo tempo, para a necessidade de se estruturar tal tributação de modo que os efeitos da dupla incidência sejam ao menos amenizados (Botelho, 2020).

[61] Exemplificando esta questão, registra o citado autor caso julgado pelo Tribunal Federal das Finanças da Alemanha: "o *Bundesfinanzhof* rechaçou a alegação de inconstitucionalidade do Imposto sobre o Champanhe (*Schaumweinsteuer*), baseada na violação do princípio constitucional da igualdade (pois não havia um imposto sobre o vinho, que é um produto similar), arvorando-se em diferenças químicas, das quais derivou a diversidade perante o princípio da isonomia, sem escrever uma única linha sequer sobre a relevância de tais (indiscutíveis e irrelevantes) diferenças químicas." (Velloso, 2010, p. 83).

desses critérios de comparação vinculados a características específicas, surgem grupos ou categorias de pessoas, objetos ou situações. Estes grupos são constituídos com base no grau de presença de uma determinada característica, ou seja:

> Grupos que são constituídos em função de critérios de diferenciação, isto é, da presença (ou do grau da presença) de uma determinada característica (ou de mais de uma). Por exemplo, cidadãos com capacidade contributiva são iguais perante a obrigação de contribuir aos gatos públicos, formando o grupo dos contribuintes, mas podem ser desiguais com respeito à intensidade da presença de tal característica e, portanto, ser incluídos em categorias distintas em vista da obrigação de pagar o Imposto de Renda. (Velloso, 2010, p. 85–86)

Considerando que o princípio da isonomia determina que seja dispensado tratamento paritário aos que se encontram em situação equânime, a característica utilizada como critério de comparação para formação desses referidos grupos deverá ser juridicamente relevante (Velloso, 2010). A questão, então, é saber se as características e o critério utilizado para tanto são adequados. No caso em análise, é dizer que importa verificar se a origem da renda, do capital ou do trabalho, é relevante para fins de determinação de um tratamento tributário díspar entre grupos de contribuintes pessoas físicas.

Quanto ao critério de comparação, sua determinação irá partir sempre da Constituição, uma vez que o estabelecimento de diferenciações entre pessoas deve obedecer às normas constitucionais, respeitando inclusive as vedações impostas pelo próprio princípio da isonomia. Em matéria tributária, pode-se afirmar que a Constituição de 1988 estabelece que o critério a ser levado em consideração relativamente aos impostos é a capacidade contributiva (Velloso, 2012). Desse modo, a análise da igualdade de tratamento no que tange à incidência de impostos estará associada a uma verificação de capacidade contributiva, mais especificamente da graduação da imposição conforme tal princípio orienta.

Assim, conquanto se possa argumentar que a capacidade contributiva não exige do legislador a imposição do ônus tributário sobre todas as materialidades contempladas pela competência constitucional que a ostentem, ainda assim encontraremos fundamentos que parecem indicar para uma necessária tributação de tais fatos. Primeiro, porque este é o critério de diferenciação a ser observado para determinação de grupos de contribuintes. Logo, havendo manifestação de tal capacidade pelo grupo de contribuintes analisado e estando o fato por eles praticado emoldurado pela materialidade constitucional e abrangido pela hipótese de incidência tributária, deveria haver a imposição do tributo correspondente.

O princípio da isonomia, concretizado por meio do princípio da capacidade contributiva, estabelece premissas básicas para a conformação do sistema tributário, especialmente no que tange à tributação da renda. Aos impostos, tais princípios determinam que sua incidência seja realizada de forma equânime em face de todas as manifestações efetivas e relevantes de capacidade contributiva. Por outro lado, interdita a tributação de fatos que não a denotam (Velloso, 2010).

Outrossim, a tributação de fatos que expressam capacidade contributiva é medida necessária para realização da igualdade horizontal (Velloso, 2010). Como visto no tópico anterior, a relação entre igualdade horizontal e generalidade, princípio informador do imposto sobre a renda no Brasil por expressa previsão constitucional nesse sentido, exige que haja uma imposição universal do imposto independentemente da natureza da renda tributada.

Ademais, a exigência do tributo conforme a capacidade contributiva se impõe por razões ético-jurídicas. Com efeito, a própria Declaração dos Direitos do Homem e do Cidadão já previa a necessidade de que a arrecadação necessária para custear os gastos públicos fosse distribuída entre todos os cidadãos conforme as suas possibilidades (Velloso, 2010). Portanto, ostentando capacidade contributiva, deve haver a incidência do tributo, de modo que seja possível uma correta e justa repartição da carga, o que corresponde ao fim almejado pela justiça tributária.

De se destacar, ainda, que a tributação orientada pela capacidade contributiva é dado presente de forma expressa ou implícita em todas as constituições contemporâneas (Velloso, 2010). De fato, a Constituição de 1824 a previa no artigo 179, inciso XIII, que definia a igualdade perante a lei em conjunto com a legalidade como uma garantia de liberdade. Status que foi mantido e tornado ainda mais explícito pela Constituição de 1891, que afastou hipóteses de tratamento diferenciado em razão de fatores como nobreza, títulos ou ordens (Canazaro, 2015).

Posteriormente, a Constituição de 1934 tornou o texto mais exemplificativo quanto às vedações de discriminação (foram mencionadas as impossibilidades de tratamentos desiguais em razão de sexo, raça, profissões, classes sociais, religião e ideias políticas). A Constituição de 1937, por sua vez, suprimiu este rol exemplificativo, mas manteve a previsão da garantia de igualdade perante a lei. A Constituição de 1946 manteve praticamente as mesmas disposições, merecendo destaque pelo fato de pela primeira vez expressar a necessidade de personalização dos impostos e de sua graduação em atenção à capacidade contributiva (Canazaro, 2015).

A Constituição de 1967 retomou o rol exemplificativo de vedações, que foi mantido na Constituição de 1969. E, por fim, o texto constitucional de 1988 traz expresso o princípio autônomo de igualdade tributária (artigo 150, inciso II), o qual possui o status de autêntico direito e garantia fundamental do cidadão contribuinte, por força do artigo 5º, parágrafo 2º, bem como também expressa a necessidade de observância da capacidade contributiva em relação aos impostos em seu artigo 145, parágrafo 1º (Canazaro, 2015).

Especificamente quanto ao recebimento de lucros e dividendos por sócios ou acionistas de pessoas jurídicas, é indiscutível que tal fato denota capacidade contributiva. Cabe destacar que não se trata de mera transferência de patrimônio, sendo que o auferimento de lucros e dividendos acarreta em efetivo acréscimo patrimonial em favor daquele que os recebe. Com efeito, o auferimento de lucros e dividendos acarreta um incremento no patrimônio daquele que os recebe, o qual decorre do capital investido na sociedade que os paga ou distribui. Trata-se, portanto, de efetivo acréscimo patrimonial originário do capital.

Veja-se que o recebimento de lucros e dividendos apresentam todos os elementos afirmativos e não incorre nos pressupostos negativos do conceito de receitas exposto por Ricardo Mariz de Oliveira (2020) e abordados no primeiro capítulo deste trabalho. De fato, os valores recebidos por meio desta forma de distribuição de resultado positivo produzido no âmbito corporativo irão representar para aqueles que os recebem um algo novo que se incorpora ao seu patrimônio. Ademais, trata-se de acréscimo que é produzido por recurso originário do patrimônio do sócio ou acionista no qual irá ingressar, uma vez que decorre do capital previamente investido por este na sociedade. Logo, evidencia-se o caráter remuneratório ou contraprestacional típico dos acréscimos patrimoniais.

Poderia se justificar a diferenciação de tratamento mesmo entre contribuintes que ostentam capacidade contributiva pela disparidade da natureza dos rendimentos auferidos. Trata-se do que parte da doutrina chama de princípio da discriminação da renda (Murphy, 2020), o qual preconiza a segregação das rendas auferidas de modo que a incidência do imposto sobre a renda se dê conforme a espécie, natureza ou origem do rendimento. O fundamento central desta ideia reside na alegação de que a renda considerada como um valor absoluto não constitui critério seguro para aferir a real capacidade contributiva do contribuinte, uma vez que rendas de origem ou natureza diferentes denotariam capacidades díspares.

Pode-se utilizar como critério para o estabelecimento desta diferenciação entre rendimentos a distinção entre rendas meritórias (*earned income*) e não meritórias (*unearned income*) (Seligman, 1914). A base desta distinção está no grau de sacrifício ou de esforço necessário para obtenção de cada espécie de renda. Assim, rendas meritórias são aquelas cuja obtenção decorre da realização de esforço pessoal, como os rendimentos advindos do trabalho. Já as rendas não meritórias são as que não decorrem de esforço ou sacrifício pessoal, mas de outros fatos ou situações, como de alugueis, juros, lucros e dividendos (Murphy, 2020). Por esta diferença em relação a depender ou não de esforço pessoal do contribuinte, as rendas meritórias deveriam ter tratamento tributário mais benéfico.

Portanto, caso fosse efetivamente aplicado o princípio da discriminação da renda para resolver a questão posta em exame, se chegaria à conclusão de que os rendimentos do trabalho é que deveriam gozar de isenção, enquanto que aqueles advindos do recebimento de lucros ou dividendos necessitariam ser submetidos ao imposto sobre a renda também no nível individual. Ainda mais porque, embora se reconheça que capital e trabalho são fatores de produção da mesma ordem de importância, a Constituição de 1988 eleva o trabalho a um patamar de proteção especial, na medida em que o artigo 1º, inciso IV, trata o seu valor social como elemento fundante da República (Junger, 2020).

No entanto, o aludido princípio da diferenciação da renda não é acolhido por nosso ordenamento jurídico, pois se contrapõe ao princípio da universalidade que foi expressamente positivado na Constituição de 1988 (Murphy, 2020). Veja-se que o constituinte incluiu expressamente não uma previsão para segregação dos rendimentos, mas sim uma disposição que orienta ao tratamento global da renda. Assim, resta rejeitada pela Constituição qualquer forma de discriminação dos rendimentos para fins tributários, sendo "indiferente, para o imposto, o fato de a renda ser produto do capital ou do trabalho, ou da sua combinação, ou de ter qualquer outra origem" (Murphy, 2020, p. 79).

Consequentemente, o imposto sobre a renda deveria incidir sobre todos os rendimentos auferidos sem qualquer tipo de segregação da renda por critérios que não se coadunam com a capacidade contributiva. Desta forma, não deveria ser levando em conta se a renda adveio do trabalho ou de investimentos do capital, seja em ações ou quotas sociais, seja em aplicações financeiras, imóveis para exploração de locação ou, ainda, recebida em herança (Carrazza, 2006). Quer dizer, a ordem constitucional parece mesmo indicar para uma vedação de tratamento diferenciado entre os rendimentos advindos do trabalho e do capital ou da combinação de ambos (Silva, N. M., 2009).

De qualquer forma, mesmo em um exercício argumentativo em que não se reconheça a exigência da universalidade na tributação da renda, ainda assim seria possível defender a impossibilidade de concessão de isenções que implicassem em desigualdades subjetivas entre contribuinte em razão da origem da renda tributada. Neste caso, se estaria diante da uma desoneração concedida em desconformidade com o princípio da generalidade, pois o princípio da isonomia, especificado por meio daquele, impõe que se exijam impostos "de todas as pessoas contributivamente capazes que realizem a hipótese de incidência" (Velloso, 2010, p. 200). Portanto, a concessão de isenções em prol de grupos específicos de contribuintes que ostentam capacidade contributiva tanto quanto os grupos tributados, revela uma possível violação à generalidade, à capacidade contributiva e, logo, à isonomia tributária.

Veja-se que, quando o legislador estabelece uma isenção, ele está retirando uma parcela da hipótese de incidência tributária por meio da formulação de uma exceção. Desta forma, cria-se um tratamento díspar em relação ao grupo (de pessoas ou situações) contemplado pela isenção. Grupo este que, não fosse a norma de isenção, estaria sujeito ao mesmo tratamento tributário do grupo não abrangido pela desoneração. Pode-se dizer, então, que a isenção enseja um tratamento desigual entre contribuintes que a princípio estariam em situações igualitárias (Machado, 2020).

Ratifica-se, assim, a importância do critério de comparação para fins de aplicação da isonomia, pois somente com a adequada escolha do *discrímen* é que estas isenções serão plenamente justificáveis. Como visto, o critério a ser utilizado no contexto do imposto sobre a renda deveria ser o da capacidade contributiva. No entanto, ao se estabelecer uma desoneração em razão da origem da renda, se do trabalho ou do capital pode-se dizer que o legislador optou por um critério que leva em conta a profissão ou função exercida pelo contribuinte.

Se efetivamente for esse o caso, se está diante de um problema de constitucionalidade evidente. Isto porque a Constituição de 1988, em seu artigo 150, inciso II, veda a utilização da profissão ou função exercida como critério de diferenciação entre contribuintes. Destaca-se, ainda, que tal vedação não abrange tão somente as profissões e funções desempenhadas em si mesmas. Pelo contrário, é mais ampla, abarcando todos os elementos ligados à atividade laboral que não sejam relacionados com a capacidade contributiva (Velloso, 2012).

Portanto, a manifestação de capacidade contributiva parece mesmo apontar no sentido de que fatos e contribuintes que a ostentem de igual forma sejam submetidos à tributação da renda por eles auferida. E isto independe da origem da renda, especialmente no que tange a qualquer distinção entre rendimentos do trabalho ou do capital. Logo, pode-se dizer que o princípio da isonomia impõe a tributação dos lucros e dividendos também no âmbito das pessoas físicas beneficiárias.

Não se está a negar que a concretização da igualdade pode acarretar em tratamentos díspares. Pelo contrário, tal possibilidade é plenamente reconhecida e já foi abordada. Mas o fato é que estes tratamentos diferenciados não podem ser imputados a contribuintes em situações de equivalência sem efetivas e reais diferenças apuradas por meio de critérios de comparação adequados e em harmonia com a Constituição (Canazaro, 2015). Nessa senda, Tatiana Junger afirma que:

> A isonomia de tratamento entre as rendas auferidas pelas pessoas físicas se mostra uma premissa primordial para o estabelecimento de um sistema tributária vocacionado à redução das desigualdades. Dessa maneira, os lucros e dividendos devem se submeter à mesma sistemática de tributação que as rendas do trabalho, porque não há qualquer justificativa hábil à legitimação deste trato diferenciado conferido aos rendimentos do capital e do trabalho. (Junger, 2020, p. 276)

Por outro lado, ainda que se sustente não haver propriamente uma inconstitucionalidade no tratamento díspar concedido em favor dos contribuintes que auferem rendimentos do capital por meio do recebimento de lucros ou dividendos não se pode negar que tal isenção acarreta em distorções no sistema. Um estudo desenvolvido com base nos dados divulgados pela Receita Federal do Brasil acerca das declarações de IRPF (Introíni; *et al.*, 2018) verificou a existência de uma relação crescente entre o total da renda declarada pelas pessoas físicas e a renda isenta e não tributável. Tal constatação demonstra que, quanto mais alto o nível de renda, maior a desoneração do contribuinte.

Em outras palavras, pode-se dizer que quanto maior for a faixa de renda total declarada pelo contribuinte, menor será a base de cálculo do seu IRPF, pois maior também é o *quantum* de renda declarado como isenta ou não tributável. Nesse sentido, o referido estudo apurou que na faixa de rendas superiores a 320 salários mínimos mensais, a base de cálculo representa apenas 7,7% da renda total. Enquanto que, nas faixas de rendas entre 1 e 5 salários mínimos mensais, corresponde a mais de 60% (Introíni; *et al.*, 2018).

Assim, feitas estas considerações, resta claro que a isenção do IRPF em relação aos rendimentos decorrentes dos lucros e dividendos acaba por inverter a lógica da capacidade contributiva. Rendas situadas em faixas superiores acabam sendo desoneradas do imposto no âmbito individual, enquanto que aquelas inferiores suportam o ônus tributário. A origem ou natureza do rendimento, portanto, não se revela como um critério adequado na medida em que implica em evidente violação ao princípio da capacidade contributiva e, logo, da isonomia. Em suma, o critério utilizado para a distinção entre os referidos grupos de contribuintes não se mostra adequado para uma correta e justa distribuição da carga tributária (Vieira; Melo, 2017).

Com base nestes fundamentos, pode-se defender a necessidade de retomada do modelo clássico de tributação da renda, com a submissão integral dos resultados positivos distribuídos pelas pessoas jurídicas à incidência tributária nos níveis corporativo e individual. Nesse sentido, encontram-se autores (Botelho, 2020, p. 337; Gobetti, 2018, p. 18; Silva, N. M., 2009) que defendem a necessidade que os lucros e dividendo sejam tributados junto às pessoas físicas que os recebem pelas mesmas alíquotas progressivas aplicáveis aos demais tipos de rendimentos. A ideia central desta posição é de que não basta que os rendimentos sejam tributados, mas sim que o sejam conjuntamente com os rendimentos do trabalho ou de outras naturezas.

Entretanto, é importante observar que a revogação da isenção concedida pelo artigo 10 da Lei nº 9.249/1995 não se mostra como a melhor solução para responder a esta crítica a respeito da isonomia tributária. Principalmente se considerarmos as distorções causadas pelo modelo clássico de tributação da renda sobretudo no que diz respeito à dupla tributação econômica da renda.

De toda forma, caso a opção fosse mesmo pela instituição do modelo clássico, deveria então se procurar estabelecer uma equiparação entre a alíquota do IRPJ combinada com a alíquota do IRPF sobre lucros e dividendos e a alíquota máxima do imposto das pessoas físicas aplicável às rendas do trabalho. Por exemplo, se a alíquota do IRPJ for de 20% e a alíquota linear sobre dividendos distribuídos for instituída também em 20%, a alíquota combinada nos dois âmbitos de incidência seria 36%. Nesse caso, se a alíquota máxima do IRPF também fosse fixada em 36%, haveria um alinhamento de carga tributária entre capital e trabalho (IEDI, 2021).

Inobstante tal possibilidade de se buscar um equilíbrio entre a carga incidente sobre os rendimentos do capital e do trabalho, tal situação não ilide a dupla tributação econômica da renda. Ademais, esta situação ainda mantém o estímulo à adoção de práticas indesejáveis pelos contribuintes, como planejamentos abusivos e DDL. Portanto, a solução não parece ser simplesmente fazer incidir o IRPF sobre os lucros e dividendos. Afigura-se como mais prudente que, para além disso, se estruture um verdadeiro sistema de tributação integrado da renda no Brasil que utilize alguma outra técnica que não a da isenção total.

Nessa senda, destaca-se o método da imputação no nível individual com a concessão, em favor da pessoa física, de um crédito referente ao tributo recolhido pela pessoa jurídica. Tal técnica de integração da tributação da renda é defendido por autores como Michael J. Graetz e Alvin C. Warren Jr. (2016). Muito embora autores brasileiros, como Cristiane Miranda Botelho (2020), advirtam para as dificuldades de sua aplicação no Brasil em razão da potencialidade para elevar o grau de complexidade do sistema[62].

[62] Cabe fazer uma observação no sentido de que nos Estados Unidos da América – tomado aqui apenas como exemplo de país desenvolvido, uma vez que o modelo de tributação lá adotado não é o da imputação com crédito – tem-se que apenas cerca de 8% das sociedades são constituídas sob a forma de *C Corporations*. E, como visto, somente estas é que estão de fato submetidas à tributação da renda pelo modelo denominado clássico modificado, enquanto que as demais se submetem à técnica da imputação direta no nível individual. Situação bastante distinta da brasileira, pois a adoção da técnica da imputação com crédito aqui acabaria por gerar consequências em relação a totalidade das sociedades, empresarias ou civis, de grande

Enfim, a isonomia tributária, ao exigir um tratamento equânime entre contribuintes que auferem rendas que denotam capacidades contributivas semelhantes, parece indicar para uma necessária tributação dos rendimentos de capital de maneira paritária com a incidência existente sobre os rendimentos do trabalho. Deste modo, tributar os lucros e os dividendos corresponde ao primeiro passo para a construção de um sistema mais justo e, consequentemente, mais igualitário. Mas é preciso que tal tributação seja instituída de maneira a não dar causa a outros problemas, como à dupla tributação econômica (analisada nos tópicos anteriores) ou a indução de comportamentos prejudiciais ao sistema, como veremos nos tópicos que seguem.

2.3. A tributação da renda produzida e distribuída e a neutralidade fiscal

O Direito Tributário influencia as atividades econômicas dos cidadãos de forma mais intensa do que qualquer outro ramo do Direito (Tipke, 20081). Todas as decisões tomadas, desde o consumo até o investimento, passando pela forma de organização empresarial, estão sujeitas à interferência decorrente da imposição tributária estatal. É por este motivo que se pretende agora verificar os reflexos que a desoneração ou taxação dos lucros e dividendos acarretam no comportamento dos contribuintes.

Neste ponto do presente estudo pretende-se, primeiramente, analisar os contornos normativos da neutralidade fiscal e também da extrafiscalidade no ordenamento jurídico brasileiro. Posteriormente, busca-se verificar quais as consequências comportamentais decorrentes da isenção ou da tributação no nível individual da renda distribuída pelas pessoas jurídicas a seus sócios ou acionistas.

2.3.1. A neutralidade fiscal no ordenamento jurídico brasileiro

A doutrina é repleta de exemplos de comportamentos induzidos pela tributação, como os mencionados por André Mendes Moreira na obra *Neutralidade, valor acrescido e tributação* (2020). Dentre os casos históricos trazidos pelo autor destaca-se a questão das casas sem janelas construídas na Inglaterra no século XVIII para escapar do *window tax*, um imposto cobrado

e pequeno porte, bem como microempresas. Desta forma, tal mudança acabaria mesmo por trazer maiores complexidades, "embaralhando e tornando ainda mais tortuoso o já confuso e intricado regramento do IRPJ brasileiro" (Botelho, 2020, p. 336).

justamente sobre o número de aberturas existentes nas residências. Assim como o fato de que muitas residências norte-americanas atualmente utilizam uma técnica de construção conhecida como *drywall*, em que estruturas metálicas e placas de gesso substituem as tradicionais paredes alvenaria. Abre-se mão do conforto térmico, isolamento acústico e maior segurança, para obter-se os benefícios decorrentes da depreciação acelerada que aquele material possui para fins de apuração do imposto sobre a renda.

O fato é que sempre que o Poder Público toma uma decisão acerca de tributar ou não, ou ainda acerca da intensidade da tributação de uma determinada realidade econômica, haverá uma forte tendência de que os contribuintes se reorganizem para tentar ilidir a incidência ou torná-la menos gravosa. Esta resposta dos cidadãos pode até mesmo acarretar em consequências danosas para o sistema como um todo, gerando perda de eficiência arrecadatória e outras externalidades negativas[63], como o aumento dos custos de transação (Moreira, 2020).

No intuito de evitar ou minimizar esta interferência estatal que se estuda a neutralidade fiscal ou tributária. Tal conceito tem origem nas ciências econômicas, onde surgiu como a representação de um ideal a ser buscado pelos sistemas arrecadatórios. Sob esta perspectiva, um sistema neutro é aquele no qual a geração de receitas fiscais pelo Estado ocorre de forma a gerar a mínima interferência possível na vida dos indivíduos (Moreira, 2020).

Flávia Cavalcanti (2010) destaca que esta é uma ideia comum em estudos de economistas como Ludwig von Mises, para o qual um tributo neutro é aquele cuja cobrança não influencia, pelo menos não de maneira significativa, os eventos econômicos do mercado. Já André Mendes Moreira (2020) analisa a teoria de Adam Smith sobre os atributos essenciais para um sistema tributário de qualidade (igualdade, certeza, conveniência e eficiência) e explica que estes abarcam o conceito de neutralidade.

Com efeito, em uma dimensão horizontal ela corresponde à igualdade, uma vez que impede diferenciações injustificadas. E em uma dimensão vertical refere-se ao emprego de técnicas para evitar a dupla incidência,

[63] Expressão empregada no sentido utilizado pelos economistas para descrever falhas de mercado que acarretam prejuízos externos à operação. Tratam-se de efeitos colaterais, de consequências desencadeadas para terceiros que não necessariamente participaram da tomada de decisão que as gerou. Sobre este tema recomenda-se a obra *Direito & Economia* de Robert Cooter e Thomas Ulen (2010).

tornando o sistema mais certo, conveniente e eficiente. De fato, elidindo-se a bitributação o contribuinte saberá com mais precisão o montante final de tributo a pagar e se evitará a sobrecarga em um dos pontos da cadeia. Logo, em termos econômicos, haverá um sistema que não acarreta em distorções na tomada de decisões, o que elevaria o nível de produtividade (Cavalcanti, 2010).

Contudo, como se trata de trabalho de natureza jurídica e ainda que seja possível recorrer à economia para cunhar o conceito de neutralidade, impõe-se a análise a partir de perspectivas jurídicas. Em que pese contar com o apoio de tal ciência para construção de seu significado, a definição de neutralidade no âmbito do Direito não terá necessariamente o mesmo conteúdo.

2.3.1.1. Acepções de neutralidade fiscal

Conforme adverte Humberto Ávila (2015) a expressão neutralidade admite vários significados, como aliás é comum entre as expressões jurídicas. Em uma primeira acepção, pode designar a total vedação de que os entes públicos influenciem nas atividades econômicas por meio do sistema tributário. Assim, "ser neutro é não exercer influência alguma na atividade dos contribuintes" (Ávila, H., 2015, p. 102).

Desta forma, a neutralidade fiscal seria alcançada pela não interferência dos tributos no mercado e na tomada de decisão dos agentes econômicos submetidos a tal tributação. O sistema tributário e, logo, o modelo de tributação da renda, deveriam ser construídos de modo a não influenciar direta ou indiretamente ou a não impactar a dinâmica das atividades econômicas. Este ideal se concretizaria pela exclusão do Estado do mercado, garantindo-se plenamente a livre concorrência (Fortes, 2020), para o que a política fiscal deveria se abster de quaisquer intervenções na economia e no mercado (Neumark, 1994).

Nessa senda, a neutralidade fiscal seria verificável sob três perspectivas complementares. A primeira delas diz respeito à neutralidade enquanto igualdade de condições no jogo de mercado. Deste modo, os preços de bens e serviços ofertados deveriam ser determinados pela própria dinâmica mercadológica, sem sofrer interferências externas. Para tanto, é imperioso que um ambiente concorrencial amplamente livre seja respeitado pelo Estado[64],

[64] Cabe registrar a reste respeito a Lei nº 12.529/2011, que estrutura o Sistema Brasileiro de Defesa da Concorrência, bem como a Lei nº 13.874/2019, que institui a Declaração de Direitos

de modo que todos os agentes encontrem as mesmas condições para o exercício de suas respectivas atividades (Fortes, 2020).

A segunda perspectiva diz respeito à neutralidade fiscal enquanto ausência de barreiras estatais para o ingresso e para permanência de agentes econômicos no mercado (Fortes, 2020). A carga tributária não pode ser exigida em intensidade que acabe por inviabilizar o exercício de uma determinada atividade. Da mesma forma, não podem ser criadas obrigações assessórias, tais como deveres instrumentais ou mesmo burocracias em excesso, que também acabem por impedir o ingresso ou a permanência no mercado.

Por fim, uma terceira perspectiva diz respeito à neutralidade enquanto não interferência do Estado no jogo de mercado (Fortes, 2020). Neste sentido, tem-se que a tributação deve ser nula do ponto de vista econômico. Por exemplo, o preço do produto ou do serviço posto à disposição no mercado não pode ser condicionado ou alterado pela tributação sobre ele incidente. O que se pode admitir é apenas que a carga tributária incidente componha o seu preço final.

Desta forma, se estará diante de um sistema tributário neutro sempre que este não levar os agentes econômicos a modificarem suas decisões, sejam elas a respeito do ingresso no mercado ou da forma como organizam e executam suas atividades. O que ocorre em razão de a livre iniciativa e o livre mercado serem considerados pelo próprio texto constitucional como fundamentos basilares da organização econômica brasileira (BRASIL, 1988a, artigo 170, *caput* e inciso IV). Nesse sentido, Fritz Neumark expressa que:

> El principio de evitar las consecuencias indeseadas del impacto fiscal sobre la competencia requiere que, en lo que respecta a la transferencia coactiva desde el sector privado al Estado de recursos económicos o de la expresión de su poder adquisitivo, transferencia originada por la propia política fiscal, esta se abstenga de toda intervención que perjudique al mecanismo de competencia del mercado, a menos que la intervención fuera indispensable para provocar correcciones de los resultados de la competencia perfecta, a las que por razones de rango superior se las considera necesarias, o para suprimir o atenuar determinadas imperfecciones de la competência (Neumark, 1994, p. 284–285).

de Liberdade Econômica, as quais positivam determinações justamente neste sentido de proteger a livre concorrência e o livre mercado.

Isto é, ainda que o sistema tributário deva ser estruturado de forma a evitar ou a produzir o mínimo impacto possível sobre a dinâmica de mercado, não se pode ignorar o fato de que os tributos necessariamente trazem impactos às economias pública e privada. Assim, "o *modus operandi* da arrecadação deve conduzir à mínima intervenção possível – embora algum grau de intervencionismo seja sempre inevitável" (Moreira, 2020, p. 42). Ou seja, é preciso levar em conta que, na prática, nenhum tributo é absolutamente neutro em seus efeitos (Neumark, 1994).

2.3.1.2. Neutralidade e atuação estatal

Deve-se ter em mente que a própria Constituição de 1988 exige que o Estado tome parte no mercado possuindo um nítido viés dirigista. Tanto assim que o seu artigo 3º estabelece que um dos objetivos fundamentais da República é a redução das diferenças sociais e regionais. Outrossim, também deve-se considerar a disposição do artigo 174 que prevê a atuação do Estado como agente normativo e regulador da atividade econômica, exercendo funções de fiscalização, incentivo e planejamento.

De fato, enquanto o constitucionalismo dos séculos XVIII e XIX voltava-se quase que unicamente para a garantia formal de liberdades individuais, o desenvolvimento industrial com a consequente formação de uma classe social operária fizeram com que as garantias formais unicamente de sentido negativo começassem a se mostrar insuficientes para barrar os efeitos da opressão, sobretudo no aspecto econômico (Silva, J. A. Da, 2014). Nesse sentido, pode-se falar em um processo de enfraquecimento do liberalismo, caracterizado pela constitucionalização de garantias que vão além das com caráter negativo (Bercovici).

Em decorrência, a partir das Constituições do México de 1917 e da Alemanha de 1919, tem-se a inauguração de um novo período do constitucionalismo. Neste, conforme Raul Machado Horta, há uma perceptível mudança na postura do Estado em relação à atividade econômica, marcada pelo abandono, ao menos parcial, da neutralidade "para incorporar a versão ativa do Estado intervencionista, agente regulador da economia" (Horta, 2002, p. 252).

Desse modo, o ideal de neutralidade, mesmo considerado nessa acepção de total vedação à influência nas atividades econômicas, deverá ser conjugado com os demais princípios que informam e orientam o ordenamento jurídico. Consequentemente, tem-se que este primeiro sentido é incompatível com o ordenamento jurídico vigente (Ávila, H., 2015). Ora, entender que a neutralidade veda completamente a influência no comportamento dos contribuintes é negar a atuação estatal estatuída pelo referido artigo 174 da Constituição.

2.3.1.3. Neutralidade, extrafiscalidade e indução de comportamentos

Não se pode ignorar a realidade fática de que tanto os tributos com finalidades fiscais quanto e principalmente aqueles com finalidades extrafiscais influenciam na tomada de decisão pelos cidadãos. Tampouco se pode dizer que a neutralidade irá obstar a implementação de outros objetivos definidos pela Constituição. Assim, a neutralidade não é uma regra jurídica absoluta a impedir o desencadeamento de efeitos indutores de comportamento nos agentes econômicos e a evitar que o Estado exerça suas funções intervindo sobre o domínio econômico[65] (Faro; Rocha, 2012).

Cabe destacar que tributos fiscais e extrafiscais são expressões largamente utilizadas pelos operadores do Direito com a intenção de se referir aos objetivos pretendidos pelo ordenamento jurídico através de uma determinada exação. Em outras palavras, pode-se dizer que seu emprego é utilizado "para representar valores finalísticos que o legislador imprime na lei tributária, manipulando as categorias jurídicas postas à sua disposição" (Carvalho, P. de B., 2018, p. 215–216).

Costuma-se definir por tributos fiscais aqueles voltados à finalidade arrecadatória, à arrecadação de valores em prol do erário. Enquanto que os tributos extrafiscais são aqueles que se destinam a finalidades outras, com interesses sociais, políticos ou econômicos, de forma a interferir no direcionamento da atividade econômica em prol de tais interesses (Carvalho, P. de B., 2018). Deste modo, os tributos que visam ordenar ações, desestimular condutas, enfim, interferir no comportamento dos agentes econômicos, serão denominados de extrafiscais. Através destes, o legislador tributário poderá estimular ou desestimular comportamentos por meio de

[65] Registra-se que a expressão intervenção sobre o domínio econômico refere-se às situações em que o Estado atua em área de titularidade da iniciativa privada, ou seja, na atividade econômica em sentido estrito, exercendo as funções preceituadas pelo artigo 174 da Constituição de 1988. Por outro lado, quando o Estado age em área de titularidade naturalmente sua, ou seja, no âmbito dos serviços públicos, não há que se falar em intervenção, mas sim em atuação (GRAU, 2018).

uma tributação progressiva ou regressiva, ou da concessão de benefícios e incentivos fiscais, por exemplo (Baleeiro; Derzi, 2018).

Importante destacar que a atividade financeira e tributária não é um fim em si mesma (Adamy, 2012; Schoueri, 2018). Quer dizer, muito embora os tributos sejam o meio mais relevante para o exercício das funções estatais, por meio das quais são obtidos os recursos financeiros pelo Estado, a arrecadação tributária visa atingir outras finalidades e objetivos constitucionalmente estabelecidos. Tem-se, assim, que o Direito Tributário sempre estará vinculado a uma ideia de instrumento, uma vez que visa proporcionar meios para alguma finalidade (Adamy, 2012).

Com efeito, a arrecadação de recursos tem por objetivo alcançar ao Estado os meios financeiros dos quais necessita para atingir os fins que lhe são apontados pela Constituição (prover a educação, a cultura, o lazer; melhorar a saúde da população, dar-lhe segurança, prestar-lhe serviços públicos etc.). E justamente por isto é que se pode afirmar que os tributos, ainda que essencialmente dotados de função fiscal, terão o mister também de promover a consecução de outros objetivos econômicos e sociais (Carrazza, 2013). Aliás:

> Esta, de resto, é uma consequência natural de nosso Estado Democrático de Direito, que, mais do que tributos justos, exige que estimulem a criação e a proteção do emprego, a correção dos desequilíbrios sociais, a implantação de uma política urbanística adequada, e assim por diante. Em suma, da concepção do tributo como meio de obtenção de recursos avançou-se para a ideia de que ele pode e deve ser utilizado para favorecer a realização dos mais elevados objetivos sociais, econômicos e políticos. Converteu-se, pois, num instrumento privilegiado de intervenção estatal, em ordem a possibilitar, por exemplo, uma melhor distribuição da renda do País. (Carrazza, 2013, p. 797)

Efetivamente, na maior parte dos casos, os tributos são instituídos pelo Poder Público como forma de angariar recursos ao erário para consecução dos fins que lhe são atribuídos pela Constituição. No entanto, nem sempre a tributação se dá com caráter único e exclusivamente fiscal. Com efeito, os tributos podem ser estabelecidos e exigidos com vistas a estimular ou desestimular determinadas condutas. Neste caso, estaremos diante de finalidades extrafiscais, que serão implementadas de acordo com o interesse ou não na realização de um determinando comportamento social (Carrazza, 2006).

Porém, há que se considerar que não são apenas os tributos extrafiscais que irão induzir comportamentos. Mesmo aqueles com finalidade fiscal irão exercer de forma indireta uma influência sobre os comportamentos dos contribuintes. Isto ocorre na medida em que a cobrança maior ou menor estimula ou desestimula comportamentos (Ávila, H., 2015). Já no âmbito dos tributos com finalidades extrafiscais esta influência ocorrerá de forma direta. Razão pela qual se afirma que estes tributos são dotados de finalidades ordinatórias, ou seja, com o objetivo de disciplinar comportamentos através da indução (Carrazza, 2006).

Logo, mesmo aqueles tributos que à primeira vista poderiam ser classificados unicamente como fiscais, também terão o condão de promover finalidades outras, inclusive de induzir comportamentos. Justamente por isto é que se pode afirmar que não existem tributos puramente fiscais, pois ainda que alguns tributos se prestem melhor a consecução da atividade arrecadatória, mesmo assim estes irão impactar nas condutas e nas tomadas de decisões dos contribuintes. Da mesma forma, pode-se afirmar que não existem tributos puramente extrafiscais, na medida que, mesmo atendendo melhor a função de (des)estímulo de determinado comportamento, ainda assim todo tributo irá gerar arrecadação.

Desse modo, tanto a fiscalidade quanto a extrafiscalidade não se apresentam de forma pura (Carrazza, 2006). Todos os tributos apresentarão ambas as características, mas em proporções diferentes. Assim, um tributo será classificado como fiscal ou extrafiscal de acordo com quais características prevalecem sobre as demais. Percebe-se, assim, que ambos os "objetivos convivem, harmônicos, na mesma figura impositiva, sendo apenas lícito verificar que, por vezes, um predomina sobre o outro" (Carvalho, P. de B., 2018, p. 216–217). Nesse sentido, Luís Eduardo Schoueri (2005, p. 16) salienta que a classificação dos tributos em fiscais e extrafiscais merece crítica. O mais adequado seria falar-se em normas tributárias indutoras de comportamento, as quais podem ser veiculadas em qualquer tributo, seja ele mais ou menos apto à função arrecadatória.

Portanto, essa primeira acepção do significado de neutralidade encontra verdadeiros óbices no ordenamento. Seja porque a Constituição de 1988 expressamente prevê a intervenção do Estado sobre o domínio econômico, seja porque todos os tributos (fiscais ou extrafiscais) têm potencial para induzir comportamentos nos agentes econômicos, a ideia de neutralidade como vedação absoluta à interferência não se sustenta. Passa-se, então, a análise de uma segunda acepção para o termo.

2.3.1.4. Vedação de influência injustificada

Neutralidade fiscal pode indicar não uma vedação total, mas sim uma proibição de influência injustificada no exercício das atividades econômicas do contribuinte através da tributação. Deste modo, "ser neutro é não exercer influência imotivada na atividade dos contribuintes" (Ávila, H., 2015, p. 102). No entanto, pode-se argumentar que os limites decorrentes desta acepção já seriam estabelecidos pelo princípio da isonomia, uma vez que este impede a diferenciação por meio da utilização de critérios de comparação que não tenham pertinência com a finalidade que justifica o tratamento díspar.

Efetivamente há uma relação entre neutralidade e isonomia tributária sendo que aquela decorre justamente da proibição de tratamento desigual entre situações e pessoas que se encontrem em equivalência. Ademais, a neutralidade ainda se relaciona com o princípio da capacidade contributiva. Isto porque é certo que qualquer medida tributária impositiva irá interferir na capacidade de competição dos agentes econômicos (Faro; Rocha, 2012).

A esse respeito, pertinentes as lições de Luíz Eduardo Schoueri (2005) acerca da relação entre normas tributárias indutoras de comportamento e isonomia. Conforme o referido autor, a capacidade contributiva seria o primeiro elemento de diferenciação através do qual se faria a distinção entre os destinatários da norma tributária, determinando-se o grupo a ser alcançado pela incidência. Então, haveria a aplicação do princípio que informa a norma indutora, de modo a realizar uma nova diferenciação dentro deste grupo. Desta forma, se chegaria à aplicação da norma indutora somente sobre os sujeitos que denotem capacidade contributiva, o que, consequentemente, atenderia ao princípio da isonomia. Assim, tem-se que:

> [...] as normas tributárias indutoras harmonizam-se com o princípio da capacidade contributiva, servindo este princípio como uma garantia dos contribuintes com capacidade econômica reduzida (suficiente para custear apenas o mínimo existencial) não sejam afetados pela norma indutora, tampouco levados a uma situação configuradora do efeito de confisco. De acordo com este raciocínio, as normas de efeito indutor integram o sistema tributária,

devendo, em princípio, respeito as restrições impostas às normas tributárias em geral. (POLIZELLI, 2007, p. 370)

Outro ponto pertinente à relação entre isonomia e extrafiscalidade ou a indução de comportamentos por normas tributárias que cabe ser destacado diz respeito a não se tratar da concessão de benefícios fiscais. Com efeito, é inegável a possibilidade de estimular ou desestimular a prática de determinada conduta mediante a concessão, por exemplo, de isenções a determinada pessoa porque ela demonstra aptidão maior para realizar os objetivos da política econômica ou mérito científico (BALEEIRO; DERZI, 2018). No entanto, isto não representa um favor fiscal que o Estado concede a determinados contribuintes, justamente porque, "na real verdade, os incentivos levam os contribuintes que os fruem a assumir compromisso que, em última análise, têm mais a ver com os interesses do Estado que com os deles próprios" (CARRAZZA, 2006, p. 135).

Ainda dentro da concepção de neutralidade como uma proibição de influência injustificada no exercício das atividades econômicas, cabe registrar a relação desta posição com o que se denomina de paternalismo libertário. Com efeito, a utilização de normas tributárias para indução de comportamentos vem ganhando crescente relevância, inclusive diante da constatação empírica de que um comando normativo é melhor obedecido quando são utilizados meios mais sutis de influenciar a adoção do comportamento prescrito (*nudges*), ao invés de simplesmente impor determinada conduta. Ao agir assim, o ordenamento induz os agentes a adotarem o comportamento pretendido, mas mantém "a sensação de que são livres para conduzir seus negócios" (CARRAZZA, 2013, p. 797).

Para melhor compreensão do funcionamento das normas tributárias como indutoras de comportamento, é preciso ter em mente que o Direito é, ao final, um sistema comportamental (AGUIAR, 2020), que busca moldar as ações humanas, regulando-as conforme determinadas normas prescritivas que compõem o ordenamento jurídico vigente. E a regulação destas por meio das normas jurídicas objetiva justamente estimular que as pessoas se comportem de determinadas maneiras e não de outras (ULEN, 2014).

No âmbito da Análise Econômica (*Law and Economics*) e, principalmente, da Análise Econômica-Comportamental do Direito (*Behavioral Law and Economics*) utiliza-se a citada expressão paternalismo libertário para fazer referência à ideia de que é possível e legítimo que haja uma interferência estatal, mas ao mesmo tempo respeitando também a liberdade de escolha individual de cada agente. Trata-se de uma forma de indução de comportamentos que preserva a escolha individual, mas que autoriza a orientação das pessoas em direções que promoverão o seu próprio bem-estar e o bem-estar coletivo (Thaler; Sunstein, 2003).

O paternalismo libertário atua no sentido de orientar a tomada de decisão sem impor qualquer preferência, conduzindo à promoção do bem-estar dos cidadãos. Cabe ao Estado, então, agir com o intuito de propiciar melhorias tanto no ambiente onde as decisões são tomadas, como no próprio indivíduo que as realiza (França, 2015). Nesse contexto, a legislação tributária se revela com forte potencial para ser utilizada como ferramenta para implementar medidas de paternalismo libertário, na medida em que permite diversas formas de indução de comportamentos sem impor diretamente aquele que se espera que seja adotado e sem desrespeitar as liberdades individuais (Mccaffery, 2014).

Por fim, quanto à terceira acepção em que se pode tomar a neutralidade fiscal, tem-se o sentido de proibição dirigida aos entes tributantes para que estes não ajam de forma excessiva ao influenciar as atividades econômicas. Conforme Humberto Ávila, "nessa compreensão ser neutro é não exercer influência excessiva na atividade dos contribuintes" (2015, p. 102). Ocorre que os limites decorrentes dessa acepção da neutralidade são os mesmos que se verifica do princípio que veda os efeitos de confisco que impede a restrição de bens jurídicos essenciais aos direitos fundamentais dos contribuintes por meio da tributação.

Portanto, a neutralidade fiscal melhor se enquadra na segunda acepção acima mencionada, referente à vedação de influências injustificadas no comportamento dos contribuintes. Trata-se de "uma manifestação da própria igualdade na sua conexão com o princípio da liberdade de concorrência, notadamente no aspecto negativo da atuação estatal" (Ávila, H., 2015, p. 103). Deste modo, tem-se que apesar da exigência de neutralidade do sistema de modo a não distorcer o livre mercado, a livre concorrência e mesmo a liberdade de organização dos contribuintes é plenamente viável que se utilizem os tributos com fins de indução de comportamento.

E, ainda que com caráter majoritariamente fiscal, o imposto sobre a renda pode ser utilizado com essa finalidade extrafiscal. Sua aplicação como indutor de comportamento pode fomentar a defesa e a proteção da ecologia e do meio ambiente, da saúde e da assistência pública, a superação das desigualdades sociais, entre diversas outras finalidades estatais constitucionalmente assinaladas (Carrazza, 2006).

Salienta-se que não se trata de um caráter extrafiscal propriamente dito, mas sim, a partir do acima exposto acerca de que todos os tributos (fiscais ou extrafiscais) possuem o condão de induzir comportamentos, também o imposto sobre a renda assim atua. De fato, ainda que tenha natureza inegável e predominantemente fiscal, o IR acaba por induzir comportamentos inclusive pelo fato de incidir de forma mais ou menos gravosa sobre determinados rendimentos.

A própria progressividade, princípio informador do imposto de renda, denota uma característica que pode ser apontada como extrafiscal. Com efeito, ao considerar as capacidades particulares do contribuinte e elevar gradativamente as alíquotas incidentes de acordo com sua renda, o IRPF mostra-se como um instrumento hábil para fins de redução de desigualdades sociais. Outrossim, há certas questões mais pontuais na legislação do imposto sobre a renda que também ostentam a característica de indução de comportamentos.

É o caso, por exemplo, da possibilidade de dedução das doações realizadas para fundos ligados ao Estatuto da Criança e do Adolescente (ECA), à proteção do idoso, ao incentivo à cultura, atividade audiovisual ou esporte. Trata-se de uma clara tentativa de induzir que os contribuintes façam doações em prol destes segmentos. Outro caso era a possibilidade, existente até o exercício 2019, de dedução da contribuição previdenciária patronal referente a empregados domésticos diretamente do valor do imposto de renda devido[66]. A intenção era, nitidamente, induzir a formalização das relações de emprego doméstico.

Essas aplicações extrafiscais do IR se realizam por meio de regras presentes em referência à incidência do tributo, ou seja, para situações tributadas pelo imposto em questão. No entanto, nada impede que outros comportamentos sejam induzidos ou desestimulados por meios de regras de desoneração. Neste sentido, por exemplo, a concessão de isenções pode ser utilizada para fins extrafiscais (Rocha, 2020). No próximo tópico, pois, se analisam as consequências práticas da isenção dos lucros e divi-

[66] A este respeito, cabe registrar que tramita no Congresso Nacional, atualmente com parecer favorável da Comissão de Seguridade Social e Família da Câmara dos Deputados, o Projeto de Lei nº 191/2020 que prevê o retorno do direito de deduzir do IRPF o valor referente à contribuição patronal paga à Previdência Social referente aos empregados domésticos.

dendos no Brasil, bem como quais seriam os efeitos esperados da revogação de tal norma.

2.3.2. A tributação da renda como ferramenta de indução de comportamentos

Como visto anteriormente, nenhum tributo será neutro em termos absolutos, bem como inexiste tributo puramente fiscal ou extrafiscal. Logo, pode-se dizer também que não há um modelo tributário totalmente neutro. Isto significa que tanto no atual modelo integrado pelo método da isenção, quanto por qualquer outra técnica que seja adotada, ou mesmo em uma retomada do modelo clássico, sempre haverá um certo grau de indução de comportamento nos contribuintes. Neste sentido, salienta Klaus Tipke:

> Pessoas e ocorrências econômicas são muito diversamente oneradas com tributos. Isto motiva os cidadãos a planejar de tal modo sua atividade econômica que as cargas tributárias sejam as menos possíveis. Na medida em que o Direito Tributário conecta as diferenciadas onerações direta ou indiretamente às formas do Direito Civil, atua o Direito Tributário sobre o Direito Civil, momento em que uma forma jurídica ou estrutura contratual tributariamente a mais favorável possível é a escolhida. (Tipke, 2008, p. 52)

Assim, o modelo de tributação da renda, considerando-se conjuntamente o tratamento dispensado aos lucros e dividendos, irá influenciar na tomada de decisões tanto das sociedades quanto das pessoas físicas que as compõem. Questões relativas a meios de financiamento, a retenção ou a distribuição de resultados positivos e mesmo a forma de organização societária serão afetadas pelo modelo tributário eleito. Influência esta que inevitavelmente apresentará consequências positivas e negativas simultaneamente. Como explica Fritz Neumark:

> Es obvio que las medidas fiscales dirigistas crean siempre y simultáneamente ventajas y perjuicios; esta doble consecuencia siempre la producen estas medidas, aunque à primera vista parezca que solamente se dan las primeras o los segundos. Según sean las formas que se escojan, las relaciones entre los distintos sectores son francamente complejas e einextricables (Neumark, 1994, p. 245).

Passadas mais de duas décadas desde a edição da Lei nº 9.249/1995, tornaram-se perceptíveis as consequências de se isentar do IRPF a distribuição de lucros e dividendos. Como visto, há uma grande regressividade causada sobretudo pela composição da carga tributária que privilegia a tributação sobre o consumo em detrimento da incidência sobre os rendimentos individuais. Situação que é agravada na medida em que os beneficiários da isenção em tela são sócios e proprietários que pertencem às classes economicamente mais ricas, como demonstra a pesquisa realizada por Sérgio Wulff Gobetti e Rodrigo Octávio Orair (2016).

2.3.2.1. Pejotização das atividades econômicas

Em termos de indução de comportamento nos contribuintes, o sistema atualmente vigente no Brasil (modelo integrado implementado pelo método da isenção total no âmbito individual) revela como principal conduta estimulada por tal desoneração a chamada pejotização das atividades econômicas. Trata-se de uma forma organização das atividades por meio da celebração de contratos que, ao menos formalmente, indiquem para a existência de uma relação civil ou comercial entre duas pessoas jurídicas e não uma relação de emprego entre sociedade e pessoa física (Delgado, 2011). Deste modo há uma transfiguração dos rendimentos do trabalho em renda do capital de modo a buscar um tratamento tributário menos oneroso.

Este modo de estruturação das atividades é utilizado tanto por profissionais que seriam contratados como empregados formais quanto por profissionais liberais. Na primeira situação, as sociedades deixam de admitir pessoal mediante contratos de trabalho e vínculo empregatício convencionais e passam a celebrar contratos de prestação de serviços com outras pessoas jurídicas. Estas são constituídas pelas pessoas físicas que seriam contratadas pelas formas convencionais de contratação de mão-de-obra. No segundo cenário, profissionais liberais organizam-se sob a estrutura de pessoa jurídica, na maior parte das vezes utilizando figuras empresariais individuais.

Estas estruturas societárias apresentam similaridades em ambos os casos acima mencionados. Via de regra, não possuem outros funcionários, mas apenas a pessoa de seu titular ou sócio. Na prática, são utilizadas como veículos para formalizar a contratação e receber os pagamentos em referência aos serviços que seriam executados diretamente pelo profissional que as constituiu. Os valores são, então, submetidos à tributação na pessoa jurídica quase sempre optante do regime do lucro presumido e, posteriormente, os resultados positivos são distribuídos ao sócio ou titular sob a forma de dividendos isentos de IRPF.

Nos últimos anos a pejotização vem sendo verificada cada vez com mais frequência como forma de redução de custos tributários, tanto da empresa contratante quanto do prestador de serviços contratado. De fato, houve uma grande migração de profissionais prestadores de serviços para pessoas jurídicas, não apenas referentes a pessoal que seria contratado por outras sociedades, como também de profissionais liberais. É o caso, por exemplo, de advogados, médicos, contabilistas e jornalistas, entre outros, que passaram a exercer suas atividades por meio de figuras societárias e, logo, a ficar sob a incidência da tributação da pessoa jurídica (Castro, 2014).

Isso ocorre principalmente porque, mesmo considerando-se todos os custos tributários e não tributários necessários para formalização de uma pessoa jurídica, a carga geralmente fica abaixo daquela a que o profissional estaria submetido como pessoa física (Gobetti, 2018). Esta situação se fortalece pela isenção dos lucros e dividendos, já que os resultados positivos auferidos pela sociedade prestadora de serviço são transferidos para o sócio / profissional sem incidência de IRPF.[67]

Para melhor visualização desta vantagem tributária, recorre-se ao gráfico abaixo. Nele é demonstrada, em termos quantitativos, a diferença existente entre a contratação de prestador de serviço mediante uma relação típica de emprego, considerando a incidência sobre a pessoa física, e a contratação dos mesmos serviços por intermédio de uma pessoa jurídica tributada com base no regime do lucro presumido:

[67] Registra-se que também a redução de encargos e flexibilização das regras trabalhistas é outro fator que favorece a utilização dessa forma de contratação de pessoal para prestação de serviço.

Gráfico 3 – Simulação de carga tributária diante da pejotização

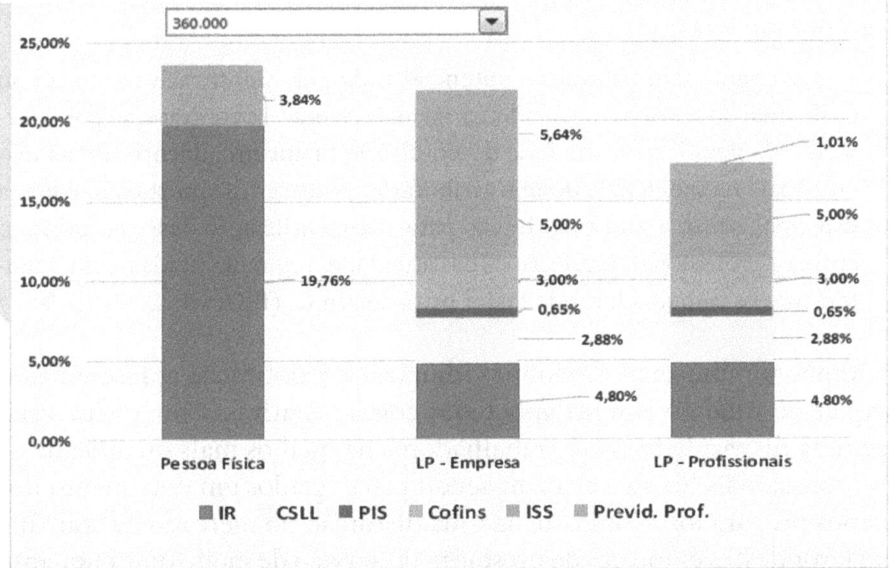

Descrição	TOTAL	IRPF/IRPJ	CSLL	PIS	Cofins	ISS	Previd.
Pessoa Física	23,60%	19,76%	0,00%	0,00%	0,00%	0,00%	3,84%
LP - Empresa	21,97%	4,80%	2,88%	0,65%	3,00%	5,00%	5,64%
LP - Profisionais	17,34%	4,80%	2,88%	0,65%	3,00%	5,00%	1,01%

Fonte: BRASIL, 2016a, p. 7

No gráfico foi simulada a carga tributária incidente sobre uma renda anual de R$ 360.000,00. A primeira coluna indica a tributação exigida da pessoa física; a segunda referente a uma pessoa jurídica efetivamente prestadora de serviços que conta com seus próprios empregados e instalações tributada com base no lucro presumido; e a terceira coluna representa a pejotização, ou seja, uma pessoa jurídica constituída para substituir o profissional pessoa física na relação contratual, a qual também opta pelo lucro presumido (LP-Profissionais).

A pessoa física arca com a maior carga tributária global, correspondente a cerca de 23% da renda auferida. Já a pessoa jurídica prestadora de serviços sofre uma incidência ligeiramente menor, em torno de 21%. Enquanto que a pejotização representa uma significativa redução de carga, sendo tributado pouco mais de 17% da renda total. Inegavelmente é uma vantagem fiscal que estimula a adoção deste comportamento de constituição de pessoas jurídicas para o desempenho de atividades econômicas que, antes, seriam desenvolvidas diretamente pela pessoa física. Neste sentido, conclui o estudo elaborado pela Receita Federal de onde se extraiu o gráfico em tela que:

> Essa vantagem tributária, potencializada pela significativa redução no custo final do serviço contratado, torna mais favorável a contratação por intermédio da pessoa jurídica. Esse desequilíbrio financeiro, decorrente da discrepância na incidência do ônus tributário, pode ser diagnosticado como a principal, senão a única motivação para a larga utilização desse mecanismo entre os profissionais intelectuais das atividades regulamentadas, coincidentemente os trabalhadores de maior nível de renda. (BRASIL, 2016a, p. 9)

Embora represente economia tributária, a pejotização apresenta consequências que podem ser apontadas como negativas. Com efeito, cria-se uma disparidade entre trabalhadores na qual os mais qualificados e os profissionais liberais acabam sendo privilegiados em detrimento dos menos preparados. Com isto, há uma distorção no mercado de trabalho em favor destas empresas de prestação de serviço de modo que, enquanto trabalhadores mais qualificados auferem maiores vantagens tributárias, os menos qualificados arcam com a carga tributária em sua totalidade (Tavares, R. J. S., 2020).

Outrossim, a vantagem tributária alcançada por este fenômeno acaba incentivando os profissionais a assumir os riscos da atividade empresarial para reduzir a carga suportada. Logo, passam a atuar como empresários, sócios ou fornecedores autônomos quando essencialmente prestam serviços pessoais através de pessoas jurídicas sob a supervisão e controle de “sócios majoritários ou clientes com maior capital empregado” (Tavares, R. J. S., 2020, p. 52).

Além dos pontos já vistos nos tópicos anteriores, a presente questão acerca da indução de um comportamento de pejotização também é utilizada para sustentar a necessidade de uma reforma tributária. Argumenta-se que a mudança para o modelo clássico com a incidência do imposto sobre a renda sobre os lucros e dividendos desestimularia esta prática. O motivo seria o fato de que os resultados positivos auferidos pela pessoa jurídica constituída para substituir o profissional sofreria nova incidência quando transferido para a pessoa física.

Ocorre que, ainda que a técnica da isenção total dos lucros e dividendos no âmbito das pessoas físicas receba diversas críticas e cause problemas no sistema, não se pode negar que o modelo clássico de tributação também pode induzir comportamos indesejados. De fato, um sistema em que há a incidência do IR tanto na pessoa jurídica que produz o resultado positivo, quanto na pessoa física que aufere os lucros e dividendos decorrentes da distribuição deste resultado, implicará em distorções na forma como as atividades econômicas são organizadas (Cooper; Gordon, 1998).

Como exemplo de pontos reprováveis deste sistema, pode-se apontar a sua tendência a induzir a retenção dos resultados positivos pela sociedade que os produziu. Haverá uma nítida interferência externa na política de pagamentos de lucros e dividendos, alterando a alocação de recursos na economia. E, em consequência, a retenção de lucros ainda estimula a alienação das participações societárias (Derzi; Fonseca, 2020). Aliás, a legislação brasileira no caso de sociedades por ações estabeleceu diversos mecanismos para evitar a retenção de lucros (Polizelli, 2018), comportamento que seria estimulado pelo modelo clássico.

De toda forma, mesmo que se institua um modelo clássico de tributação, poderiam ser criadas ferramentas para ilidir essa consequência da retenção de resultados positivos. Por exemplo, a legislação pode autorizar o resgate ou compra de ações por meio da utilização dos resultados que seriam distribuídos. Assim, tem-se de certa forma uma distribuição deste resultado aos sócios, mas não sob a forma de dividendos (Cooper; Gordon, 1998).

Também é apontado com relação ao modelo clássico que ele teria o potencial de beneficiar investidores estrangeiros, principalmente se a incidência do IRPF não se der de forma retida na fonte[68] (Polizelli, 2018). Deste modo, estes investidores poderiam acabar ficando livres de imposto sobre a renda no âmbito individual dependendo da existência de Tratados Internacionais para evitar a dupla tributação e da forma como o seu ordenamento pátrio prevê a tributação de rendimentos auferidos no exterior. Haveria, assim, uma situação de desequilíbrio entre investidores residentes e não residentes no Brasil, bem como um estímulo ao aporte de capital especulativo estrangeiro.

[68] Registra-se que o PL nº 2.337/2021, analisado no capítulo seguinte, prevê justamente a incidência do IR a uma alíquota de 20% sob a forma de retenção na fonte para contribuintes residentes ou não no país. E, ainda, no caso de o beneficiário dos lucros ou dividendos residir em país com tributação favorecida, a alíquota passa a ser de 30%. Contudo, nada impede que um sistema eleja o modelo clássico e não preveja a forma de retenção na fonte para incidência do IRPF.

2.3.2.2. Financiamento das atividades empresariais

Outra consequência estimulada pela tributação dos lucros e dividendos diz respeito à forma de financiamento das atividades empresariais. Como a distribuição de resultados positivos, além de tributada na pessoa física, não é dedutível na pessoa jurídica é mais vantajoso para a sociedade a obtenção de empréstimos bancários, pois os juros pagos são dedutíveis na apuração do IRPJ como despesa operacional, conforme prevê o artigo 17 do Decreto-Lei nº 1.598/1977.

Em outras palavras, trata-se de um estímulo ao financiamento por meio de empréstimos (*debt*) em referência àquele obtido no mercado acionário (*equity*), induzindo as sociedades a preferirem a primeira alternativa por ser mais vantajosa do ponto de vista tributário (Botelho, 2020, p. 335). Assim, "estimula-se a presença de um ambiente em que o financiamento da atividade empresarial se torna mais benéfico sob a forma de dívida do que sob a forma de capital próprio" (Derzi; Fonseca, 2020, p. 43).

Dessa forma, aumenta-se o custo de captação de recursos pelas pessoas jurídicas. E, ainda, eleva-se o grau de risco da atividade empresarial em razão do endividamento bancário (Cooper; Gordon, 1998). Isto porque as pessoas jurídicas estarão contraindo dívidas para o financiamento de suas atividades com terceiros e não com seus sócios que, naturalmente, têm interesse em manter as atividades em funcionamento mesmo diante de uma eventual inadimplência.

Acerca desta questão do incentivo ao financiamento com os próprios sócios ou com o sistema bancário, junto a isenção dos lucros e dividendos, o Brasil criou uma ferramenta que visava incentivar a obtenção de recursos pelas sociedades junto aos sócios. Trata-se da figura dos juros sobre capital próprio (JCP) instituída pela Lei nº 9.249/1995. Por meio desta ferramenta, o sócio realiza aportes de capital na pessoa jurídica e, em contraprestação, recebe montantes calculados a partir da aplicação da taxa de juros de longo prazo (TJLP) sobre o valor aportado.

Ainda que a parcela do resultado positivo distribuída sob a forma de JCP seja tributada pelo IRPF, uma vez que não se confunde com a figura dos dividendos, ainda assim há um estímulo para a sociedade se financiar através desta ferramenta. Isto porque os valores pagos a tal título são dedutíveis no momento da apuração do lucro real, não integrando a base de cálculo do IRPJ e da CSLL (Gobetti, 2018).

Nesse sentido, Graeme S. Cooper e Richard K. Gordon (1998) destacam a importância da adoção de instrumentos financeiros que permitam aos contribuintes realizarem investimentos nas sociedades das quais participam. O que pode ser feito a partir da consideração legal destes investimentos como uma forma de dívida em relação à pessoa jurídica, de modo a permitir que o retorno sobre o investimento reduza a base tributária corporativa.

Ademais, como consequência do modelo clássico de tributação da renda, há a questão da fuga de capital. Tendo em vista que, em comparação com o fator de produção trabalho, o capital é muito mais móvel, o investimento internacional pode facilmente ser influenciado por fatores relacionados à carga tributária do país. Assim, uma eventual sobrecarga tributária principalmente sobre o capital e a poupança poderão acarretar tanto na saída do investimento estrangeiro já realizado, quanto no desestímulo a novos investimentos (Tavares, R. J. S., 2020).

Em suma, verifica-se que tanto a isenção atualmente adotada pelo Brasil quanto o modelo clássico de tributação da renda, como pretende o PL nº 2.337/2021, exercem influências sobre o comportamento dos contribuintes, inclusive no que tange à forma de organização dos seus negócios, com repercussões difíceis de avaliar. Ademais, é comum que medidas tributárias sejam adotadas por pressão de grupos organizados que acabam interferindo nas políticas públicas do país.

Portanto, para fins de elaboração de uma reforma tributária, além de todas as questões já analisadas atinentes à dupla tributação e isonomia, devem ser consideradas também as repercussões no comportamento dos agentes econômicos que o (novo) modelo tributário irá desencadear. A neutralidade, além de exigir que a interferência estatal e tributária se dê de forma justificada, como visto no tópico anterior, também precisa conduzir a um sistema coerente e consistente para todas as intervenções do Estado.

2.4. A segurança jurídica na transição ENTRE modelos tributários

Além dos pontos acima analisados, pertinentes à dupla tributação (jurídica e econômica), isonomia e neutralidade fiscal, uma mudança de modelo do imposto de renda também precisa considerar questões referentes ao tema da segurança jurídica. Sem o objetivo de exaurir este assunto, o que demandaria um estudo próprio dada sua importância e complexidade, o presente tópico busca analisar o princípio de segurança jurídica em relação a uma reforma de modelo de tributação, destacando sobretudo a necessidade de respeito à irretroatividade e à garantia de calculabilidade e previsibilidade do ordenamento, bem como de regras que permitam uma transição suave.

2.4.1. A segurança jurídica e a calculabilidade do ordenamento

A segurança jurídica se caracteriza como "uma das mais expressivas limitações implícitas ao poder de tributar" (Velloso, 2012, p. 211), derivando, "fundamentalmente, da cláusula do Estado de Direito (artigo 1º, caput, da CF), porquanto lhe é basilar desde a sua origem" (Velloso, 2012, p. 212). Trata-se de elemento que, de tamanha importância, determina a existência ou não de um verdadeiro sistema jurídico, pois este implica de forma inafastável a necessidade de que haja segurança nas relações jurídicas tuteladas (Ávila, 2019).

Enquanto norma jurídica, positivada em diversas disposições da Constituição de 1988, sua construção decorre do sobreprincípio do Estado de Direito e se consolida em normas que promovem sua ideia central. Esta que é sempre relacionada a uma garantia de previsibilidade e de proteção de expectativas legitimamente construídas, de forma a impedir que cidadãos tenham direitos resguardados em razão do exercício do poder pelo Estado (Tagliari, 2021).

2.4.1.1. Natureza normativa

Considerando a forma como a segurança jurídica está positivada em nosso ordenamento, sobretudo na Constituição, caracteriza-se como norma jurídica do tipo princípio (Tagliari, 2021). Humberto Ávila (2005) bem esclarece a natureza jurídica de princípio, uma vez que se apresenta como norma imediatamente finalística e que demanda uma avaliação de correlação entre o estado de coisas a ser promovido e os efeitos decorrentes da conduta havida como necessária à sua promoção. Não se trata, pois, de norma que carrega uma previsão de causa e efeito (hipótese e consequência), o que seria típico das regras jurídicas.

Poder-se-ia até mesmo defender a classificação da segurança jurídica como sobreprincípio, haja vista que se manifesta por meio de diversos outros princípios, tais como a certeza jurídica, a irretroatividade e a proteção da confiança (Velloso, 2012). De toda forma, adotamos no presente estudo sua classificação como norma do tipo princípio. Nesse sentido, Paulo de Barros Carvalho (2018) conceitua a segurança jurídica como o princípio que se destina a assegurar e prover segurança e certeza quanto ao direito positivo aplicável a todas as situações, de modo a permitir que as pessoas orientem suas condutas em acordo com os efeitos jurídicos estabelecidos e previamente conhecidos.

Leandro Paulsen (2020) faz importante observação ao lecionar que a segurança jurídica também engloba outros conteúdos, além do da certeza do direito positivo, quais sejam: a proteção ao direito adquirido e ao ato jurídico perfeito; a estabilidade das situações jurídicas, inclusive pela verificação de decadência ou prescrição; a cláusula geral da boa-fé; e os direitos à ampla defesa e ao acesso ao judiciário. Pertinente, assim, que se aprofunde uma pouco mais as diferentes acepções que este princípio constitucional pode assumir.

2.4.1.2. Acepções da segurança jurídica

A respeito de englobar conteúdos diversos, Rafael da Cás Maffini (2005) explica que uma melhor compreensão do princípio da segurança jurídica demanda uma sistematização em três proposições que nos indicarão, cada uma delas, uma acepção distinta e complementar do aludido princípio. Em uma acepção, o princípio da segurança jurídica diz respeito à acessibilidade, no sentido de que o cidadão deve ter condições de conhecer as ações estatais. Humberto Ávila (2019) afirma que se trata de uma perspectiva da segurança jurídica no presente, enquanto forma de cognoscibilidade do Direito, que deve ser compreensível e ostentar um mínimo de clareza e determinação, pois a obediência à norma demanda o seu conhecimento.

Em outra acepção, a segurança jurídica refere-se à estabilidade das situações e das relações jurídicas vigentes entre particular e Poder Público (Maffini, 2005). Humberto Ávila (2019) fala em uma perspectiva de segurança jurídica numa dimensão de transição do passado para o presente, devendo o Direito ser estável de modo a manter as consequências geradas no passado.

Esta acepção relaciona-se com outro princípio, o da irretroatividade nas normas jurídicas (que será objeto de análise mais detida no próximo tópico deste trabalho). A retroação das normas jurídica irá comprometer a confiança dos cidadãos na continuidade do ordenamento e, logo, violará a segurança jurídica. Irá, ainda, afetar a própria liberdade jurídica do cidadão, "na medida em que o exercício da liberdade de decisão relativamente ao curso da ação a ser adotado depende da estabilidade do sistema normativo" (Leão; Petrechen, 2020, n.p.). Assim, a segurança jurídica em conjunto a irretroatividade visa promover um estado ideal de coisas em que há confiança por parte do cidadão nas ações do Estado.

Por fim, outra acepção da segurança jurídica se relaciona com a ideia de previsibilidade das medidas e comportamentos do Poder Público. Exige, assim, que os destinatários das ações estatais tenham condições de conhecê-las mesmo antes de sua concretização (MAFFINI, 2005). Para Humberto Ávila (2019) trata-se da dimensão de transição do Direito do presente para o futuro, devendo as normas serem minimamente calculáveis, previsíveis.

Sobre esta terceira acepção, Almiro do Couto e Silva (2015) destaca que o princípio em tela se ramifica em duas partes: uma objetiva, que envolve os limites à retroatividade dos atos do Poder Público; e outra subjetiva, relativa à proteção da confiança dos cidadãos face aos atos da Administração. O período de transição referido como necessário para mudanças profundas no sistema tributário e que será melhor analisado em tópico próprio do presente estudo, portanto, relaciona-se com esta acepção atinente à proteção da confiança, uma vez que permite que, no caso, os contribuintes possam antever as consequências da mudança do modelo de tributação.

Trata-se de aplicação do sobreprincípio da segurança jurídica de modo a demandar que haja um estado de calculabilidade do ordenamento, com a criação de um cenário que permita uma razoável capacidade de o contribuinte antecipar as possíveis alterações no cenário jurídico-normativo (TAGLIARI, 2021). Assim, a instituição de um período de transição permite que o contribuinte não seja bruscamente surpreendido pela mudança do sistema ou de modelo, mas sim que se prepare e se adapte a ela. Por este motivo que a mudança deve ocorrer de forma gradual e suave (ÁVILA, H., 2019; TAGLIARI, 2021).

É necessário que se permita ao cidadão (ou especificamente ao contribuinte) garantir que o Direito seja aplicado de forma compreensível inclusive quanto as consequências jurídicas decorrentes de sua aplicação (TAGLIARI, 2021). E essa garantia estende-se inclusive para alterações no modelo de tributação, por exemplo. Justamente por isso que se diz que a segurança jurídica apresenta uma acepção de proteção da confiança ou uma dimensão de transição entre presente e futuro.

A noção de segurança jurídica precisa ultrapassar a ideia de geral de certeza do conteúdo das noras jurídicas, em sua dimensão de cognoscibilidade do Direito. É preciso que se entenda tal princípio, também, como uma garantia de confiabilidade de que as alterações no ordenamento se darão com respeito às situações consolidadas e de forma calculável, minimamente previsível, permitindo uma razoável e sólida capacidade de antecipação às possíveis alterações de cenário jurídico-normativo (Tagliari, 2021). Quer dizer:

> Segurança jurídica, portanto, passa a significar a capacidade do cidadão de confiar no Direito e na estabilidade das consequências jurídico-normativas que foram a ele aplicadas em decorrência de atos ou fatos passados, bem como de calcular com razoável precisão, no presente, quais poderão ser as futuras consequências jurídico-normativas de suas condutas no presente, tudo isso por meio da razoável capacidade de compreender os possíveis significados jurídico-normativos que podem ser atribuídos às disposições aplicáveis. (Tagliari, 2021, p. 408)

Importante frisar que não se trata de uma garantia de imutabilidade do Direito posto, ou mesmo certeza absoluta quanto ao conteúdo normativo que será a partir dele definido ou das modificações que serão introduzidas no ordenamento. O que a segurança jurídica exige, enquanto princípio constitucionalmente estabelecido, é que se busque, na máxima intensidade possível, permitir a calculabilidade do ordenamento a fim de que o cidadão (contribuinte) possa antecipar as possíveis alterações no cenário jurídico-normativo (Ávila, 2019).

Desse modo, a segurança jurídica não confere nenhum tipo de direito à imutabilidade do sistema, mas sim garante que seja possível a máxima previsibilidade possível das normas que serão aplicadas. Em outras palavras, significa que o cidadão deve ter a capacidade de "calculabilidade, sendo entendida como a possibilidade de que o indivíduo possa mensurar as consequências jurídicas dos seus atos" (Leão; Petrechen, 2020).

2.4.2. A garantia de irretroatividade da norma instituidora ou majoradora de tributos

Uma norma será retroativa quando atuar sobre fatos passados, produzindo efeitos sobre situações já realizadas. Trata-se de situação oposta a das normas que atuam sobre condutas a serem praticadas após a sua edição, denominadas de prospectivas (Leão; Petrechen, 2020). O ordenamento jurídico veda esta primeira hipótese, de retroação das normas de forma atingir fatos já praticados.

Com efeito, a irretroatividade tem previsão na Constituição de 1988 de forma ampla em seu artigo 5º, inciso XXXVI, e de maneira específica em relação ao sistema tributário no artigo 150, inciso III, "a". Resta vedada a retroatividade da lei de forma geral, em prejuízo ao direito adquirido, ao ato jurídico perfeito e à coisa julgada, bem como de forma a preservar o *status subjectionais* e o *status libertatis* dos contribuintes (Velloso, 2012).

Em relação ao Direito Tributário, o conteúdo normativo de tal norma impõe uma proibição de que fatos geradores ocorridos antes da vigência da lei que houver instituído ou aumentado determinado tributo sejam atingidos pela novel legislação (Difini, 2008). Portanto, a norma jurídica tributária nova, como regra geral[69], irá sempre projetar seus efeitos para o futuro (Amaro, 2021).

2.4.2.1. Natureza normativa

A irretroatividade pode ser compreendida tanto como norma jurídica do tipo regra quanto princípio. Enquanto regra, descreve uma conduta a ser observada pelo Estado de modo a preservar direitos e condicionar a eficácia dos atos estatais novos a fim de que estes não prejudiquem atos jurídicos perfeitos, direitos adquiridos e a coisa julgada, bem como que não atinjam fatos já ocorridos (Leão; Petrechen, 2020).

Especificamente ao Direito Tributário, a irretroatividade irá atuar como regra que impede a tributação em relação a fatos geradores ocorridos antes da publicação da lei que instituiu ou majorou o tributo (Ribeiro, 2008). É o que se extrai da redação do mencionado artigo 150, inciso III, "a", da Constituição de 1988.

Por outro lado, enquanto princípio jurídico "prescreve a não alteração gravosa de consequências jurídicas conectadas aos atos de disposição da liberdade e da propriedade praticados no passado" (Leão; Petrechen, 2020, n.p.). Assim, a irretroatividade veda que as consequências jurídicas originalmente conectadas a fatos já praticados sejam alteradas por novos atos estatais, impondo ao Estado que, no exercício de sua competência

[69] Como exceções à irretroatividade, pode-se mencionar as hipóteses descritas no artigo 106 do CTN: "A lei aplica-se a ato ou fato pretérito: I – em qualquer caso, quando seja expressamente interpretativa, excluída a aplicação de penalidade à infração dos dispositivos interpretados; II – tratando-se de ato não definitivamente julgado: a) quando deixe de defini-lo como infração; b) quando deixe de tratá-lo como contrário a qualquer exigência de ação ou omissão, desde que não tenha sido fraudulento e não tenha implicado em falta de pagamento de tributo; c) quando lhe comine penalidade menos severa que a prevista na lei vigente ao tempo da sua prática." (BRASIL, 1966).

normativa, busque um ideal de previsibilidade, estabilidade e lealdade em relação à confiança dos cidadãos (Ribeiro, 2008).

2.4.2.2. Irretroatividade e segurança jurídica

Humberto Ávila (2012) destaca que a vedação de retroatividade da norma tributária deve ser interpretada em conformidade com o sobreprincípio da segurança jurídica, que lhe é axiologicamente sobrejacente. Nesta senda, a proibição de o Poder Público tributar fatos já ocorridos se relaciona com as dimensões de determinabilidade e confiabilidade inerentes à segurança jurídica e ao próprio Estado de Direito.

No mesmo sentido, Hugo de Brito Machado também afirma que a irretroatividade das leis é uma forma de preservar a segurança jurídica, pois, "o juízo do que é certo e do que é errado perante o Direito há de ser feito com base em leis vigentes na data do ato avaliado" (2009a, p. 227). E, igualmente, Andrei Pitten Velloso (2012) salienta que esta importante projeção da segurança jurídica vem sendo consagrada em nossos textos constitucionais desde a primeira Carta brasileira, de 1824.

De fato, a irretroatividade representa a capacidade de permitir ao cidadão a mensuração dos efeitos jurídicos de seus atos a partir do conhecimento prévio das normas que os regulam e da certeza de que novas normas não irão retroagir e modificar as consequências deles decorrentes. Revela-se, assim, estreita relação entre irretroatividade e segurança jurídica, a qual apresenta importância particular no âmbito do Direito Tributário, pois o contribuinte deve "orientar-se com base na norma vigente a cada momento, pelo que o conhecimento e a certeza acerca do direito vigente, bem como a previsibilidade sobre a relativa permanência frente às mudanças sucessivas, constituem um elemento imprescindível à tributação" (Ribeiro, 2008, n.p.).

A retroatividade da norma jurídica nova de modo a atingir fatos e situações pretéritas acarreta a quebra da confiança normativa quanto aos atos passados. Como consequência, gera desconfiança jurídica quanto à calculabilidade de consequências futuras e, ainda, leva o cidadão a desconfiar da idoneidade do ordenamento jurídico para realmente produzir os efeitos que ele projeta para o futuro, o que viola claramente a segurança jurídical (Ávila, 2019).

A irretroatividade, portanto, refere-se ao princípio da segurança jurídica, garantindo a certeza e a estabilidade do sistema. Da mesma forma, apresenta também forte relação com o princípio da legalidade, revelada inclusive por sua própria exigência de lei prévia para a instituição ou majoração de tributos. Verifica-se nesse sentido não apenas a exigência de previsibilidade, mas também a reserva da lei ou ao menos a primazia desta no que tange à matéria tributária (Cretion, 1995).

2.4.2.3. Formas de retroação das normas jurídicas

O Supremo Tribunal Federal (STF), no julgamento da Ação Direta de Inconstitucionalidade (ADI) nº 493 (BRASIL, 1992), adotou uma classificação tripartida das formas de retroatividade. De acordo com essa classificação, a retroação da norma será máxima quando alcançar fatos jurídicos consumados ou a coisa julgada. Será média quando atingir os efeitos pendentes de ato jurídico anteriormente verificado e será mínima nos casos em que repercutir sobre efeitos de fatos verificados anteriormente. Entretanto, mesmo a denominada retroatividade mínima é rechaçada pelo STF (BRASIL, 1988b; BRASIL, 2006b) e pela doutrina (Velloso, 2012)

Outra classificação verificada na doutrina para a retroatividade da norma jurídica diz respeito às chamadas formas própria (ou autêntica) e imprópria (inautêntica ou retrospectiva) de sua ocorrência. Quando a lei nova alcançar fatos ocorridos ou relações jurídicas anteriores a sua vigência, se estará diante de caso de retroatividade própria. Já a imprópria se verificará quando a lei nova atingir fatos ainda não completamente encerrados, ou em outras palavras, "um presente ainda não concluído" (Velloso, 2012, p. 254).

Acerca da chamada retroatividade imprópria verifica-se certa divergência a respeito de sua possibilidade dentro do nosso ordenamento. Para melhor compreensão de como ocorre essa forma de retroação da norma e a divergência existente em torno dela, é preciso ter em mente o que são os chamados tributos de período ou hipóteses de incidência complexivas. Nestes, a incidência e constituição da obrigação tributária ocorre ao término de um determinado período e abrange todos os fatos verificados dentre de um certo lapso temporal (Velloso, 2012).

O imposto sobre a renda, seja das pessoas físicas ou jurídicas, é um caso típico de tributo com hipótese de incidência complexiva. No caso do IRPF, por exemplo, a incidência da norma tributária impositiva incide no último momento do ano civil (ano-base) e abrange todos os fatos verificados ao longo do ano (Oliveira, R. M. de, 2020)[70]. Consequentemente, uma lei publicada em 31 de dezembro é anterior à incidência do imposto, mas posterior à quase totalidade dos fatos econômicos tributados. Desta forma, sua aplicação no mesmo ano em que publicada acabaria por caracterizar retroatividade imprópria, pois a lei nova estará atingindo fatos ainda não completamente encerrados (Velloso, 2012).

Esta forma de retroatividade já foi admitida inclusive pelo Supremo Tribunal Federal, conforme se verifica do enunciado nº 584 de sua Súmula[71]. Tal posição foi adotada com base na premissa de que, para verificar uma possível ocorrência de retroatividade, deve-se considerar apenas o momento em que a norma incide, e não os fatos ocorridos anteriormente. Assim, considerando que a norma tributária que dispõe acerca do imposto sobre a renda somente incide ao término do ano-base, não haveria retroatividade a ser afastada.

Luciano Amaro (2021) registra que, com base em tal verbete da Súmula do STF, havia a possibilidade de se sustentar que a lei a incidir para determinar a tributação da renda auferida em um ano específico deveria ser aquela em vigor ao final desse ano. Não haveria, nesse caso, retroação da norma porque sua vigência precederia o término do período de apuração e, assim, à ocorrência do fato gerador. Ou até mesmo poderia se falar em um tipo de retroação, mas seria então uma espécie de retroação falsa ou de pseudoretroatividade.

No entanto, o enunciado nº 584 sempre foi alvo de críticas por grande parcela da doutrina. As principais diziam respeito ao fato de que o princípio da irretroatividade exige lei anterior não apenas ao fato gerador, mas sim ao período de formação deste. Assim, "a lei há de preceder o ano em que ocorram os fatos (sobre que incida o tributo) e não apenas o exercício de pagamento do tributo" (Amaro, 2021, p. 63). Andrei Pitten Velloso é didático a respeito da questão da impossibilidade de uma lei editada ao

[70] Segundo a lição de Ricardo Mariz de Oliveira (2020), o fato gerador do IRPF ocorre em 31 de dezembro de cada ano, embora possam ter havido recolhidos mensais antecipados nos casos previstos em lei como sujeito a tal forma de antecipação. De forma semelhante, para as pessoas jurídicas o imposto incide no último dia de encerramento de cada trimestre ou ano-calendário, a depender se o período-base fiscal é trimestral ou anual.

[71] "Ao imposto de renda calculado sobre os rendimentos do ano-base, aplica-se a lei vigente no exercício financeiro em que deve ser apresentada a declaração." (BRASIL, 1977).

final do período atingir fatos ocorridos ou que estejam ainda ocorrendo durante este mesmo período:

> É certo que a regra-matriz do Imposto de Renda somente incide no fim do ano-base; porém, é equivocado afirmar que todos os fatos sujeitos à tributação são irrelevantes. Os fatos parciais que integram o fato imponível ocorrem em determinados períodos no tempo. Nos impostos com hipóteses "complexivas", a hipótese de incidência perfectibiliza-se no término do período, mas o leva em consideração de forma integral. Antes do término do período, ainda não havia fato gerador consumado e tampouco a norma havia incidido, mas já tinha sido iniciado o seu ciclo de formação, com a ocorrência dos fatos econômicos sujeitos à tributação. E os fatos ocorridos no ciclo de formação integram o processo formativo do fato imponível, sendo regulados pela legislação tributária; consequentemente, são juridicamente relevantes, mesmo antes de concluído o ciclo. Assim, a lei somente incide no final do ciclo de formação, mas incide sobre todos os fatos que o integram. (Velloso, 2012, p. 257)

O fato é que o enunciado nº 584 foi editado sob a égide de um regime constitucional e à luz de um ordenamento jurídico diverso do presente. Tal enunciado, anterior inclusive ao próprio Código Tributário Nacional, remonta à época em que o resultado apurado no ano-calendário representava a base de cálculo a ser utilizada para o cálculo do imposto devido no exercício seguinte. Assim, vigia o denominado sistema *praenumerando*, bem diferente do atual regime de bases correntes, ou *postnumerando* (Schoueri; Barbosa, 2021).

No contexto legislativo e constitucional atual, pode-se afirmar que o enunciado em questão viola o princípio da irretroatividade. A pretensão de aplicação de uma norma editada ao final do período de apuração para todos os fatos ocorridos ao longo deste período caracteriza retroação da norma, ainda que em grau mínimo ou de forma imprópria. Trata-se de pretensão tão ilegítima "quanto a alteração das regras de uma partida de futebol no final do jogo, para valerem durante toda a partida" (Velloso, 2012, p. 257). Tanto é assim que no julgamento do Recurso Extraordinário nº 159.180/MG, em 22/06/2020, o STF cancelou a enunciado nº 584 de sua Súmula por superação de entendimento (BRASIL, 2020c).

De fato, não se pode admitir que a determinação da norma incidente leve em consideração tão somente o momento de ocorrência do critério temporal do tributo em questão. Sobretudo quando se tratar de fatos gerados complexivos, o princípio da irretroatividade exige que a lei seja prévia ao início do período. No direito comparado podemos encontrar inclusive disposições expressas nesse sentido, como em Portugal, em que a Lei Geral Tributária de 1999 (art. 12º.2) estabelece que, se o fato for de formação sucessiva, a lei nova só se aplica ao período decorrido a partir da sua entrada em vigor. Da mesma forma, o Direito italiano traz no *Statuto del contribuente* de 2000 a expressa proibição da retroatividade imprópria (Paulsen, 2014).

Dessa questão acerca da retroatividade imprópria ou retrospectiva, que como visto sempre foi rechaçada pela doutrina e agora também o é pelo STF, decorre um ponto que diz respeito mais especificamente à tributação dos lucros e dividendos. Considerando-se que as modificações legislativas decorrentes do PL nº 2.337/2021, como será especificado no capítulo seguinte, irão determinar a taxação da distribuição de resultados positivos a partir do primeiro dia do ano-calendário seguinte ao da realização destas modificações, poderia se questionar acerca do atingimento de fatos pretéritos por norma jurídica nova. Para melhor compreensão deste ponto, deve-se verificar as hipóteses em que uma nova norma jurídica poderá acabar por atingir fatos pretéritos.

2.4.2.4. Hipóteses de ligação retroativa das normas

Conforme a lição de Humberto Ávila, uma primeira situação de "ligação retroativa da hipótese de incidência" (2012, p. 204-205) seria a de leis com referência pretérita total. Em tais casos, os fatos em si ocorreram antes da vigência da nova lei, mas seus efeitos, suas consequências jurídicas, foram verificados posteriormente, pois ainda dependiam de alguma circunstância pendente[72]. Outra hipótese diz respeito à leis com referência pretérita parcial, na qual uma parte dos pressupostos de fato ocorreram antes da publicação da nova lei e a outra parte posteriormente[73].

[72] Humberto Ávila menciona como exemplo uma situação envolvendo compensação com indébitos tributários repetidos: "depois de o contribuinte possuir o direito ao crédito, mas antes que ele tenha feito a compensação na sua escrita contábil, sobrevém uma nova lei instituindo limitações ao exercício do seu direito. O Supremo Tribunal Federal entende que lei aplicável é a lei vigente na data do encontro de contas, portanto, a nova lei, mesmo que, no momento em que surgiu o direito ao crédito por compensação, inexistissem limitações legais" (2012, p. 204–205).

[73] Como exemplo, Humberto Ávila menciona "a alteração da alíquota da contribuição social sobre o lucro líquido no curso do exercício financeiro. Como parte do lucro foi auferida

Assim, a tributação dos lucros e dividendos pagos ou distribuídos em decorrência de resultados positivos auferidos pelas pessoas jurídicas antes da vigência da nova lei caracterizaria hipótese de referência pretérita total. Com efeito, os fatos de auferir renda e de obter resultados positivos pela sociedade ocorreram antes da vigência da nova lei, mas os efeitos daí decorrentes (o pagamento de lucros ou a distribuição de dividendos) terão sido verificados posteriormente. Em uma análise preliminar poderia se sustentar a inexistência de qualquer violação ao princípio da irretroatividade nestes casos, pois os fatos objeto de tributação terão sido realizados posteriormente à vigência da nova lei.

Ocorre que limitar a análise da irretroatividade a simples exigência de que a lei não atinja fatos geradores pretéritos acaba por não permitir uma correta compreensão da questão posta. Ainda que os fatos de auferir renda e produzir resultados positivos tenham ocorrido antes da edição da nova lei, não se pode desconsiderar que os fatos daí decorrentes (a distribuição de lucros ou o pagamento de dividendos) terão ocorrido somente após a edição e vigência da lei. E, o ponto crucial, estes fatos são consequências de outros fatos realizados antes da nova lei. Portanto, e como adverte Humberto Ávila (2012, p. 207), é preciso que se faça uma análise e se busque uma compreensão mais adequada do alcance do princípio da irretroatividade.

Deve-se ter em mente que a proteção contra a retroação da norma, prevista especificamente no capítulo do sistema constitucional tributário da Carta de 1988, vai além da proteção ao direito adquirido e ao ato jurídico perfeito. Tal princípio constitucional assegura o contribuinte contra exigências tributárias que levem em consideração fatos ou situações ocorridas no passado relativamente a exações novas ou majoradas no futuro. Nas palavras de Leandro Paulsen:

> A irretroatividade da lei tributária vem preservar o passado da atribuição de novos efeitos tributários, reforçando a própria garantia da legalidade, porquanto resulta na exigência de lei prévia, evidenciando-se como instrumento de otimização da segurança jurídica ao prover uma maior certeza do

antes da nova lei e parte depois dela, cumpre saber se a nova lei aplica-se ao lucro auferido no próprio exercício em que foi publicada ou deve ser aplicada apenas ao exercício seguinte. O Supremo Tribunal Federal considera essa hipótese constitucional, aceitando a aplicação da nova alíquota relativamente ao lucro auferido no próprio exercício" (2012, p. 206).

> direito. Não há, no texto constitucional, qualquer atenuação ou exceção à irretroatividade tributária. Atos já praticados, fatos ou situações já ocorridas, não podem ser considerados, por lei nova, como geradores de obrigações tributárias, tampouco como passíveis de dimensionar ônus tributário novo. A lei instituidora ou majoradora de tributos tem de ser, necessariamente, prospectiva, não se admitindo nenhum tipo de retroatividade, ainda que retrospectiva ou imprópria. (PAULSEN, 2014, p. 208)

Da mesma forma, é preciso considerar que o termo "majorado" constante no texto que positiva o princípio da irretroatividade (BRASIL, 1988a, artigo 150, III, "a") não se limita a alterações de alíquota. A vedação de retroatividade da norma impede toda mudança na forma de apuração do tributo e que resulta em uma carga tributária maior do que a anteriormente devida pelo contribuinte. Assim, desde ampliações das hipóteses de incidência e modificações na forma de apuração da base de cálculo até nova técnicas e procedimentos do Fisco poderão estar sujeitas à garantia de não retroação da norma, se implicarem em aumento de tributo (QUEIROZ, 2004).

Portanto, deve-se considerar como vedadas pelo ordenamento jurídico vigente qualquer forma de retroação da nova norma tributária. Inclusive a ligação retroativa da hipótese de incidência no caso de leis com referência pretérita total (ÁVILA, H., 2012), como é o caso das novas normas que se originarão do PL nº 2.337/2021 em caso de sua aprovação referentemente à tributação dos lucros e dividendos.

2.4.3. A transição suave entre os modelos tributários

A fim de minimizar o impacto que uma eventual reforma do sistema tributário e possível mudança no modelo de tributação dos lucros e dividendos pode causar nas operações e relações entre cidadãos é importante observar a necessidade de um período de transição. Sendo concedido um período de adaptação ao novo sistema ou modelo, os contribuintes podem se adequar à nova realidade tributária.

Esta é justamente a ideia por trás do estabelecimento de regras de transição. A instituição de um regime que permita uma suavidade na troca de disposições por vigentes por um novo regramento permite que os cidadãos possam "promover a mudança de forma orientada e sem alterações drásticas e repentinas de direitos e obrigações" (TAGLIARI, 2021, p. 415).

Quanto maiores e mais complexas forem as alterações, tanto mais abrangente deve ser o período de transição instituído. Assim, enquanto modificações simples e pontuais podem até mesmo dispensar um regime de transição, alterações mais profundas, como a mudança do modelo de tributação dos lucros e dividendos, por exemplo, irão exigir um período maior, de modo a permitir uma adequada e suave transição. Nestes casos, as regras de transição envolverão um conjunto de normas que podem instituir um verdadeiro regime de transição, abarcando um conjunto de medidas normativas a serem progressivamente adotadas para adequar as situações presentes ao novo ordenamento.

Pode-se depreender a necessidade de um período de transição da Lei de Introdução às Normas do Direito Brasileiro (Decreto-Lei nº 4.657/42). Da mesma forma, pode a necessidade de transição suave entre os sistemas ser vista como uma decorrência do princípio da segurança jurídica. Estes aspectos serão melhor analisados nos tópicos que seguem.

2.4.3.1. LINDB e período de transição

A Lei de Introdução às Normas do Direito Brasileiro (LINDB – Decreto-Lei nº 4.657/42) prevê duas importantes regras quanto à instituição de novas leis ou alterações no ordenamento vigente. A primeira refere-se a previsão de *vacatio legis* sob a forma de uma regra geral que determina a produção de efeitos de uma nova lei somente após decorridos quarenta e cinco dias de sua publicação, desde que não haja outra disposição em sentido diverso.

E a segunda, mais pertinente ao objeto do presente estudo, diz respeito justamente com o período de transição. Desde a edição da Lei nº 13.655/2018, que promoveu uma série de modificações na LINDB, a instituição de um período de transição passou a ser uma exigência legalmente estabelecida no artigo 23, que assim prevê:

> Art. 23. A decisão administrativa, controladora ou judicial que estabelecer interpretação ou orientação nova sobre norma de conteúdo indeterminado, impondo novo dever ou novo condicionamento de direito, deverá prever regime de transição quando indispensável para que o novo dever ou condicionamento de direito seja cumprido de modo proporcional, equânime e eficiente e sem prejuízo aos interesses gerais. (BRASIL, 1942)

Não se trata de defender a imutabilidade do Direito posto, como já dito, mas sim de que é preciso que se assegure um período de transição, sobretudo quando houverem mudanças profundas com potencial de impactar diretamente a forma como os contribuintes organizam e executam suas atividades. Trata-se de questão que prestigia tanto os aspectos relacionados à neutralidade, quanto à própria segurança jurídica.

Dentre os fatores que levaram a instituição desta regra jurídica, pode-se mencionar "a instabilidade dos atos jurídicos públicos, pelo risco potencial de invalidação posterior, nas várias instâncias de controle", além de "o modo autoritário como, na quase totalidade dos casos, são concebidas e editadas normas pela Administração Pública" (Sundfeld; Marques Neto, 2013, p. 278).

Ademais, verifica-se um nítido intento de explicitar o princípio da segurança jurídica por meio do dispositivo em tela. Em consonâncias com o acima exposto a respeito das acepções da segurança jurídica, verifica-se uma clara relação entre a garantia de calculabilidade do ordenamento a necessidade de um período de transição sempre que houver alguma modificação mais profunda que possa impactar de maneira mais substancial as práticas dos contribuintes.

2.4.3.2. Período de transição como decorrência da segurança jurídica

Como já sinalizado, a previsão de um período de transição quando de uma eventual mudança mais profunda no sistema tributário relaciona-se com a acepção de segurança jurídica em sua dimensão de transição entre presente e futuro e com a proteção da confiança, uma vez que permite antever as consequências da mudança do modelo de tributação.

Trata-se de aplicação do princípio da segurança jurídica de modo a demandar que haja um estado de calculabilidade do ordenamento, com a criação de um cenário que permita uma razoável capacidade de o contribuinte antecipar as possíveis alterações no cenário jurídico-normativo (Tagliari, 2021). Assim, a instituição de um período de transição permite que o contribuinte não seja bruscamente surpreendido pela mudança do sistema ou de modelo, mas sim que se prepare e se adapte a ela. Por este motivo que a mudança deve ocorrer de forma gradual e suave (Ávila, H., 2019; Tagliari, 2021).

Para que se prestigie a noção de proteção da confiança as alterações no ordenamento não podem ser realizadas de maneira drástica, pois neste caso se estará causando uma percepção de que as regras podem mudar a qualquer momento e sem nenhuma previsibilidade. Nesse sentido, convém transcrever as seguintes considerações:

> A confiabilidade se desdobra na confiabilidade por meio da permanência e na confiabilidade por meio da continuidade do ordenamento. Assim, para ser seguro, o Direito deve ser durável ao longo do tempo e as modificações normativas devem ser suaves e moderadas, pois se as leis forem frequentemente alteradas, os cidadãos terão dificuldade de identificar qual a base normativa efetivamente vigente em um determinado momento. Assim, as frequentes e drásticas alterações no quadro normativo geram uma situação de desconfiança no sentido de que as regras podem mudar a qualquer momento. Além disso, a estabilidade do ordenamento jurídico é uma das virtudes que contribui para que o Direito seja capaz de manter a sociedade organizada, isso porque há um tipo de reciprocidade entre o governo e cidadãos, pois o cidadão cumpre as regras na expectativa de que o governo mantenha o ordenamento ao longo do tempo para que seja possível o indivíduo planejar livremente sua vida.
>
> [...]
>
> Sabe-se que as pessoas precisam confiar na permanência do Direito não só para as decisões de curto prazo, mas para o planejamento de longa duração, pois, para implementar um plano de negócios, é necessário conhecer os efeitos tributários a serem suportados no exercício futuro da atividade econômica. Mais do que isso, é preciso saber se eles se manterão estáveis durante certo período.
>
> (Leão; Petrechen, 2020, n.p.)

Ao analisar questões pertinentes a irretroatividade da norma tributária, Ricardo Lodi Ribeiro (2008) fala em "princípio da não-surpresa do contribuinte". Seria este um desdobramento do princípio da segurança jurídica, conjugado com a irretroatividade e manifestado pela garantia de conhecimento da lei tributária nova que vai onerar os atos por ele praticados. Deste modo, permite-se ao contribuinte o prévio conhecimento do ambiente em que as consequências de seus atos ocorrerão, de forma que pode "optar entre praticar ou não o ato, ou praticá-lo desta ou daquela forma, ou nesta ou daquela oportunidade, assumindo as conseqüências fiscais daí decorrentes" (Ribeiro, 2008, n.p.).

Portanto, uma modificação na estrutura de tributação da renda, especialmente no que diz respeito aos lucros e dividendos e sobretudo no caso de uma eventual retomada da incidência do IRPF sobre estes, seja por previsão da LINDB, seja como decorrência do princípio da segurança jurídica, irá demandar a instituição de um período de transição. Desta forma, assegura-se o contribuinte contra uma mudança drástica no ordenamento, de modo a preservar as relações jurídicas que já tenham sido tratadas, mas cujos efeitos ainda estejam pendentes. A transição suave entre os modelos, pois, é a forma de garantir a proteção da confiança do contribuinte em face do Estado e assegurar o respeito aos princípios constitucionais que tratam do sistema tributário.

CAPÍTULO 3
UM OLHAR PARA O FUTURO: PERSPECTIVAS DE ALTERAÇÃO DO MODELO DE TRIBUTAÇÃO DA RENDA NO BRASIL

O contexto atual de nosso país, principalmente diante das exigências de maiores gastos públicos e das manifestações em prol de uma mais equânime distribuição da carga tributária, acentua os debates em torno da necessidade de uma reforma em nosso sistema tributário. Dentre as questões debatidas a isenção outorgada em 1995 em favor dos lucros e dividendos distribuídos por sociedades a seus sócios e acionistas é um dos temas que mais se destaca. Neste capítulo, pretende-se analisar o Projeto de Lei (PL) nº 2.337/2021, tido como o mais importante projeto de modificação do modelo tributária da renda, lucros e dividendos em trâmite no Congresso Nacional.

3.1. Os projetos de reforma da tributação da renda no Brasil

Analisados os problemas do atual modelo de tributação da renda adotado pelo Brasil, passa-se agora a verificar as perspectivas de reforma. Deste modo, o presente tópico inicia demonstrando como a pauta da reforma tributária se tornou uma constante frente aos problemas do atual sistema brasileiro. Posteriormente, analisam-se as disposições do Projeto de Lei (PL) nº 2.337/2021 atualmente em trâmite no Congresso Nacional e que visa a alteração do modelo de tributação da renda e dos lucros e dividendos, destacando-se os pontos que mais se relacionam ao objeto do presente estudo.

3.1.1. Reforma tributária: uma pauta constante

A partir do momento em que instituído, o sistema tributário está suscetível a críticas e resistências. Questões culturais, históricas, políticas, econômicas e comportamentais irão influenciar a forma como os contribuintes reagem à tributação que lhes é imposta pelo Estado. Como estas são questões que se alteram ao longo do tempo, natural que se exijam alterações também no sistema tributário para que este corresponda a nova realidade, ao novo contexto social, político e/ou econômico. Logo, pode-se dizer que as reformas tributárias não se apresentam "como um evento específico, mas como um processo permanente" (Maciel, 2021, p. 211).

Como visto no primeiro capítulo, a mais grave mazela da qual sofre nosso sistema tributário em relação à carga imposta aos contribuintes não diz tanto com o seu peso, mas sim com a sua composição. Priorizando tributos incidentes sobre o consumo (indiretos) e dando menos atenção à tributação da renda, o sistema acaba por se tornar regressivo e pouco equânime. Justamente por este motivo que, já desde 1988, o tema da reforma tributária tem sido pauta frequente nas discussões de juristas, economistas e políticos.

Há um nítido anseio por uma reforma estrutural e abrangente. A composição da carga tributária, bem como outras questões, tais como a excessiva concentração de competências e receitas nas mãos da União, a complexidade da legislação e o volume de obrigações acessórias impostas (Paulsen, 2021), exigem do Governo que mudanças no sistema tributário sejam adotadas. E de fato não é difícil encontrar em todos os governos do período democrático brasileiro alguma tentativa de mudança no sistema tributário[74]. Ocorre, porém, que todas estas se limitaram a tratar

[74] Para ilustrar esta questão, menciona-se as seguintes Emendas Constitucionais, destacadas por Leandro Paulsen (2021) e que, em maior ou menor extensão, promoveram alterações no capítulo do Sistema Tributário Nacional: nº 3/1993, que entre outras medidas exigiu lei específica para as desonerações tributárias e revogou o adicional estadual do imposto de renda sobre lucros, ganhos e rendimentos de capital; nº 12/1996, que institui a CPMF; nº 20/1998, que revogou a imunidade do imposto de renda para rendimentos de aposentadoria e pensão e ampliou a base das contribuições de seguridade social; nº 27/2000, que permitiu a desvinculação parcial das receitas da União; nº 29/2000, que autorizou a progressividade do IPTU; nº 33/2001, que promoveu alterações na CIDE Combustíveis e no ICMS; nº 39/2002, que autorizou a instituição de contribuição de iluminação pública; nº 42/2003, que entre outras medidas viabilizou o Simples Nacional; nº 75/2013, que institui imunidade para fonogramas e videogramas; nº 87/2015, que trouxe alteração ao ICMS; nº 93/2016 que

de questões pontuais e localizadas na estrutura, não se ocupando efetivamente de implementar uma modificação profunda nas bases da tributação (Oliveira, F. A. De, 2020).

Pode-se dizer que nenhuma dessas modificações, por mais que tenham sido apresentadas como reformas, se preocupou em realizar uma mudança no perfil da carga tributária (Oliveira, F. A. De, 2020). A maior parte das mudanças legislativas ocorridas no sistema tributário desde 1988 foram voltadas aos impostos indiretos, sempre denotando uma maior preocupação com a taxação do consumo e questões a ela correlatas – como a cumulatividade, por exemplo (Oliveira, F. A. De, 2018). A tributação sobre a renda (e também sobre o patrimônio) nunca foi objeto de uma profunda análise e revisão. A esse respeito, Fabrício Augusto de Oliveira salienta:

> Nenhuma dessas propostas sequer ousou sinalizar um melhor tratamento para a questão da tributação direta, a qual poderia não somente melhorar a arrecadação do governo, contribuindo para a enrascada fiscal em que se encontra, quanto reduzir a grande regressividade do sistema, com ganhos importantes para o crescimento econômico e para a redução das desigualdades, confirmando a tradição histórica do país, segundo a qual seria pecado capital taxar o capital e os mais ricos. Em virtude disso, explorado à exaustão como instrumento de ajuste fiscal e sem conseguir eliminar a incidência de impostos indiretos perversos para a questão da competitividade, nem encontrar uma solução consensual para a questão federativa e confiável para o financiamento das políticas sociais, o sistema tributário brasileiro viu se amplificarem suas distorções e se transformar, se não no pior, em um dos piores sistemas do mundo. (Oliveira, 2018, p. 85-86)

Nesse contexto, a reforma da tributação sobre a renda se revela como uma medida de urgência, a fim de se reverter os problemas existentes em nosso sistema tributário. Porém, há que se atentar para o fato de que não basta apenas modificar a estrutura atual, mas sim que sejam implementadas efetivas melhorias nela. Para tanto, importante que se tenham em mente quais devem ser os objetivos de uma reforma tributária, sobretudo quando voltada para a tributação da renda.

autorizou a desvinculação parcial das receitas dos estados e municípios; e nº 103/2019, que ensejou a contribuição previdenciária progressiva.

3.1.1.1. Objetivos e fundamentos de uma reforma tributária

Por um lado, é necessário que se visem objetivos mais abrangentes (OLIVEIRA, F. A. De, 2018), como melhorar a distribuição da carga tributária entre os contribuintes[75], inibir o avanço da concentração de renda, contribuir para o crescimento econômico sustentável e recompor as bases de financiamento do Estado. Por outro lado, objetivos mais restritos ao imposto sobre a renda também devem ser considerados. Como maximizar os princípios da universalidade, generalidade e progressividade, bem como tornar o tributo o mais equânime e neutro possível.

Quanto aos motivos que fundamentam uma reforma tributária, a OCDE divulga anualmente relatórios que abordam as causas que ensejaram modificações nos sistemas tributários de seus países membros. Estes documentos, chamados de *Tax Policy Reforms*, descrevem as motivações centrais de reformas tributárias e foram objeto de análise em estudo conduzido pelo Instituto de Estudos para o Desenvolvimento Industrial (2021, p. 8-12), que reuniu tais fundamentos em cinco eixos.

O primeiro fundamento identificado diz respeito a realizar modificações na estrutura legislativa que contribuam para a recuperação fiscal do Estado. Trata-se de uma resposta à crise econômica global desencadeada em 2008, na qual praticamente todos os países da OCDE experimentaram algum nível de deterioração fiscal.[76] Assim, para combater o déficit de arrecadação foram implementadas reformas que ampliaram as receitas tributárias sobretudo através da elevação de alíquotas na tributação sobre o consumo. Mas também o imposto sobre a renda, principalmente o devido por pessoas físicas, teve sua carga elevada.

Um segundo fundamento apontado refere-se a promover o crescimento econômico do país. Principalmente a partir de 2015 foram verificadas diversas modificações tributárias no sentido de fomentar o crescimento eco-

[75] Andrei Pitten Velloso (2010) destaca que, dentre os fins de justiça tributária, a justa repartição da carga entre os contribuintes corresponderia aos fins internos. Daí a importância de que o sistema tributário e, logo, as propostas de reforma deste almejem uma mais justa e eficiente divisão do ônus dos tributos dentre os contribuintes, conforme a capacidade contributiva de cada um.

[76] A crise econômica de 2008 teve como causa a chamada "bolha imobiliária" nos Estados Unidos, ocasionada pelo excessivo aumento dos valores imobiliários que não foi acompanhado pela renda da população. Atualmente, em decorrência das graves consequências econômicas geradas pela pandemia do novo coronavírus (Covid-19), tem-se como bastante provável que a situação de crise novamente enseje ou estimule a realização de reformas tributárias.

nômico. Pode-se mencionar os casos de redução de alíquotas do imposto sobre a renda no âmbito corporativo. A redução da tributação incidente sobre as pessoas jurídicas promove o investimento e, assim, gera maior desenvolvimento.

A promoção da equidade fiscal pode ser indicada como um terceiro fundamento encontrado nas reformas dos países da OCDE. A maior atenção dada ao papel da tributação na redução de desigualdades e a elevação no volume de críticas voltadas ao tratamento diferenciado concedido entre a taxação da renda oriunda do trabalho e do capital fizeram com que a questão da equidade fosse motivação de várias reformas tributárias. Estes motivos levaram a uma tendência de incremento na tributação da renda das pessoas físicas, principalmente das classes econômicas mais elevadas, com a ampliação das alíquotas máximas e revisão de benefícios fiscais sobre lucros, dividendos e outras rendas do capital.

O quarto fundamento indicado se refere a coibir comportamentos perniciosos por parte dos contribuintes. Isto significa utilizar os tributos não apenas para arrecadar receitas, mas também como instrumento de indução de comportamentos. Assim, os tributos, sobretudo os incidentes sobre o consumo, são utilizados para, por exemplo, estimular hábitos saudáveis de alimentação ou desestimular o uso de produtos nocivos. No âmbito da tributação da renda, os impostos também podem influenciar o agir dos contribuintes, como veremos melhor no terceiro capítulo.

Por fim, um quinto fundamento apontado diz respeito a encontrar formas de lidar com os desafios da nova economia digital. O desenvolvimento tecnológico ocorrido nos últimos anos transformou as relações interpessoais e, inclusive, fez emergir novos modelos de negócios. Muitos destes colocaram em xeque os sistemas tributários, exigindo modificações em suas estruturas e premissas.

No caso do Brasil, todos estes fundamentos devem ser considerados quando se pensa em reforma da tributação da renda. Ao mesmo tempo, há outros motivos que também precisam ser sopesados. Por exemplo, o já mencionado isolacionismo em termos de método de integração da tributação corporativa e individual. Porém, salienta-se que que a posição isolada assumida pelo Brasil quando comparado às principais economias do mundo não diz respeito à busca pela tributação da renda em apenas um nível. Esta integração dos níveis de tributação corporativo e individual, como visto no primeiro capítulo, é uma prática adotada por vasto número de países. A grande questão está no método utilizado para tanto. É aí que se verifica o isolacionismo do Brasil, no que diz respeito à adoção da isenção total como técnica de integração.

3.1.1.2. Tendências internacionais em termos de reforma tributária

É preciso considerar que há uma tendência mundial de redução da carga incidente sobre as pessoas jurídicas. Uma reforma deve, assim, buscar tornar o modelo brasileiro mais semelhante ao de outros países, tanto em termos de método de integração quanto de peso da carga corporativa. Isto porque, em se tornando mais semelhante, o Brasil se torna mais competitivo no cenário da concorrência internacional e para atrair investimentos estrangeiros.

O atual cenário econômico de capitalismo globalizado, com acirrada competição entre países, acentua a importância de que o sistema tributário seja atrativo aos olhos de investidores estrangeiros. Ademais, esta relevância não decore unicamente do objetivo de atrair investimentos. Um modelo de tributação mais compatível com a realidade dos demais países também torna a produção nacional mais competitiva no mercado internacional (Oliveira, F. A. De, 2018). Por estes motivos é que se mostra altamente recomendável que o sistema tributário seja ajustado visando uma harmonização com os demais sistemas, sobretudo no que diz respeito aos impostos que incidem sobre fatores de alta mobilidade espacial como o capital financeiro, a produção em geral e os investimentos.

E a maioria dos países estão atentos a esta necessidade de readequação de seus modelos tributários para melhorar sua competitividade internacional. Nessa senda, cabe retomar o quanto já exposto acerca de que há uma nítida tendência global de reduzir a tributação pelo imposto sobre a renda das pessoas jurídicas, majorando a carga nas pessoas físicas como forma de evitar uma redução de arrecadação.

Os países membros da OCDE, por exemplo, estão se adaptando a esta realidade há cerca de vinte de anos, quando teve início um movimento mais generalizado de redução de alíquotas do imposto de renda corporativo. Na média geral dos países da OCDE verifica-se neste período uma redução de aproximadamente 10%. E um detalhe interessante é que as reduções mais significativas ocorreram entre os países do chamado "G7", quais sejam: Alemanha, Japão, Itália, Canadá, Estados Unidos (Tavares, R. J. S., 2020). Tem-se, assim, que as econômicas mais desenvolvidas estão se adaptando rapidamente a um cenário internacional mais competitivo, tomando medidas internas à nível de tributação que favoreçam suas empresas e tornem seus mercados mais atrativos.

O fato por trás dessa modificação, que aparentemente pode parecer neutra, no sentido de que os níveis de arrecadação total mantém-se praticamente os mesmos, é uma competição internacional mais acirrada (Gobetti, 2019). A redução do imposto corporativo estimula a realocação territorial das pessoas jurídicas, atraindo mais sociedades empresárias para o território nacional. Assim, em um mercado econômico cada vez mais globalizado, este movimento se mostra como importante ferramenta de competição entre os países.

Sérgio Wulff Gobetti (Gobetti, 2019) também destaca que a redução do IRPJ com a correspondente elevação ou ampliação da base de incidência do IRPF, além de atrair corporações internacionais pela carga menor, também apresenta outros atrativos. É que um sócio ou acionista estrangeiro será afetado pelo imposto incidente no âmbito corporativo – e por isso busca por menores alíquotas –, mas em geral não será atingido pelo IRPF, nem mesmo se este incidir sobre lucros e dividendos distribuídos, pois estará fora do seu domicílio. Por outro lado, sempre haverá mecanismos econômicos de formação de preço que permitirão a transferência do ônus econômico do IRPJ para os trabalhadores da empresa ou para os consumidores, diferente do que ocorre com o imposto sobre os lucros e dividendos distribuídos, que é totalmente pessoal.

De fato, o tratamento tributário dispensado aos resultados positivos produzidos pelas pessoas jurídicas é fato extremamente relevante neste cenário de concorrência internacional. Um modelo que implique em ônus mais elevados para as pessoas jurídicas será pouco competitivo em termos de atração de investimentos. Por isso, verifica-se uma tendência internacional de redução destes impostos ou de melhorias no sistema de integração da tributação nos níveis corporativo e individual, aliviando a carga na pessoa jurídica e deslocando a base de sua incidência para as pessoas físicas (Oliveira, F. A. De, 2018).

Portanto, como salientam Misabel Derzi e Fernando Daniel de Moura Fonseca, o isolacionismo brasileiro, seja ele decorrência de uma opção ou da inércia do Poder Legislativo, não pode ser ignorado e deve contribuir para o "processo de compreensão da urgência das mudanças e em qual sentido elas deveriam avançar" (Derzi; Fonseca, 2020, p. 64-65). Uma mudança no modelo de tributação da renda pode colocar o Brasil em situação de maior igualdade com o restante do mundo, trazendo benefícios nesta competição internacional.

Entretanto, é preciso ter cuidado com a utilização de modelos de outros países como parâmetros absolutos para a implementação de reformas. O próprio autor do projeto que resultou na Lei nº 9.249/1995, responsável pela última grande mudança no modelo de tributação da renda, Everardo Maciel adverte que de tempos em tempos é comum verificarmos fortes impulsos de reformismos. E que é fundamental que se procure deixar de lado o "entendimento simplista de que a mera reprodução de modelos adotados em países desenvolvidos é capaz de promover o desenvolvimento" (Maciel, 2021, p. 212).

Ao se pretender modificar o modelo tributário de um país, diversos aspectos devem ser levados em consideração. O contexto político, social e histórico, bem como os custos com a transposição de um sistema para o outro precisam ser considerados (Maciel, 2021). Daí que um modelo não pode ser simplesmente copiado de um país para outro. Pelo contrário, é preciso que seja feito um diagnóstico preciso de quais são os motivos e fundamentos que impõe a mudança para, então, pode se chegar nos termos necessários que devem ser modificados.

A comparação do modelo tributário com modelos vigentes em outros países irá permitir, por um lado, que se evidenciem as características do nosso modelo. Como ensina José Artur Lima Gonçalves, "muitas vezes, só percebemos os traços típicos e as singularidades do nosso direito positivo, mediante o estudo de outros direitos" (Gonçalves, 2002, p. 21). O estudo de modelos de direito comparado irá permitir, então, observar o que é igual, o que é diferente e o que é típico do nosso próprio modelo.

Por outro lado, o recurso ao direito comparado permitirá identificar experiências tributárias já postas em práticas e quais os resultados daí advindos. Com isso, se ganha em eficiência na implementação do novo modelo, pois se pode procurar evitar resultados que sejam considerados impróprios. Da mesma forma, permite que se repliquem práticas que culminaram em pontos positivos em termos de justiça fiscal, isonomia e neutralidade, por exemplo.

Em suma, a análise de modelos de tributação da renda aplicados por outros países é de suma importância quando se trata do tema reforma tributária. O que não pode haver é uma importação acrítica e automática de modelos estrangeiros desconsiderando as características naturais do sistema que se pretende reformar. Diante disso, é oportuno refletir se as experiências e paradigmas nos quais o sistema tributário brasileiro se baseou são os mais adequados ou se, alternativamente, não se deveria mirar outras tendências mais influentes entre as nações mais desenvolvidas do mundo.

Para fins de reforma da tributação da renda, como já se pode perceber ao longo deste trabalho, é bastante frequente que se façam referências aos países membros da OCDE. Como já pudemos ver no primeiro capítulo, o modelo integrado de tributação da renda é utilizado por quatorze países membros da OCDE, sendo a imputação com crédito a técnica de integração mais utilizada entre estes, o qual diverge completamente do método utilizado no Brasil.

Ocorre, porém, que o argumento de o Brasil deve modificar seu modelo de tributação da renda tão somente para se tornar mais semelhante ao da maioria dos países da OCDE não se sustenta. A questão do isolacionismo, embora sua relevância como acima visto, não pode ser utilizado como fundamento único, descontextualizado da realidade econômica brasileira e sem examinar a estrutura tributária dos países em que se buscam modelos paradigmas. Cabe relembrar que, mesmo havendo a opção pelo método da isenção, não se pode afirmar haver uma desoneração dos resultados positivos produzidos pelas pessoas jurídicas e distribuídos aos seus sócios e acionistas (Schoueri, 2021).

Nesse sentido, como já foi dito no primeiro capítulo, ao analisar a técnica da isenção, esta não corresponde a um mero benefício fiscal concedido em favor dos rendimentos do capital. Trata-se, isto sim, de método de integração da tributação nos âmbitos corporativo e individual. Logo, é preciso levar em consideração as particularidades do sistema brasileiro em que além de uma pesada taxação sobre o lucro corporativo, há ainda contribuições que oneram diretamente a receita e severas limitação ao aproveitamento de prejuízos fiscais (Derzi; Fonseca, 2020)

O que se pode questionar em termos de isolacionismo é justamente a eleição da técnica de isenção total como método de integração da tributação em razão dos mencionados impactos que isto gera em termos de concorrência internacional, bem como das críticas referentes à isonomia e neutralidade do sistema, as quais serão abordadas melhor no próximo capítulo. Nesse sentido, parece mesmo adequado que se busque igualdade e harmonia entre os sistemas tributários do Brasil e dos demais países. Não se trata de copiar de forma idêntica o modelo adotado por outro Estado, mas sim de uma harmonização, diante de um mundo globalizado, em que o modelo tributário exerce forte impacto sobre a competitividade internacional (Schoueri, 2001).

Pode-se sintetizar o quanto visto nos últimos tópicos destacando que o método da isenção apresenta de fato problemas, seja por colocar o Brasil em situação praticamente ímpar no contexto global, o que prejudica a competitividade internacional, seja por apresentar problemas de isonomia entre os rendimentos do trabalho e do capital. Outrossim, a composição da carga tributária brasileira também gera consequências negativas, sobretudo em termos de regressividade. Por outro lado, verifica-se uma tendência internacional de redução do IRPJ e ampliação das bases de incidência do IRPF.

Todos estes fatores indicam para um caminho natural de reforma na tributação da renda do Brasil. Porém, sabe-se da dificuldade de implementar mudanças no sistema tributário, tema este bem pontuado por Fabio Brum Goldschmidt que indica os principais desafios à realização de uma reforma:

> Diz que o 'O melhor imposto é o mais antigo'. E é incrível observar como tal chavão popular resume com simplicidade as dificuldades de uma reforma tributária, que implica sempre confronto de forças, valores, ideologias e interesses. Se a concepção de uma política tributária racional e justa já se mostra tormentosa do ponto de vista científico e abstrato, sua positivação e efetiva implementação se revelam quase utópicas na prática. Seja em razão do desconhecimento da matéria pelo homem do povo (que, por isso mesmo, é cético quanto a qualquer mudança), seja em razão da inércia, seja, ainda, em razão do desejo dos beneficiários das distorções vigentes de perpetuar o sistema existente, o certo é que se alinham inúmeros fatores como barreiras a qualquer tentativa de mudança. (Goldschmidt, 2014, p. 61)

No entanto, diante dos problemas examinados anteriormente, pode-se dizer que a implementação de uma reforma tributária (sobretudo quanto à tributação da renda) é imperiosa no Brasil. É necessária uma mudança de rota para a correção de distorções causadas pelo modelo eleito em 1995, a qual deve visar a maximização dos critérios da generalidade, universalidade e progressividade, informadores da tributação da renda no Brasil por imperativo constitucional (Derzi; Fonseca, 2021).

Assim, no próximo tópico busca-se abordar um dos projetos de reforma tributária atualmente em trâmite no Congresso Nacional, qual seja: o Projeto de Lei (PL) nº 2.337/2021, de autoria do Poder Executivo Federal e que visa alterar a legislação do imposto sobre a renda (BRASIL, 2021e). Sabe-se do risco, já alertado por Leandro Paulsen (2021), de se tratar de tema que, além de controverso, ainda não possui uma definição legislativa, pois o texto final do referido PL ainda não fora apresentado. No entanto, seguindo a lição do referido autor, pretende-se trazer alguma colaboração ao debate, analisando alguns pontos específicos acerca do mencionado Projeto de Lei.

3.1.2. Projeto de Lei nº 2.337/2021: uma proposta de retorno ao modelo clássico

Atualmente podem ser encontrados em trâmite no Congresso Nacional pelo menos vinte projetos de lei (PL) que pretendem alterar o modelo ou o método de tributação dos lucros e dividendos no Brasil (TAVARES, R. J. S., 2020). Como já dito, o objeto de análise neste tópico será o PL nº 2.337/2021 (BRASIL, 2021e), uma vez que este pode ser considerado como o projeto com tramitação mais avançada e, portanto, com maiores probabilidades de vir a ser aprovado.

Contudo, cabe fazer referência a outros projetos, ainda que brevemente e apenas a título de registro. Por exemplo, os Projetos de Lei nº 1.952/2019, 3.129/2019, 5.584/2020 e 307/2021 preveem a incidência de imposto de renda retido na fonte (IRRF) à alíquota de 15% no caso de distribuição de lucros ou pagamento de dividendos, sendo considerada como tributação definitiva no caso de sócio pessoa física ou como antecipação no caso de sócio pessoa jurídica. Já o PL nº 6.094/2013 prevê a incidência do IRRF conforme a tabela progressiva, estipulando inclusive uma faixa de isenção. E os projetos nº 1.485/2015 e 2.192/2020, por sua vez, preveem que os lucros e dividendos integrem a base de cálculo do imposto sobre a renda dos sócios ou acionistas sem que haja incidência de IRRF.

A origem do PL nº 2.337/2021 remete ao de nº 3.887/2020 (BRASIL, 2020b) também de iniciativa do Poder Executivo Federal e por meio do qual foi apresentada a chamada primeira fase da reforma tributária pretendida pelo atual governo. Este PL visa a instituição de um novo tributo, denominado Contribuição Social sobre Operações com Bens e Serviços (CBS) com a pretensão de substituir a contribuição ao Programa de Integração Social (PIS) e a Contribuição para o Financiamento da Seguridade Social (COFINS). Já a segunda fase desta proposta de reforma consiste nas modificações que se pretende realizar por meio do PL nº 2.337/2021 na tributação da renda, cujas principais características passa-se a analisar.

3.1.2.1. Principais modificações no ordenamento vigente

O primeiro ponto a destacar com relação ao PL nº 2.337/2021 diz respeito justamente a sua origem. Como dito, trata-se de projeto de autoria do Poder Executivo Federal, mais precisamente do Ministério da Economia. Sérgio André Rocha (2018) aponta que modificações legislativas em matéria tributária, quando originadas do Executivo, podem vir a sofrer com um problema de confiança por parte dos contribuintes. É que inegavelmente o fisco irá exercer uma certa influência no processo de elaboração das propostas, gerando assim um ambiente de desconfiança.

Com relação às alterações que o PL nº 2.337/2021 pretende implementar, destacamos as seguintes por mais pertinentes ao objeto desta pesquisa. A alíquota do imposto sobre a renda das pessoas jurídicas será gradativamente reduzida. O artigo 8º do PL prevê uma modificação no artigo 3º da Lei nº 9.249/1995 para reduzir a alíquota do IRPJ de 15% para 12,5% em 2022 e para 10% a partir de janeiro de 2023. Verifica-se, neste ponto, uma medida condizente com a prática internacional de redução da tributação corporativa da renda, conforme já apontado anteriormente. Trata-se de uma tentativa de tornar o modelo brasileiro mais semelhante e, logo, mais competitivo com o de outros países, sobretudo de economias mais desenvolvidas.

Nessa mesma linha, há também uma importante modificação no que diz respeito ao aproveitamento de prejuízos fiscais de exercícios anteriores. Já foi mencionado no primeiro capítulo que esta é uma das mazelas de nosso atual sistema que limita em 30% a compensação dos prejuízos acumulados. O PL nº 2.337/2021, através de seu artigo 10, promove uma alteração na Lei nº 9.065/1995 de forma a permitir que o prejuízo apurado em um trimestre seja compensado nos três trimestres posteriores sem a limitação de 30%. É inegável que a medida ameniza os problemas decorrentes da atual limitação ainda que não se trate de autorização total para a compensação de prejuízos.

Ponto igualmente importante diz respeito a outra forma de remuneração do capital investido por sócios e acionistas já mencionada ao logo deste trabalho, qual seja, o pagamento de Juros sobre o Capital Próprio (JCP). Atualmente, por força do artigo 9º da Lei nº 9.249/1995, os JCP pagos pelas sociedades são dedutíveis na apuração do lucro real e da base de cálculo da CSLL. Por meio do artigo 2º do PL nº 2.337/2021 se pretende alterar a redação do referido dispositivo para vedar a dedutibilidade dos JCP. A justificativa apresentada para tanto é de que esta forma de remuneração dos sócios não teria atingido seu objetivo de incentivar a tomada de crédito pelas empresas diretamente com seus sócios. Veja-se como consta na exposição de motivos do PL em tela:

> A partir de análises das demonstrações financeiras das empresas brasileiras, verifica-se que o endividamento continua a ser a forma mais atrativa de financiamento da expansão empresarial, contrariando a ideia de que a medida aumentaria a atratividade de investimento em capital em detrimento de investimentos no mercado financeiro. (BRASIL, 2021e)

No que se refere ao imposto sobre a renda da pessoa física, o PL nº 2.337/2021 também realiza profundas alterações. A primeira delas é uma revisão da tabela progressiva de alíquotas, com a ampliação da atual faixa de isenção. A tabela abaixo melhor ilustra as modificações pretendidas pelo projeto:

Tabela 10 – Tabela progressiva de alíquotas do IRPF conforme PL nº 2.337/2021

Tabela atual		**Nova tabela proposta**		**Alíquotas (%)**	**Ampliação (%)**
Contribuintes (MI)	Faixas (R$)	Contribuintes (MI)	Faixas (R$)		
10,7	0 – 1.903,98	16,3	0 – 2.500,00	0	31,3
6,8	1.903,99 – 2.826,65	2,8	2.500,01 – 3.200,00	7,5	13,2
3,7	2.826,66 – 3.751,05	3,6	3.200,01 – 4.250,00	15	13,3
2,3	3.751,06 – 4.664,68	2,2	4.250,01 – 5.300,00	22,5	13,6
6,9	> 4.664,68	6,3	> 5.300,01	27,5	13,6

Fonte: elaborada pelo autor com base em FGV, 2021.

Como se vê, o Projeto de Lei propõe a ampliação da faixa de isenção dos R$ 1.903,98 atuais para R$ 2.500,00. Essa é uma alteração que efetivamente pode ser elogiada, principalmente porque desde 1995 não há uma ampliação em tal faixa. No entanto, observa-se que este padrão de isenção é alto quando comparado a outros países. O parâmetro normalmente observado para determinação da isenção é que esta faixa se situe entre 80% a 90% da renda *per capita* (CASTRO, 2014). E a nova faixa pretendida pelo PL ficará no equivalente a 173% da renda *per capta* média brasileira (FGV, 2021).

Também no que se refere ao IRPF, outra importante mudança pretendida diz respeito à forma de declaração. O PL prevê que a entrega da declaração simplificada[77], hoje passível de eleição por qualquer contribuinte pessoa física, somente será permitida para aqueles que auferirem renda anual de até R$ 40.000,00. Esta modificação irá implicar em elevação dos níveis de arrecadação, uma vez que uma gama maior de contribuintes estará obrigada a entrega da declaração no formato completo, independentemente do percentual de despesas dedutíveis que puder utilizar.

No entanto, mesmo que esta modificação na forma de declaração do IRPF implique em aumento de arrecadação, estima-se que o conjunto de mudanças irá implicar em perda de arrecadação do imposto sobre a renda tanto no nível corporativo quanto individual. A tabela a seguir ilustra os impactos das medidas do PL nº 2.337/2021 na arrecadação tributária:

Tabela 11 – Impacto do PL nº 2.337/2021 na arrecadação tributária (em "R$ Bilhões")

	2022	2023	2024
Mudanças no IRPF	- 13,50	- 14,46	- 15,44
Mudanças no IRPJ	- 18,52	- 39,20	- 41,53
Outros	0,03	- 0,91	- 0,59

Fonte: elaborada pelo autor com base em FGV, 2021.

Este impacto negativo na arrecadação tributária será compensado com a medida prevista no PL nº 2.337/2021 que visa a taxação dos lucros e dividendos no âmbito individual. A estimativa do Ministério da Economia é que, com esta tributação, sejam arrecadados R$ 18,5 bilhões no primeiro ano, chegando a R$ 58,15 bilhões em um prazo de três anos (FGV, 2021).

[77] Como já exposto no primeiro capítulo, alternativamente a sistemática de apuração do imposto devido pela consideração das receitas auferidas e das despesas e deduções permitidas pela legislação, o contribuinte pessoa física pode optar por um método simplificado. Através deste, ao invés de realizar um encontro de contas entre as receitas e as despesas passíveis de dedução, é aplicado um desconto padrão de 20% sobre o total dos rendimentos tributáveis. A partir do resultado deste desconto, incidirão as alíquotas do IRPF de acordo com a tabela progressiva.

Desta forma, as mudanças seriam praticamente neutras em termos de volume de arrecadação apresentando até mesmo um pequeno aumento.

De fato, a incidência de uma alíquota de 20% sobre o volume de lucros distribuídos e dividendos pagos resulta em uma arrecadação potencial de R$ 71 bilhões. Porém, deve-se considerar que a instituição de tal tributação irá alterar o comportamento dos contribuintes quanto à utilização dessa forma de remuneração dos sócios e acionistas. Assim, tomando por base um cenário hipotético com redução de 50% no volume de lucros e dividendos distribuídos, chega-se a uma estimativa de R$ 30,5 bilhões arrecadados. Outras simulações, realizadas pelos economistas Sérgio Wulff Gobetti e Rodrigo Octávio Orair (2016) indicam que a tributação sobre lucros e dividendos poderia gerar uma arrecadação potencial que varia entre R$ 50 bilhões a R$ 80 bilhões.

3.1.2.2. Tributação dos lucros e dividendos pelo modelo clássico

A tributação dos lucros e dividendos decorre do disposto no artigo 3º do Projeto de Lei[78], que acrescenta o artigo 10-A à Lei nº 9.249/1995 e, assim, estabelece a incidência do IRRF sobre os lucros e dividendos distribuídos pelas sociedades a seus sócios ou acionistas. É prevista uma alíquota de 20% incidente de forma retida na fonte, ou seja, no momento do pagamento dos lucros ou distribuição dos dividendos, inclusive daqueles pagos, creditados, entregues, empregados ou remetidos para beneficiários residentes ou domiciliados no exterior. Nos casos de o beneficiário dos lucros ou dividendos residir em país com tributação favorecida ou se tratar de pessoa submetida a regime fiscal privilegiado, a alíquota passa a ser de 30%.

Em se tratando de pessoa física domiciliada no Brasil, o imposto retido no momento do pagamento dos lucros ou da distribuição dos dividendos será considerado como incidente exclusivamente na fonte. Portanto, trata-se de tributação definitiva alinhada com a mesma sistemática já utilizada atualmente para os demais rendimentos do capital. Já em se tratando de pessoa jurídica domiciliada no país, o imposto retido poderá ser compensado com o IRRF incidente sobre suas próprias distribuições para seus

[78] "Art. 3º. A Lei nº 9.249, de 1995, passa a vigorar com as seguintes alterações: 'Art. 10-A. A partir de 1º de janeiro de 2022, os lucros ou dividendos pagos ou creditados sob qualquer forma pelas pessoas jurídicas ficarão sujeitos à incidência do Imposto sobre a Renda e Proventos de Qualquer Natureza retido na fonte à alíquota de vinte por cento na forma prevista neste artigo.'" (BRASIL, 2021e).

sócios ou acionistas. Além do que, os lucros ou dividendos recebidos por pessoa jurídica não irão integrar as bases de cálculo do IRPJ e da CSLL da beneficiária.

Outra modificação interessante e bastante controversa diz respeito à submissão dos lucros e dividendos distribuídos por microempresas e empresas de pequeno porte ao pagamento do IRRF. O PL em tela prevê a exigência da nova tributação independentemente do regime de apuração do IRPJ da sociedade que realiza o pagamento ou distribuição abarcando inclusive os optantes do Regime Especial Unificado de Arrecadação de Tributos e Contribuições (Simples Nacional). Para tanto, o projeto revoga a isenção atualmente prevista no artigo 14 da Lei Complementar (LC) nº 123/2006[79].

É neste ponto que reside a maior controvérsia sobre esta questão, quanto à possibilidade de por meio de uma Lei Ordinária (LO), no caso a decorrente do PL nº 2.337/2021, se revogar uma isenção contida em Lei Complementar[80]. Por um lado, pode-se sustentar que, embora tal disposição esteja formalmente contida em uma LC, não se trata materialmente de conteúdo de LC. Isto porque não trata da tributação da renda do contribuinte optante pelo Simples Nacional, mas sim daquela incidente sobre seus sócios ou acionistas. Desta forma, não estaria tal matéria adstrita à Lei Complementar, consoante o que dispõe a alínea "d", inciso III, do artigo 146 da Constituição Federal[81].

Por outro lado, no entanto, é possível sustentar a impossibilidade de tal revogação por Lei Ordinária com base em dois argumentos. O primeiro é no sentido de que a isenção estabelecida pelo artigo 14 da LC nº

[79] "Art. 14. Consideram-se isentos do imposto de renda, na fonte e na declaração de ajuste do beneficiário, os valores efetivamente pagos ou distribuídos ao titular ou sócio da microempresa ou empresa de pequeno porte optante pelo Simples Nacional, salvo os que corresponderem a pró-labore, aluguéis ou serviços prestados." (BRASIL, 2006a).

[80] Cabe registrar que não se cogita de hierarquia entre Lei Ordinária e Complementar, conforme já decidido pelo STF ("[...] Inexistência de relação hierárquica entre lei ordinária e lei complementar. Questão exclusivamente constitucional, relacionada à distribuição material entre as espécies legais. [...]") (BRASIL, 2008). A controvérsia que se verifica diz respeito a isenção em tela se tratar ou não de matéria reservada à Lei Complementar.

[81] "Art. 146. Cabe à lei complementar: [...] III – estabelecer normas gerais em matéria de legislação tributária, especialmente sobre: [...] d) definição de tratamento diferenciado e favorecido para as microempresas e para as empresas de pequeno porte, inclusive regimes especiais ou simplificados no caso do imposto previsto no art. 155, II, das contribuições previstas no art. 195, I e §§ 12 e 13, e da contribuição a que se refere o art. 239." (BRASIL, 1988a).

123/2006 é do tipo objetiva e recai sobre os valores pagos por microempresas e empresas de pequeno porte. Desta forma, tal isenção diz respeito sim à sistemática de tributação diferenciada estabelecida em favor destes tipos de sociedade empresária. E o segundo argumento tem base no artigo 150, parágrafo 6º, da Constituição Federal[82], no sentido de que, em se tratando de isenção prevista em LC específica, somente poderia ser revogada por outra lei igualmente específica.

Em substituição à isenção atualmente existente, o PL nº 2.337/2021 prevê que os lucros e dividendos pagos ou distribuídos por microempresas e empresas de pequeno de porte até o limite de R$ 20.000,00 mensais não serão tributados pelo IRRF. Trata-se de uma faixa de isenção oito vezes superior a estabelecida pelo projeto para outros rendimentos auferidos por pessoas físicas (R$ 2.500,00, como visto). Assim, mesmo considerando que as atividades econômicas desenvolvidas no âmbito de uma pessoa jurídica estão sujeitas à riscos e tendo em vista o objetivo de delinear um sistema favorecido para estas empresas se pode questionar a extensão desta isenção.

Isso porque as microempresas e empresas de pequeno porte já possuem um sistema tributário bastante favorecido quando comparado com as demais pessoas jurídicas sujeitas ao regime geral de apuração. Portanto, a instituição de uma faixa de isenção em favor de tais empresas acaba trazendo à tona questões de isonomia e de favorecimento exacerbado. Por outro lado, há que se considerar que a criação de tal faixa de isenção poderá gerar o efeito de incentivar a subdivisão da empresa para melhor aproveitamento do benefício. Assim, se estará estimulando um planejamento tributário abusivo.

Ainda a respeito da isenção criada em favor das microempresas e empresas de pequeno porte, é possível identificar que a elevada faixa de isenção (R$ 20.000,00 mensais) é um dos motivos para a instituição da alíquota geral em 20% (FGV, 2021). Alíquota esta que é considerada alta, ainda mais se comparada com a redução na alíquota do IRPJ promovida pelo mesmo PL de apenas 5%. Quer dizer, em sendo a faixa de isenção menor – ou inexistindo faixa de isenção – além de se evitar os problemas acima

[82] "Art. 150. [...] § 6º Qualquer subsídio ou isenção, redução de base de cálculo, concessão de crédito presumido, anistia ou remissão, relativos a impostos, taxas ou contribuições, só poderá ser concedido mediante lei específica, federal, estadual ou municipal, que regule exclusivamente as matérias acima enumeradas ou o correspondente tributo ou contribuição, sem prejuízo do disposto no art. 155, § 2º, XII, g." (BRASIL, 1988a).

mencionados, poderia haver uma redução mais expressiva na tributação das pessoas jurídicas de forma geral.

O último ponto a destacar quanto às alterações pretendidas pelo PL nº 2.337/2021 diz respeito ao aumento de capital social de pessoas jurídicas através da incorporação de lucros. Isto é, quando auferido resultado positivo pela sociedade, ao invés deste ser distribuído aos seus sócios, ele permanece retido, sendo incorporado ao patrimônio líquido e é utilizado para aumento de capital social. O projeto de lei em tela prevê que, nesses casos, como regra geral, não haverá incidência do imposto sobre a renda sobre o valor incorporado ao capital da pessoa jurídica.

No entanto, se nos cinco anos anteriores à incorporação dos lucros tiver havido restituição de capital a sócio ou acionista, o valor capitalizado será considerado lucro distribuído até o montante da redução anterior e, então, estará sujeito à tributação. Da mesma forma, haverá incidência do IR se nos cinco anos subsequentes à incorporação houver restituição de capital a sócio ou acionista através de redução do capital social ou de liquidação parcial da sociedade. Nestes casos, o valor restituído será considerado como lucro distribuído até o montante do valor capitalizado.

Do conjunto de modificações pretendidas pelo PL nº 2.337/2021 acima referidas, verifica-se a intenção de reduzir a carga incidente sobre a renda auferida no âmbito corporativo. Este objetivo é perseguido tanto pela redução da alíquota do IRPJ, quanto pela ampliação da possibilidade de compensação de prejuízos de períodos anteriores. Em decorrência da redução de arrecadação tributária que estas medidas provocarão, outras medidas são adotadas como forma de se buscar uma neutralidade em termos de nível de carga. A de maior destaque é justamente o objeto central deste estudo, ou seja, a tributação no âmbito individual dos lucros e dividendos distribuídos.

Ocorre, porém, que a taxação dos lucros e dividendos pelo IRPF, através da incidência do imposto de forma retida na fonte, da forma como prevista no Projeto de Lei em tela, é alvo de críticas. No próximo tópico, serão analisadas questões controversas acerca de um possível confronto entre o PL e o sistema constitucional tributário, especialmente no que se refere a questões de irretroatividade, universalidade e progressividade.

Cabe registrar desde agora, contudo, que as modificações propostas caracterizam um efetivo retorno do sistema brasileiro de tributação da renda ao modelo clássico. Não se pode negar que a taxação da pessoa física que recebe os lucros ou dividendos de forma exclusiva na fonte simplifica os procedimentos de apuração e recolhimento do imposto. Da mesma, é preciso recordar que o PL prevê a possibilidade de dedução do IRRF pago quando da distribuição em favor de pessoas jurídicas no momento em que estas forem realizar distribuições de lucros ou pagamento de dividendos. E, ainda, que os lucros e dividendos pagos em favor de pessoas jurídicas não compõem a base de cálculo do IRPJ e da CSLL destas.

Tais medidas nitidamente visam evitar uma dupla tributação da renda, ao menos quando o beneficiário dos lucros e dividendos se tratar de pessoa jurídica. No entanto, se percebe que considerando a tributação no nível individual com sócios ou acionistas pessoas físicas não há igual preocupação por parte da proposta de reforma. O projeto simplesmente prevê a cumulação da carga tributária já incidente no âmbito corporativo com uma nova tributação agora incidente no âmbito individual, de forma retida na fonte. Desta forma, considerando a nova alíquota prevista pelo projeto para o IRPJ (10%), mais a alíquota da CSLL (9%) e nova taxação dos lucros e dividendos (20%) se chega a um total de 39% de tributação sobre a renda produzida no âmbito de uma pessoa jurídica e distribuída em favor de seus sócios ou acionistas.

Portanto, ainda que o projeto avance em algumas questões importantes para tornar o modelo brasileiro mais harmônico com os modelos adotados pelos demais países, principalmente em termos de redução da carga do IRPJ, pode-se dizer que há uma demasiada simplificação da questão da tributação dos lucros e dividendos. A simples proposta de retorno ao modelo clássico parece não considerar questões importantes para a determinação desta questão. No próximo tópico, então, se propõe a discussão de algumas destas questões que deveriam ser consideradas para a escolha de um novo modelo.

3.2. A reforma tributária e o Sistema Tributário Constitucional

Passando-se agora a realizar uma análise mais crítica do PL nº 2.237/2021, este tópico faz um cotejo entre o referido projeto e o sistema constitucional tributário procurando por possíveis inconsistências. Num segundo momento, discute-se as principais críticas feitas em relação ao modelo clássico de tributação, ao qual, como vimos, o PL pretende o retorno.

3.2.1. O projeto de reforma frente ao Sistema Tributário Constitucional

Antes de se propor uma análise acerca de questões controversas envolvendo propriamente o modelo clássico de tributação da renda, que será objeto do próximo tópico, é importante verificar pontos presentes no PL nº 2.337/2021 que parecem estar em desconformidade com o sistema constitucional tributário. Tais pontos dizem respeito à irretroatividade da norma tributária, bem como à universalidade e à progressividade, princípios constitucionais informadores do imposto sobre a renda. Igualmente, serão abordados aspectos relacionados à praticabilidade da fiscalização e cobrança do tributo em tela.

3.2.1.1. Retroatividade do IRPF sobre lucros e dividendos

Como mencionado, o PL 2.337/2021 prevê a tributação de lucros e dividendos pagos em favor dos sócios e acionistas já a partir do primeiro dia do ano-calendário seguinte ao da publicação da nova lei[83]. Desta forma, os resultados positivos auferidos pelas pessoas jurídicas em período anterior ao do início da vigência da nova imposição acabarão sendo (duplamente[84]) tributados quando da sua distribuição. Por este motivo é que se cogita de uma possível retroação da norma em questão, pois o IR incidente quando do pagamento dos lucros ou dividendos estará atingindo um montante produzido anteriormente à vigência da lei que determina tal tributação.

Henry Tilbery denomina esse fenômeno de "retroatividade econômica" (1985, p. 114–115), salientando se tratar de uma das principais e mais graves preocupações dos contribuintes. Ocorre que a alteração produzida na legislação, muitas vezes implementada nos últimos dias do ano, passa a ser aplicada a partir do exercício seguinte, atingindo resultados auferidos no ano anterior. A consequência é que, embora os contribuintes tenham procedido durante o ano-calendário anterior em estrita atenção às normas vigentes, terão a partir de 1º de janeiro do ano seguinte que arcar com a

[83] O artigo 3º do PL nº 2.337/2021 acresce o artigo 10-A à Lei nº 9.249/1995, trazendo na sua atual redação em trâmite no Congresso Nacional a previsão da sujeição ao imposto de renda dos lucros e dividendos pagos a partir de 1º de janeiro de 2022. Durante a tramitação do referido PL a redação deverá ser ajustada, a fim de que passe a contemplar como tributados os lucros e dividendos pagos a partir do primeiro dia do ano-calendário subsequente ao da publicação da nova lei. Desta forma, para fins de análise no presente estudo adota-se a premissa de que a lei nova decorrente do indigitado PL irá trazer a previsão de incidência do IR sobre lucros e dividendos pagos a partir do primeiro dia do ano seguinte ao da sua publicação.

[84] Fala-se em dupla tributação pois estes resultados positivos foram objeto de incidência do IRPJ e, então, passarão a sofrer nova incidência quando da sua distribuição aos sócios ou acionistas.

incidência de novas normas que incidem sobre fatos já ocorridos. Ricardo Aziz Cretion exemplifica esta situação fazendo referência ao Imposto sobre Produtos Industrializados (IPI):

> Transportemos a dita retroatividade econômica para o IPI, para conferir-lhe os efeitos, lembrando que qualquer imposto poderia ser vítima do mesmo sofisma. Se a lei estruturasse a incidência do IPI com base numa declaração a ser apresentada em cada exercício, onde se computassem as entradas de insumos e as saídas de produtos do ano anterior, ter-se-ia que aceitar a mudança das regras de incidência (inclusão de novos produtos no campo de incidência ou aumento de alíquota, p. ex.), com base em lei editada no último dia do "período-base", pois é exatamente isso o que se tem impingido ao contribuinte do imposto de renda, no sentido de que a valoração das entradas (rendimentos) e das saídas (deduções e abatimentos) possa efetuar-se com base na lei posterior a essas entradas e saídas.
>
> Não se pode usar a estruturação do fato gerador (nem do imposto de renda nem do IPI ou de outro tributo qualquer), para passar ao largo de princípios constitucionais. Não fosse assim, qualquer tributo cuja configuração fosse construída à semelhança da do imposto de renda poderia ter os aspectos materiais, subjetivos e quantitativos de sua hipótese de incidência, alterados por lei posterior aos atos ou fatos que se conjugem para o aperfeiçoamento do fato gerador. Imagine-se, p. ex., a hipótese de os Municípios cobrarem ISS ou os Estados cobrarem imposto de transmissão, em cada exercício financeiro. com base em declaração de serviços ou de alienação de imóveis relativa ao ano-base anterior, aplicando a lei editada em 31 de dezembro do ano-base. (CRETION, 1995, p. 22-24)

Deste modo, o mais adequado seria que qualquer alteração da legislação do imposto sobre a renda que entrar em vigor no primeiro dia do exercício seguinte ao da sua promulgação não atingisse exercícios encerrados anteriormente. Esta seria, conforme lição de Henry Tilbery (1985, p. 118), "a interpretação correta, mais condizente da situação legal".

O Supremo Tribunal Federal inclusive já apreciou situação semelhantes no julgamento do Recurso Extraordinário (RE) nº 592.396/SP[85], em

[85] Confira-se a ementa: "RECURSO EXTRAORDINÁRIO. REPERCUSSÃO GERAL. REAFIRMAÇÃO DE JURISPRUDÊNCIA. DIREITO TRIBUTÁRIO. OPERAÇÕES DE EXPORTAÇÃO INCENTIVADAS. IMPOSTO DE RENDA PESSOA JURÍDICA. FUNÇÃO

março de 2016, quando proferiu decisão favorável aos contribuintes. Em tal caso, a discussão centrava-se na possibilidade de majoração da alíquota do IRPJ sobre exportações incentivadas a partir do exercício financeiro de 1990, correspondente ao ano-base de 1989, conforme disposto no artigo 1º, I, da Lei 7.988/89. A decisão foi no sentido de que permitir a majoração violaria os princípios da anterioridade e da anualidade.

Portanto, é preciso considerar que as operações realizadas e as relações e negócios jurídicos estabelecidos pelos contribuintes ao longo dos anos anteriores ao da vigência de nova lei que institua o IRPF sobre lucros e dividendos distribuídos foram planejadas considerando a isenção até então existente. Logo, em observância ao princípio da segurança jurídica e à irretroatividade, os resultados obtidos pelas empresas em tais períodos não podem se sujeitar ao imposto previsto no PL nº 2.337/2021.

3.2.1.2. Efeito confiscatório na cumulação de IRPJ e IRPF

Além de um aparente conflito com a irretroatividade, verifica-se uma possível incompatibilidade da tributação dos lucros e dividendos da forma como pretendida pelo PL nº 2.337/2021 também com o princípio constitucional da vedação dos efeitos de confisco. Isto porque, muito embora o projeto preveja a redução da alíquota do IRPJ, os resultados positivos produzidos em período anterior ao de vigência da nova lei terão sido tributados pelas alíquotas hoje vigentes.

EXTRAFISCAL. SÚMULA 584 DO STF. OCORRÊNCIA DO FATO GERADOR EM CADA OPERAÇÃO. APLICAÇÃO RETROATIVA. RE 183.130, DE RELATORIA PARA ACÓRDÃO DO MINISTRO TEORI ZAVASCKI. PRECEDENTE VINCULANTE. 1. No RE 183.130, de relatoria para o acórdão do Ministro Teori Zavascki, o Plenário desta Corte assentou que a utilização do Imposto de Renda com conotação extrafiscal afasta a incidência da Súmula 584 do STF. 2. O fato gerador se consolida no momento em que ocorre cada operação de exportação incentivada pela redução da alíquota do imposto de renda, à luz da extrafiscalidade da tributação na espécie. 3. É inconstitucional a aplicação retroativa do art. 1º, I, da Lei 7.988/89, que majorou a alíquota incidente sobre o lucro proveniente de operações incentivadas ocorridas no passado, ainda que no mesmo ano-base. Precedente: RE 183.130, de relatoria para o acórdão do Ministro Teori Zavascki, Tribunal Pleno, DJe 14.11.2014. 4. Recurso extraordinário a que se dá provimento, reafirmando a jurisprudência desta Corte, em sede de repercussão geral, para reformar o acórdão recorrido e declarar a inconstitucionalidade, incidental e com os efeitos da repercussão geral, do art. 1º, I, da Lei 7.988/89, uma vez que a majoração de alíquota de 6% para 18% a qual se reflete na base de cálculo do Imposto de Renda pessoa jurídica incidente sobre o lucro das operações incentivadas no ano-base de 1989 ofende os princípios da irretroatividade e da segurança jurídica." (BRASIL, 2016b).

Dessa forma, o lucro acumulado antes da redução de alíquotas prevista no PL poderá ter sofrido uma taxação de até 34% considerando-se as atuais alíquotas de IRPJ (15%), CSLL (9%), bem como o adicional de 10% do imposto sobre a renda. E sobre este resultado, então, passará a incidir o novo IRRF à alíquota de 20%. Portanto, as modificações pretendidas pelo PL em tela acarretarão numa tributação de 54% sobre os lucros distribuídos e dividendos pagos aos sócios ou acionistas referentemente aos resultados positivos auferidos pelas pessoas jurídicas antes da vigência da nova lei.

Percentual tão elevado de tributação sobre a renda, que ultrapassa 50% do valor auferido pelo(s) contribuinte(s) traz à tona indagações acerca do caráter confiscatório da medida. Como visto no primeiro capítulo deste estudo, o imposto sobre a renda tem como marca uma forte relação com a capacidade contributiva. Sendo assim, é imprescindível que se determine qual o limite para a sua incidência, qual a graduação máxima possível, inclusive ante as particularidades de cada um (Gutierrez, 2009).

Não se trata de negar que a tributação irá implicar na transferência de parte do patrimônio particular do contribuinte ao erário. Aliás, de um ponto de vista econômico, o confisco é inato a atividade tributária (Velloso, 2012). Mas isso não implica dizer que a tributação possa ser realizada de forma que venha a anular a riqueza produzida pelo contribuinte, tomando para os cofres públicos parcela tão substancial sua que acaba por esvaziá-la (Amaro, 2021). No célebre caso *Mcculloch vs Maryland*, de 1819, o *Chief Justice* John Marshall já destacava a impossibilidade de o poder de tributar ser exercido de modo a acabar por destruir a atividade tributada (Velloso, 2012).

Logo, a combinação do imposto sobre a renda no nível corporativo, incidente com base na alíquota e adicional hoje vigentes, com o novo imposto no âmbito individual e ainda acrescido da CSLL, irá gerar uma tributação de mais de 50% sobre a renda auferida pela pessoa jurídica e distribuída aos seus sócios ou acionistas. E mesmo que não se trate exatamente do mesmo tributo, deve-se ter em mente que os efeitos de confisco não precisam necessariamente ser avaliados considerando-se isoladamente a incidência de um único tributo. Pelo contrário, a totalidade da carga tributária suportada pelo contribuinte deve ser analisada para fins de determinação de violação ou não ao citado princípio (Velloso, 2012). Klaus Tipke assim se manifesta acerca de uma incidência que onere mais de metade da renda do contribuinte:

> Quem precisar entregar mais do que 50% de seus rendimentos adquiridos regularmente como impostos e contribuições é faticamente um escravo do Estado e necessita de especial simpatia e ajuda. (Tipke, 2012, p. 60)

Questão semelhante foi analisada pelo STF referente às contribuições para seguridade social. Trata-se da Ação Direta de Inconstitucionalidade (ADI) nº 2.010 MC (BRASIL, 2002), em que o Tribunal reconheceu a inconstitucionalidade da sistemática progressiva instituída para a contribuição previdenciária dos servidores públicos inativos e pensionistas. A carga tributária decorrente da cumulação da contribuição previdenciária (cuja alíquota superior era de 25%) com o imposto sobre a renda produzia efeitos confiscatórios, segundo afirmou a Corte. Portanto, pode haver um problema no PL nº 2.337/2021 também no que diz respeito à vedação de efeitos confiscatórios em relação à tributação de lucros e dividendos oriundos de resultados positivos auferidos antes da vigência da nova lei.

3.2.1.3. Universalidade, progressividade e tributação exclusiva na fonte

Por outro lado, podem haver conflitos entre o mencionado projeto de lei e os princípios informadores do imposto sobre a renda, sobretudo no que diz respeito à universalidade e à progressividade. Inicialmente quanto à universalidade, tem-se que ao lado da generalidade correspondem a projeções do princípio da isonomia especificamente aplicados ao imposto sobre a renda, exigindo que tal tributo tenha uma ampla abrangência (Velloso, 2012).

Cabe destacar que o texto constitucional (BRASIL, 1988a, artigo 153, § 2º, I) se refere à universalidade e à progressividade (assim como à generalidade) como critérios informadores do imposto sobre a renda. Contudo, estes critérios encerram valores superiores que orientam toda a legislação sobre o tributo em questão. Isto é, toda disposição legislativa acerca do IR será orientada por estes critérios, dando ao sistema um caráter de consistência orgânica e coerência que a adoção de princípios é capaz de assegurar (Oliveira, R. M. de, 2020). Portanto, afigura-se correta a interpretação de tais critérios como verdadeiros princípios constitucionais.

A universalidade implica na necessidade de que todo o patrimônio do contribuinte seja considerado na sua integralidade para fins de tributação (Oliveira, R. M. de, 2020). Não se admite que haja fracionamento durante o período de apuração, de forma que todos os acréscimos patrimoniais sofram a incidência do IR. No mesmo sentido, Paulo Ayres

Barreto (2001) também destaca a impossibilidade de segregação da renda para fins de tributação mediante critérios diferentes, de modo que determinada espécie de acréscimo patrimonial seja tributada e outra não[86].

Conforme exposto no primeiro capítulo deste trabalho, de 1922 a 1988 a incidência do imposto sobre a renda no Brasil ocorreu pelo sistema cedular, no qual os rendimentos eram classificados em quatro categorias diferentes conforme sua origem e as alíquotas incidiam de forma variável conforme a categoria do rendimento. Este sistema era possível pois inexistia qualquer previsão constitucional que exigisse a tributação universal da renda. Contudo, a Constituição de 1988 expressamente prevê que o imposto sobre a renda "será informado pelos critérios da generalidade, da universalidade e da progressividade" (BRASIL, 1988a, artigo 153, § 2º, I).

Logo, em homenagem à universalidade, a totalidade das rendas do contribuinte deve ser considerada para fins de incidência do IR (Paulsen; Melo, 2008). Porém, isto não significa dizer que exista uma exigência de tributação idêntica para todas as rendas. O que a universalidade impõe é que todos os acréscimos patrimoniais sejam considerados e tributados, mas não necessariamente de igual modo. Nesse sentido, cabe inclusive observar que tal princípio constitucional atua tanto em sintonia com a isonomia quanto com a pessoalidade prevista no artigo 145, § 1º, da Constituição (Oliveira, R. M. de, 2020), o que reforça a ideia de que, embora todas as rendas devem ser consideradas, não necessitam ser tributadas de igual forma.

Desse modo, iguais manifestações de capacidade contributiva serão tratadas de forma idêntica, demonstrando uma coordenação entre universalidade, isonomia, capacidade contributiva e pessoalidade (Oliveira, R. M. de, 2020). Contudo, ainda que exija a incidência do IR sobre todos os fatos que se enquadrem na hipótese de incidência, a universalidade não veda, por exemplo, a concessão de isenções objetivas ou subjetivas. O que impede é que haja uma "exclusão apriorística de determinada categoria

[86] Interessante observar que o citado autor, ao fazer tal consideração, se refere ao princípio da generalidade. Para ele, a universalidade "impõe que a renda obtida por toda pessoa, observados os limites da própria competência tributária, fique sujeita à incidência desse imposto" (Barreto, P. A., 2001, p. 62). Já para os demais autores mencionados, assim como para Celia Murphy (2020), a universalidade diz que o imposto de renda deve alcançar todos os rendimentos, de qualquer espécie ou gênero, obtidos pelo contribuinte. Enquanto que a generalidade, impõe a incidência do IR sobre todas as pessoas que realizam seu fato imponível.

de pessoas ou rendimentos do rol dos sujeitos passivos ou dos fatos tributários" (Difini, 2008, p. 77).

Nessa senda, Leandro Paulsen (2020) explica que tanto a ausência de capacidade contributiva quanto finalidades extrafiscais podem embasar a existência de diferenças na incidência do IR sobre determinadas rendas. Além de citar exemplos como a isenção em favor de pessoas físicas que recebem proventos de aposentadoria e que estão acometidas por doenças graves, na forma do artigo 6º da Lei nº 7.713/8882, o mencionado autor esclarece que:

> Em face do critério constitucional da universalidade, ter-se-ia de considerar a totalidade das rendas do contribuinte como uma unidade, sem estabelecer distinções entre tipos de rendas para efeito de tributação diferenciada.
>
> Tais critérios, da generalidade, da universalidade e da progressividade, se aplicados adequadamente, fariam com que todos pagassem imposto de renda sobre a totalidade dos rendimentos auferidos com carga progressiva conforme a capacidade contributiva de cada qual. Porém, o legislador segmenta o imposto de renda, criando tributações distintas para determinadas classes de rendimentos, como, por exemplo, a tributação exclusiva na fonte dos rendimentos de aplicações financeiras (de 15% a 22,5%, variando conforme o tempo de aplicação, sendo que os rendimentos de caderneta de poupança são isentos) e a tributação isolada dos ganhos de capital (15%), sujeitas, cada qual, como se vê, a alíquotas distintas daquelas aplicáveis aos rendimentos em geral, como os provenientes do trabalho (tabela progressiva, até 27,5%). Ademais, o legislador exclui da base de cálculo do imposto de renda, por exemplo, os lucros e dividendos recebidos por sócios, acionistas ou titulares de empresa individual, com o que não são gravados pelo imposto de renda.
>
> (Paulsen, 2020, n.p.)

Assim, entende-se que o PL nº 2.337/2021 não viola a universalidade, ainda que preveja uma forma de incidência em separado para a tributação dos lucros e dividendos distribuídos. Como visto, a vedação constitucional decorrente do princípio da universalidade diz respeito à exclusão apriorística de determinado grupo de renda da incidência do imposto. No entanto, inexiste óbice à instituição de formas diferentes de tributação para rendas também diferentes entre si, seja em decorrência de razões de capacidade contributiva, seja por questões extrafiscais.

Por sua vez, a progressividade tem por característica a imposição de alíquotas diferenciadas e variáveis conforme o conteúdo econômico da base de cálculo do tributo (Velloso, 2012). Deste modo, bases de cálculos maiores atrairão a incidência de alíquotas também maiores, de forma que manifestações de capacidade contributiva mais significativas sejam tributadas de forma igualmente mais significativa. A progressividade diferencia-se da proporcionalidade[87] pelo fato de que nesta a mesma alíquota irá incidir sobre a base de cálculo independentemente de suas dimensões, se maior ou menor (Velloso, 2012).

Percebe-se que a progressividade possui estrita relação e decorre do princípio da capacidade contributiva (Difini, 2008). Ora, se cada um deve contribuir com os tributos na proporção de suas capacidades, a progressividade justamente faz com que os contribuintes de maior capacidade sejam mais onerados. Desta forma, tal princípio permite que aqueles que auferem maior renda tenha uma tributação com base em alíquotas maiores (Murphy, 2020). Trata-se de ressaltar a característica de pessoalidade inata ao imposto sobre a renda (Paulsen; Melo, 2008), permitindo que este seja graduado segundo as características e capacidade de cada contribuintes.

Logo quando de sua instituição no Brasil, o imposto sobre a renda não era progressivo. No entanto, já em 1923, através da Lei nº 4.783, foi instituída uma tabela progressiva que estabelecia uma faixa de isenção e alíquotas que variavam de 0,5% a 8%, conforme a dimensão da base de cálculo. Portanto, verifica-se que o imposto sobre a renda brasileiro desde há muito tem como marca a progressividade, fazendo jus ao caráter de tributo pessoal e com fortes ligações com os princípios da capacidade contributiva e isonomia.

Cabe ainda registrar que os princípios da universalidade e da progressividade (assim como o da generalidade), previstos no inciso I do parágrafo 2º do artigo 153 da Constituição de 1988, são imperativos (Paulsen;

87 Cabe registrar a posição de Alberto Deodato, embasado nos estudos do economista Edwin R. A. Seligman, segundo a qual não haveria propriamente uma distinção entre progressividade e proporcionalidade. Isto porque "a proporção é, também, uma espécie de progressividade. No sistema chamado proporcional, o imposto pode aumentar por um acréscimo proporcionado do imposto, ficando a taxa inalterada; no progressivo, o imposto pode aumentar por um acréscimo proporcionado da taxa, mudado esta, pari passu, com a soma tributada. Donde, conclui o autor, há apenas duas espécies de proporção: a regular e a progressiva." (Deodato, 1979, p. 71).

MELO, 2008). Isto significa dizer que o texto constitucional determina a sua observância, ao dispor literalmente que o imposto sobre a renda "será informado" (BRASIL, 1988a) por tais princípios. Ademais, a não observância destes, além de violar o dispositivo constitucional mencionado, irá confrontar também com os princípios da isonomia, da pessoalidade e da capacidade contributiva, pois uma alíquota fixa e incidente sobre bases diferentes, por exemplo, "não conseguirá aferir e tributar de forma real e isonômica a verdadeira capacidade contributiva dos sujeitos" (QUEIROZ, 2004, p. 446).

Assim, em atenção aos princípios da universalidade e progressividade, bem como da generalidade, a regra matriz de incidência do imposto sobre a renda deve alcançar todo o patrimônio do contribuinte, considerando conjuntamente, aplicando as alíquotas de forma progressiva. A consequência da fixação destas premissas é a conclusão pela impossibilidade de que a tributação da renda se dê exclusivamente na fonte (BARRETO, P. A., 2005, p. 771). Com efeito, a tributação exclusiva na fonte acaba por impor a uma determinada renda tratamento diverso das demais que compõem o patrimônio do contribuinte. Logo, ao impedir esta consideração conjunta, resta prejudicada também a análise da progressividade, pois uma parcela da base de cálculo terá sido considerada isoladamente.

A técnica de tributação exclusivamente na fonte é utilizada em razão de suas vantagens administrativas e fiscalizatórias. De fato, esta forma de incidência do IR previne a sonegação, alcançando maior celeridade para a arrecadação e facilitando a fiscalização por parte do Poder Público (BALEEIRO; DERZI, 2018). No entanto, com sua utilização o imposto perde parte de sua natureza pessoal e se afasta dos princípios da universalidade e, principalmente, da progressividade. Nas palavras de Misabel Derzi, "cada pessoa é detentora de apenas um patrimônio, e a renda é o acréscimo de valor ao patrimônio líquido, em determinado período" (BALEEIRO; DERZI, 2018, p. 399). Assim, não se pode pretender que o contribuinte tenha seu patrimônio, que é único, considerado separadamente para fins de incidência do imposto sobre a renda.

Tal forma de tributação acaba por destacar um aumento patrimonial único e o considerar isoladamente para fins de incidência do imposto. Por este motivo, pode-se dizer que tal técnica transmuta o IR de tributo pessoal em um imposto real (GUTIERREZ, 2009), ainda mais no caso de haver a previsão de uma alíquota fixa que irá incidir unicamente de acordo coma natureza da renda. Não haverá em tal caso a necessária e imperativa observância às condições pessoais do contribuinte, sequer seus rendimentos serão considerados de forma universal.

E o princípio da universalidade determina que todos os rendimentos obtidos pelo contribuinte no período de apuração sejam tratados sem discriminações em função de sua origem ou espécie. Do contrário, não se estará dando tratamento diverso em razão da capacidade contributiva, mas sim pela origem do acréscimo patrimonial obtido (Gutierrez, 2009). E não se pode discriminar contribuintes que tenham obtido o mesmo acréscimo patrimonial no período de apuração do imposto sobre a renda, em função de um deles, por exemplo, ter obtido um acréscimo patrimonial decorrente da aplicação do capital e o outro ter obtido um acréscimo patrimonial decorrente do trabalho. Se o acréscimo patrimonial foi idêntico, a tributação pelo imposto sobre a renda deve ser idêntica.

Por sua vez, o princípio da progressividade ratifica a necessidade de que o IR tenha caráter pessoal. Para tanto, necessariamente deve ser graduado segundo a capacidade contributiva do contribuinte manifestada e auferida pela dimensão da base de cálculo apurada. A correta apuração da base de cálculo, por conseguinte, é que irá permitir a correta identificação da capacidade contributiva e, consequentemente, a aplicação da alíquota progressiva incidente. E para tanto, além da consideração global dos rendimentos auferidos, é preciso também que sejam consideradas as despesas necessárias à sua percepção e à manutenção da fonte produtora.

No caso de haver a tributação isolada de certos acréscimos patrimoniais, se afasta a possibilidade de aferição da correta base de cálculo. Assim, tem-se um atentado contra o princípio da progressividade, que pode até mesmo conduzir à tributação de contribuintes que sofreram variações patrimoniais negativas (Gutierrez, 2009). Portanto, esta técnica de tributação exclusivamente na fonte, muitas vezes empregada em nome da praticidade da fiscalização, acaba por não retratar corretamente a renda auferida pelo contribuinte. Embora tais valores submetidos ao IRRF sejam informados na declaração anual de ajuste do IRPF, eles são apenas declarados, isto significa que não são computados na apuração final da base de cálculo (Costa, 2021).

E o PL nº 2.337/2021 pretende instituir uma tributação incidente exclusivamente na fonte para os juros e dividendos distribuídos à alíquota fixa de 20%. Por esta razão, pode-se identificar também um problema de progressividade na proposta de reforma. Nesse sentido, veja-se o que conclui Roque Antonio Carrazza acerca do confronto entre universalidade e tributação exclusiva na fonte:

> Como corolário, temos que o tributo não pode incidir exclusivamente na fonte, porque este mecanismo jurídico segrega uma parcela dos rendimentos obtidos, sem falar em conta a real existência, no ano-base, de acréscimo patrimonial. Inadmissível, portanto, a segmentação dos elementos formadores do acréscimo patrimonial do contribuinte, seja ele pessoa física, seja pessoa jurídica. O que é juridicamente possível, sim, é o IR, com base em lei, ser cobrado antecipadamente – circunstância, no entanto, que exige, de modo inafastável, sua compensação quando vier apurada a renda líquida anual do contribuinte. (Carrazza, 2006, p. 43)

Como forma de atenuar este conflito, poderia haver para o caso de contribuintes pessoas físicas previsão semelhante a existente para os casos de sócios ou acionistas pessoas jurídicas. É que neste caso, o IRRF incidente quando do recebimento dos lucros e dividendos poderá ser compensado com suas próprias distribuições para seus sócios ou acionistas. Enquanto que, para as pessoas física recebedoras dos resultados positivos distribuídos, o imposto retido será considerado como incidente exclusivamente na fonte.

3.2.1.4. Fiscalização e DDL

O último ponto a destacar de possível conflito do Projeto de Lei em tela com o sistema constitucional tributário diz respeito à praticabilidade da fiscalização. Ainda que não haja um dispositivo constitucional que expressamente preveja a questão fiscalizatória, a exemplo do que ocorre com os antes examinados princípios da anterioridade, proibição de efeitos de confisco, universalidade e progressividade, não se pode negar a importância desta questão. Por certo que o sistema constitucional busca a eficiência e esta implica em criar tributos que sejam fiscalizáveis a ponto de garantir a correta distribuição da carga tributária. O objetivo é evitar aquilo que se chama de *dummensteuer*, ou seja, o "imposto dos ignorantes ou dos tolos", uma vez que somente pagam impostos os "ignorantes" ou "tolos" que foram incapazes de encontrar uma forme menos onerosa para desempenhar suas atividades dentro do que Klaus Tipke chama de "Direito Tributário-Caos" (Tipke, 2008, p. 165).

O fato é que o PL nº 2.337/2021 ao prever a tributação dos lucros e dividendos distribuídos inclusive por microempresas e empresas de pequeno porte traz à tona novamente a questão da distribuição disfarçada de lucros (DDL). Como já visto no primeiro capítulo, a fiscalização desta forma de distribuição de lucros era complexa, custosa e envolvia a análise diversos elementos de caráter subjetivo. Com a modificação introduzida pela Lei nº 9.249/1995 e a adoção do modelo integrado pelo método da isenção total, todas as discussões a respeito da DDL foram superadas. No entanto, agora, com a proposta de retorno ao modelo clássico, estas questões igualmente voltam à pauta.

Já de início constata-se a necessidade de que toda a legislação sobre DDL seja revista e atualizada. A Lei nº 4.506/1964 foi a primeira a prever a questão da distribuição disfarçada de lucros em seus artigos 72 e 73, com posterior regulamentação pelo Decreto nº 76.186/1975 que dispunha sobre o Regulamento do Imposto de Renda à época (Moreira Junior, 2006). No entanto esta legislação acabou sendo revogada pelo Decreto-Lei nº 1.598/1977, pelo que hoje em dia as únicas disposições que vigoram sobre DDL em nosso ordenamento são as contidas nos artigos 60 a 62 do referido Decreto-Lei, com as alterações realizadas pelo Decreto-Lei nº 2.065/83. Aliás, a própria exposição de motivos do PL nº 2.337/2021 prevê que seria necessária uma atualização da legislação sobre DDL:

> A introdução de regras de tributação dos lucros ou dividendos distribuídos exige uma atualização e aperfeiçoamento das regras de distribuição disfarçada de lucros previstas nos arts. 60 a 62 do Decreto-Lei nº 1.598, de 26 de dezembro de 1977. Nessa linha, são introduzidas novas hipóteses em que se configura a distribuição disfarçada de lucros, as quais, se verificadas, ensejarão a tributação pelo IRRF sobre o lucro distribuído disfarçadamente e, no caso de pagamentos efetuados por pessoas jurídicas sujeitas ao lucro real, a não dedutibilidade de eventual despesa na apuração do Imposto sobre a Renda das Pessoas Jurídicas – IRPJ e da CSLL. (BRASIL, 2021e)

Além da necessidade de atualização e aperfeiçoamento da legislação sobre DDL, há um inegável problema quanto à complexidade da fiscalização. A distribuição disfarçada de lucros, antes da vigência da Lei nº 9.249/1995, já exigia medidas fiscalizatórias custosas e complexas. Isto porque envolvia a análise de diversas questões de caráter subjetivo e conceitos jurídicos indeterminados, o que ainda gerava uma alta taxa de litigiosidade entre contribuintes e fisco (BRASIL, 2021d, p. 15).

Atualmente, dada a complexidade das operações e atividades econômicas, certamente a fiscalização demandaria maiores recursos, tanto em termos de pessoal quanto de infraestrutura para auditar milhões de pessoas físicas que recebem juros ou dividendos como fonte de renda. Problema este que é agravado no Brasil em razão do déficit de servidores de fiscalização tributária e restrições orçamentárias para a contratação de novos servidores (BRASIL, 2021d). Tais fatores geram dificuldades de fiscalização já no contexto atual, de modo que a ampliação da base de contribuintes sob fiscalização o tornaria ainda mais complicado.

Outrossim, não se pode perder de vista o fato de que o projeto em tela prevê a tributação também em relação às micro e pequenas empresas. Veja-se que no Brasil 85% das empresas ativas em 2020 foram constituídas sob a forma de MEI (microempreendedor individual) e de microempresas (BRASIL, 2020d). Haverá, então, um vasto universo de empresas, operações e contribuintes a serem analisados e auditados para verificação da possível ocorrência de DDL. O que, sem dúvidas, exigirá grande volume de recursos humanos e financeiros por parte da administração pública (ALMEIDA, 2012).

Portanto, ao prever a tributação dos lucros e dividendos distribuídos ou pagos já a partir do primeiro dia do exercício seguinte ao da edição da nova lei, inclusive em relação aos resultados positivos auferidos pelas pessoas jurídicas em exercícios anteriores, constata-se um problema do PL nº 2.337/2021 em relação ao princípio da anterioridade e, até mesmo, da vedação dos efeitos de confisco. Da mesma forma, a incidência do imposto sobre a renda de forma exclusiva na fonte, principalmente em relação aos sócios ou acionistas pessoas físicas, para os quais se trata de tributação definitiva aponta para uma possível violação dos princípios da universalidade e progressividade. Ademais, a complexidade decorrente do retorno ao modelo clássico poderá tornar impraticável a fiscalização correta quanto a DDL estimulando planejamentos tributários abusivos e, ao mesmo tempo, elevando o contencioso tributário.

Além destes pontos de possível confronto do Projeto de Lei em tela com o sistema constitucional tributário, há outras questões mais específicas relacionadas ao próprio modelo pretendido. Como já visto, o Brasil adotou durante largo período de tempo o modelo clássico de tributação da renda. Agora, após quase três décadas de vigência do modelo integrado, pretende-se um retorno à forma de tributação anterior. O próximo tópico, então, analisa algumas das questões controversas acerca deste ponto.

3.2.2. O modelo clássico de tributação da renda: questões controversas

Além das questões anteriormente analisadas em aparente desconformidade com o sistema tributário constitucional, deve-se questionar a correição do retorno ao modelo clássico de tributação da renda. É preciso avaliar se a taxação dos lucros e dividendos realmente é o caminho mais indicado. Para tanto, procura-se neste tópico destacar alguns pontos controversos envolvendo o modelo clássico de tributação.

Inicialmente, cabe destacar que a pretensão de retorno ao modelo clássico não é bem vista nem mesmo pelos críticos do atual sistema integrado (Derzi; Fonseca, 2020). E de fato a solução dos problemas antes analisados, relacionados ao método da isenção total, não é simplesmente a adoção de um modelo extremamente oposto, através do qual os lucros e dividendos são tributados sem qualquer exceção ou regra específica. No entanto, a maioria das propostas de reforma em trâmite no Congresso Nacional e, principalmente, o antes analisado PL nº 2.337/2021, no que se refere à tributação da distribuição de resultados positivos, limita-se a extinguir a isenção hoje prevista no artigo 10 da Lei nº 9.249/1995 (Botelho, 2020).

Nesse sentido, Cristiane Mirando Botelho (2020) destaca pontos fundamentais que deveriam ser levados em consideração em uma proposta de reforma tributária que pretenda alterar o modelo de tributação da renda. Por exemplo, é preciso analisar a própria relação institucional havida entre a pessoa física que recebe os lucros ou dividendos e a sociedade que os distribui ou paga. Com efeito, o sócio pode efetivamente desempenhar atividades em prol da sociedade ou pode apenas ser um investidor, até mesmo estrangeiro, em uma sociedade de ações. São situações completamente distintas e que deveriam ser consideradas nos projetos.

Ademais, não se pode perder de vista que as decisões do Poder Público em matéria tributária geram reflexos em diversas outras áreas, tanto públicas quanto privadas, influenciando desde o orçamento público e o desenvolvimento econômico até a atração de investimentos estrangeiros e a formalização das empresas. Logo, um projeto de reforma do modelo de tributação da renda, quer pela complexidade do tema em si, quer pela capacidade de reverberar em outros assuntos, não pode ser tratado de forma simplista (Botelho, 2020). Nessa senda, pode-se afirmar que a mera substituição do atual modelo de isenção por um de dupla tributação não se mostra como a medida mais adequada para resolver os problemas da carga tributária já anteriormente mencionados (Derzi; Fonseca, 2020).

3.2.2.1. Indução de comportamentos

Aliás, o PL nº 2.337/2021, além de não resolver as distorções da carga tributária brasileira ainda se revela com potencial de gerar outros problemas. Como visto anteriormente, o conjunto de medidas pretendidas através do referido projeto, principalmente no que diz respeito com a correção da tabela de alíquotas do IRPF e a redução da alíquota do IRPJ, irá acarretar uma redução na arrecadação. Como forma de compensar esta perda de recursos institui-se o IRRF incidente sobre a distribuição de lucros e pagamento de dividendos.

Com essa nova incidência tributária, o Ministério da Economia estima que sejam arrecadados até R$ 58,15 bilhões a mais (FGV, 2021). Ocorre que, também conforme já foi alertado, deve-se ter em mente que a instituição do IR sobre lucros e dividendos certamente irá fazer com que os sócios e acionistas se organizem de maneiras diversas, buscando meios de se aproveitar dos resultados positivos auferidos pelas pessoas jurídicas que escapem da incidência do IRRF (Silva, J. M. P. Q.; *et al.*, 2015).

Desta forma, ao invés de um incremento de arrecadação, haveria um incentivo à planejamentos tributários, muitos deles até mesmo executados por meios que poderiam ser considerados abusivos. Problemas hoje em grande parte superados, como a confusão patrimonial decorrente do pagamento pela sociedade de despesas particulares dos sócios, a transferência de ativos da sociedade para os sócios por valor inferior ao de mercado e concessão de empréstimos em favor dos sócios, dentre outros, certamente voltariam a preocupar o fisco (Tavares, R. J. S., 2020).

Ainda, devem ser pensadas as questões relativas à indução de comportamentos em decorrência da tributação dos lucros e dividendos. Neste ponto, poderia haver um estímulo à formação das conhecidas *holdings companies* para receber os lucros e dividendos das sociedades operacionais como uma espécie de pejotização das participações societárias. Essa situação é agravada pelo fato de que nosso ordenamento não conta com regras específicas para combater tal tipo de estruturação quando essa apresentar abusos e artificialidades, sendo necessária a aplicação de regras gerais antievasivas e, logo, elevando o grau de litigiosidade (Tavares, R. J. S., 2020).

Percebe-se que a retomada do modelo clássico de tributação pode acabar por gerar ainda maiores problemas para o sistema tributário brasileiro, principalmente com o incentivo à adoção de medidas que visem afastar a tributação e, consequentemente, das disputas judiciais entre fisco e contribuinte acerca da validade de tais medidas. Deste modo, o argumento de que a tributação dos lucros e dividendos em dois níveis, sem a utilização de técnicas de integração, simplifica o sistema não se sustenta integralmente. Mesmo que não sejam criadas complexidades decorrentes do método eleito para compatibilizar as incidências nos âmbitos corporativo e individual, a dupla taxação dos resultados positivos acaba por gerar outros problemas que deverão ser solucionados.

3.2.2.2. Experiências internacionais de utilização do modelo clássico

Interessante notar que os defensores do modelo clássico costumam indicar experiências internacionais como parâmetros para adoção deste no Brasil. Como destacam Valcir Gassen e Marcos Aurélio Pereira Valadão (Gassen; Valadão, 2020), os sistemas norte americano e alemão geralmente são indicados como exemplos bem sucedidos de adoção do modelo clássico. Contudo, é preciso salientar que há significativas diferenças entre os sistemas destes países e do Brasil e, como já advertido, o direito comparado exerce papel fundamental na análise e construção do ordenamento jurídico, mas impõe que se respeitem as particularidades de cada um.

Nos Estados Unidos da América, no que se refere ao imposto sobre a renda das pessoas físicas, os contribuintes que optam por uma forma de declaração semelhante ao nosso modelo completo de apuração podem deduzir uma ampla gama de despesas, diferentemente do que ocorre no Brasil onde o rol de itens dedutíveis é restrito (Gassen; Valadão, 2020). Outro ponto de diferenciação é que nos EUA a legislação permite o aproveitamento de prejuízos de algumas operações para compensação com resultados positivos de exercícios posteriores. Já no Brasil, isto somente é permitido para pessoas físicas no que se refere à prejuízos decorrentes da exploração de atividade rural (Gassen; Valadão, 2020). Outrossim, a tabela de alíquotas progressivas do IRPF norte americano sofre reajustes anuais pela variação de índices econômicos que medem a inflação daquele país, o que não ocorre no Brasil em prazo e de forma que se possa chamar de ordinária (Gassen; Valadão, 2020).

Por outro lado, quanto à tributação da renda das pessoas jurídicas, a principal diferença para o sistema brasileiro se refere a ampla possibilidade de dedução dos prejuízos acumulados em exercícios anteriores (Derzi; Fonseca, 2020). Aliás, em outros países também se verifica a previsão de dedução de prejuízos de forma bem mais favorável aos contribuintes. Por exemplo, na Alemanha os prejuízos acumulados pelo grupo podem ser deduzidos em exercícios futuros sem limite temporal. Já no Reino Unido, os prejuízos podem ser compensados indefinidamente para a frente e retroativamente por um ano, como regra geral, e por até três anos em casos excepcionais. Ainda, na França os prejuízos de um grupo podem ser compensados para frente até o primeiro milhão de euros e mais 50% dos lucros tributáveis ou retroativamente em relação ao exercício imediatamente anterior até o limite de um milhão de euros (Derzi; Fonseca, 2020).

Outro ponto de importante distinção entre os sistemas tributários brasileiro e norte americano diz respeito à separação entre pessoas jurídicas e físicas. Como já visto anteriormente, apenas as *Corporations* estão sujeitas à tributação nos Estados Unidos da América como *separate entity*, ou seja, como pessoas jurídicas autônomas de seus sócios (Gassen; Valadão, 2020). Isto significa que somente esta espécie de sociedade, onde os sócios detêm ações da companhia, está sujeita à tributação da renda no nível corporativo. Sem falar que as *Corporations* podem ser do tipo *C* (puras) ou *S* (*Subchapters*), as quais possuem ainda tratamento simplificado e podem ser tributadas como entidades *pass through*, à semelhança das *partnerships*.

Dessa forma, mesmo em uma sociedade do tipo *Limited Liability Partneship*, que tem estrutura semelhante às nossas sociedades de responsabilidade limitada, a tributação não se dará de forma autônoma em relação à pessoa jurídica (Gassen; Valadão, 2020). Destarte, diferente do que ocorre no Brasil, uma pequena parcela das sociedades (somente as *C Corporatios*) está sujeita ao imposto sobre a renda. Para a grande maioria não há incidência do imposto, o que irá ocorrer somente quando da distribuição dos resultados positivos para seus sócios ou acionistas e tendo estes como contribuintes.

Por conseguinte, na maioria dos casos a renda acaba sofrendo apenas uma única incidência tributária, a qual se dá no nível individual e pelas alíquotas aplicáveis às pessoas físicas.[88] Enquanto que no Brasil a adoção

[88] Registra-se que mesmo assim o modelo norte americano é considerado clássico pela doutrina (Botelho, 2020) pelo fato de que, em se tratando de *C Corporations*, haver a sujeição da renda ao imposto de renda nos dois níveis, corporativo e individual. Contudo, como visto, o modelo classifico modificado aplicado pelos Estados Unidos pode também ser considerado

ou o retorno ao modelo clássico implicaria na tributação da totalidade dos lucros e dividendos distribuídos, especialmente se considerado o teor do PL nº 2.337/2021 que prevê a incidência para todas as espécies societárias inclusive microempresas e empresas de pequeno porte.

Esta diferenciação entre tipos societários para fins de tributação, ou melhor, para determinar a incidência do imposto sobre a renda no âmbito corporativo, inexistente no ordenamento brasileiro, revela ainda outra particularidade do sistema norte americano. No caso das *C Corporations*, cujos rendimentos são tributáveis nos dois âmbitos, a legislação dos Estados Unidos classifica os resultados positivos distribuídos em duas categorias para fins de incidência do imposto no nível individual. De um lado há os chamados dividendos qualificados, que conforme Cristiane Miranda Botelho são aqueles que preenchem três requisitos básicos:

> a. devem ser pagos pela posse de ações comuns ou preferenciais de uma empresa norte-americana que já paga o *corporate tax* ou uma empresa estrangeira qualificada (exemplos deste tipo de companhia estrangeira são aquelas situadas em países considerados territórios associados dos Estados Unidos ou aquelas situadas em países que possuem tratado de informações sobre imposto de renda aprovado pelo Tesouro);
>
> b. período de posse mínimo de 60 dias para ações ordinárias e 90 dias para as preferenciais;
>
> c. não se enquadrarem na lista de dividendos expressamente excluídos dos qualificados. (Botelho, 2020, p. 327)

Por outro lado, os dividendos ordinários, correspondentes aos que são expressamente excluídos da condição de qualificados pela legislação ou que não preenchem os requisitos acima apontados. A diferença de tratamento tributário entre essas espécies de dividendos é o regime mais benéfico de taxação dos qualificados em relação aos ordinários (Botelho, 2020). Com efeito, dividendos classificados como qualificados e em montante enquadrável na faixa tributável de 10% a 15% da tabela do IRPF são isentos do imposto sobre a renda. Já para aqueles que estariam na faixa de alíquotas de 25% e 39,6%, a alíquota aplicável é de 15% e, por fim, para

uma técnica de integração da tributação da renda, haja vista a existência de um certo grau de preocupação com a dupla incidência do IR nos âmbitos corporativo e individual, a qual e minimizada justamente pela previsão de alíquotas menores para o IRPF.

os valores que estariam na faixa de 39,6%, a alíquota é de 20%. Enquanto que os dividendos ordinários são tributados nas mesmas alíquotas previstas para a renda oriunda de outras fontes.[89]

Bem se vê, portanto, que o sistema norte americano de tributação da renda é completamente distinto do brasileiro. E mesmo o PL nº 2.337/2021, que pretende reintroduzir o modelo clássico no Brasil, o faz de maneira completa distinta do que ocorre nos Estados Unidos da América. Não há, no referido projeto, nenhuma previsão semelhante com relação à diferenciação de tipos societários para fins de incidência do IRPJ, tampouco há determinação de alíquotas diferentes em razão do tipo de dividendo pagou ou de lucro distribuído. A modificação pretendida é tão só de revogação da atual isenção para a total tributação de todo e qualquer resultado positivo distribuído sob qualquer circunstância.

No que se refere à Alemanha, igualmente existem diferenças para o sistema tributário brasileiro que precisam ser levadas em consideração para fins de comparação entre os modelos de tributação da renda. O principal deles reside no fato de que, embora a renda gerada pela empresa seja tributada no âmbito da pessoa jurídica e, uma vez distribuída, também no nível dos sócios e acionistas, deve-se ponderar que a Alemanha não adota pura e simplesmente o sistema clássico de taxação dos dividendos. Em uma análise mais detida do ordenamento alemão, percebem-se previsões que remetem tanto ao modelo clássico quanto ao integrado, a depender da natureza jurídica do beneficiário dos dividendos distribuídos (Botelho, 2020).

De fato, conforme Klaus Tipke (Tipke, 2008) em 1920 houve a adoção do modelo clássico de tributação da renda pela Alemanha, o que perdurou até 1953 quando teve início um processo de redução de alíquotas que se estendeu até 1976, assemelhando-se ao que se denomina de sistema clássico modificado. Em 1977, foi adotado o modelo integrado pelo método da imputação no nível individual, com a concessão de crédito em favor da pessoa física referente ao tributo recolhido pela pessoa jurídica. Em 2001 houve a substituição desta técnica de integração com o retorno do modelo clássico, mas com algumas particularidades.

[89] Por este motivo que, conforme exposto no primeiro capítulo deste trabalho, o modelo de tributação da renda dos Estados Unidos da América pode ser descrito como clássico modificado, uma vez que há previsão de alíquotas diferentes para tributação dos lucros e dividendos e para a taxação de rendas oriundas de outras fontes, como salários por exemplo.

Com efeito, atualmente a Alemanha tributa a renda gerada pela empresa através de um IRPJ denominado de *Körperschafsteuer*, com alíquota de 15%. Enquanto que a renda auferida pelo sócio ou acionista pessoa física se sujeita a uma nova incidência (*Einkommensteuer*) com alíquotas progressivas. A relação entre o IRPJ e o IRPF alemães é conhecida como princípio da separação ou *Trennungsprinzip* (Botelho, 2020).

Os lucros e dividendos são tributados de forma diferente a depender de se os sócios ou acionistas são pessoas físicas ou jurídicas. Em se tratando de pessoas físicas, sejam residentes ou não residentes na Alemanha, a tributação ocorre de forma definitiva na fonte e à alíquota de 25%, acrescidos ainda de uma contribuição (*Solidaritätzuschlag*[90]) de 5,5%. Portanto, os resultados positivos distribuídos à pessoas físicas estão sujeitos a uma taxação de 26,375% (Silva, J. M. P. Q.; *et al.*, 2015).[91]

No caso de o beneficiário dos lucros ou dividendos ser pessoa jurídica, haverá uma distinção conforme o tipo de sociedade. Firmas individuais (*Einzeilunternehmen*) e sociedades de pessoas (*Personengesellschaft*) possuem uma faixa de isenção de 40% dos resultados positivos recebidos. A parcela tributável fica sujeita a uma retenção na fonte à alíquota de 25%, igualmente acrescida da mencionada contribuição. Interessante notar que o imposto pago por essas sociedades será deduzido do valor a ser pago pelos seus próprios titulares ou sócios. Por outro lado, se o beneficiário for uma sociedade empresarial (*Kapitalgesellchaft*) a faixa de isenção é de 95%. A parcela tributável será adicionada ao lucro da sociedade e estará sujeita à alíquota de 15% também acrescida da mencionada contribuição (Botelho, 2020).

Importante destacar que as pessoas físicas que recebem lucros ou dividendos em razão do exercício de atividades profissionais não se enquadram no primeiro grupo, mas sim no grupo das pessoas jurídicas (Botelho, 2020). Há uma nítida preocupação em diferenciar sócios que exercem ati-

[90] Essa contribuição, também chamada de contribuição de solidariedade ou simplesmente de *Soli*, foi instituída em 1991 para cobrir os custos da reunificação alemã e é pago em acréscimo a todas as espécies de imposto de renda (Martins, A. S., 2020)

[91] Registra-se que há uma faixa de isenção (*Sparerpauschbetrag*) de 801 euros para solteiros e 1602 euros para os casados, considerando-se rendimentos anuais e competindo ao contribuinte apresentar um formulário diretamente ao banco responsável pela retenção informando que se encontra dentro do limite de isenção. Outrossim, poderá haver redução da alíquota de 25% no caso de pessoa física residente em outro país, caso haja tratado internacional contra a dupla tributação celebrado com a Alemanha. (Botelho, 2020).

vidade daqueles que são apenas investidores, para os quais a tributação acaba sendo mais elevada. Porém, isto não significa que haja uma penalização aos investidores, mas que há a consideração de que se tratam de situações diferentes, a ensejar um tratamento diferenciado.

Enquanto isso, o modelo de tributação previsto no PL nº 2.337/2021 não apresenta essa preocupação em distinguir os tipos de sócios ou acionistas. A única situação particular considerada pelo referido projeto diz respeito à previsão de dedução, no caso de sócio pessoa jurídica, do IRRF incidente quando do recebimento dos resultados positivos com o imposto a ser recolhido quando houver uma futura distribuição para os sócios pessoas físicas. Portanto, utilizar as experiências estrangeiras, principalmente de países com sistemas com tantas diferenças em relação ao Brasil como Estados Unidos da América e Alemanha, não se apresenta como um argumento sólido para defender o retorno a tributação pelo modelo clássico[92].

3.2.2.3. Tendência internacional contrária ao modelo clássico

O modelo clássico apresenta distorções inatas a ele próprio, como a oneração da variação inflacionária embutida no rendimento do capital aplicado pelo sócio (Gobetti, 2019). Ainda, pode-se apontar o estímulo ao chamado efeito *lock-in*, que consiste no adiamento da distribuição dos resultados positivos auferidos pelas pessoas jurídicas. Nesses casos, encerrado o exercício e apurados lucros passíveis de distribuição, ao invés de se efetivar sua remessa aos sócios, estes são contabilmente escriturados em conta de reserva e permanecem estagnados no âmbito da sociedade (Gobetti, 2018). A economista Andrea Lemgruber destaca outros pontos negativos do sistema clássico de bitributação:

> (i) o desincentivo à poupança e aos investimentos, o que impacta o crescimento de longo prazo da economia;
>
> (ii) a criação de distorções na gestão financeira das empresas em razão do incentivo perverso à não distribuição de dividendos, bem como a indução à escolha pelo financiamento mediante capital oneroso de terceiros ao invés de capital próprio;
>
> (iii) o estímulo a esquemas de distribuição disfarçada de lucros; e

[92] Como já mencionado anteriormente, embora indicado como modelo clássico modificado, em verdade esta forma de tributação dos lucros e dividendos caracteriza uma técnica de integração da tributação da renda.

(iv) a ineficiência alocativa de recursos, uma vez que a manutenção dos lucros na pessoa jurídica inibe a sua alocação, pelo sócio, em outros investimentos que seriam mais vantajosos.
(Lemgruber, 2004, p. 221-223)

Justamente em face dessas distorções que se observa uma tendência mundial de abandono do modelo clássico. A partir da década de 1980 pode-se observar o fortalecimento de proposições tendentes a reduzir a progressividade da tributação dos rendimentos do capital. Porém, a partir dos anos 1990 passou-se a procurar por novas estratégias para lidar com o problema da dupla tributação (Gobetti, 2018). Atualmente, a tendência entre os países membros da OCDE é de redução da tributação do lucro no âmbito corporativo e de ampliação da incidência no âmbito individual (Gobetti, 2018). E este movimento é acompanhado pela migração para o modelo integrado (Derzi; Fonseca, 2020).

Mesmo nos Estados Unidos da América, país sempre indicado como exemplo de adepto ao modelo clássico (em verdade clássico modificado, que pode mesmo ser visto como técnica de integração), a integração entre a tributação da renda nos âmbitos corporativo e individual vem sendo estudada pelo menos desde 1990. Tanto que o Tesouro dos Estados Unidos (*US Treasury*) publicou, em 1992, um abrangente trabalho acerca do tema que apontou vários métodos alternativos de incidência do IR, no qual descreve detalhadamente a técnica de imputação com crédito. Do mesmo modo, o *American Law Institute* também publicou, em 1993, um relatório em que analisa formas de integração da tributação através da utilização de créditos (Graetz; Warren Jr., 2016).

Já em 2003, o então presidente norte americano George W. Bush propôs a concessão de isenção aos dividendos e ganhos de capital quanto ao imposto sobre a renda. O objetivo da proposta era elidir a dupla tributação, de forma que esta ocorresse apenas no nível corporativo. A distribuição para os sócios pessoas físicas será isenta, exigindo-se apenas que o resultado positivo distribuído tivesse sido anteriormente tributado no âmbito da pessoa jurídica. No entanto, a proposta acabou sendo rejeitada pelo Congresso, que, alternativamente, reduziu as alíquotas aplicáveis aos dividendos, mesmo que os lucros distribuídos não tivessem sido previamente tributados no nível da sociedade (Derzi; Fonseca, 2020).

Posteriormente, o Governo do presidente Donald Trump também realizou importantes modificações na estrutura de tributação da renda. Em

2017, através do *Tax Cuts and Jobs Act*, foram reduzidas as alíquotas incidentes para pessoas físicas e jurídicas. Cabe observar, contudo, quanto às pessoas físicas, que as alíquotas mais baixas foram mantidas, reduzindo-se apenas as intermediárias e as mais elevadas (Gassen; Valadão, 2020). Pode-se dizer, portanto, que houve uma diminuição dos níveis de progressividade na tributação da renda.

Assim, mesmo entendendo os Estados Unidos como adeptos do modelo clássico de tributação da renda (entendimento ao qual não nos alinhamos, como já dito), é inegável que foram adotadas medidas para aliviar os efeitos e distorções decorrentes de tal sistema (Almeida, 2012). Ainda como exemplo desta suavização do dito modelo clássico, pode-se mencionar a previsão de tributação máxima de 15% sobre o acionista individual e de dedução entre 70% e 100% pelos dividendos recebidos pelo acionista pessoa jurídica (Ault; Arnold, 2004). Tais previsões acarretam no fato de que uma expressiva parcela da receita oriunda da distribuição de resultados positivos auferidos por pessoas jurídicas acaba não sendo tributada. Estima-se que cerca de 50% do total deste tipo de rendimento não é tributada ao nível do sócio ou acionista (Gravelle, 2016).

Por fim, cabe ainda registrar que, se apenas dois países isentam integralmente os lucros e dividendos no nível individual (Brasil e Estônia), também é verdade que apenas três não dispensam tratamento tributário diferenciado para este tipo de rendimento em comparação com o sistema geral de incidência do IRPF, quais sejam: Hungria, Irlanda e República Checa (IEDI, 2021). Este dado reafirma que a solução para as controvérsias geradas pelo modelo integrado implementado pelo método da isenção não é, pura e simplesmente, a adoção de um modelo diametralmente oposto. Se isentar de forma ampla os resultados positivos distribuídos às pessoas físicas gera distorções no sistema tributário, a tributação integral destes também o faz.

É por tais motivos que a prática mais comum entre os países é a adoção de sistema intermediários, com o estabelecimento de alguma técnica que minore os efeitos da dupla tributação. Desta forma, não se deixa de tributar os lucros e dividendos no âmbito individual, o que permite a redução da carga corporativa e, logo, torna as sociedades mais competitivas no cenário internacional. Mas, ao mesmo tempo, não se ignoram os efeitos negativos do modelo clássico, como a dupla tributação da renda, o estímulo a planejamentos tributários abusivos (sobretudo por meio da prática de DDL) e o chamado efeito *lock-in*.

CONCLUSÕES

No ano em que a instituição do imposto sobre a renda no Brasil pela Lei Orçamentária nº 4.625, de 31 de dezembro de 1922, completa 100 anos, o presente estudo propôs uma análise do tema centrada no aparente consenso acerca de uma necessidade de reforma tributária. Ao longo do trabalho pode-se ver muitas críticas direcionados ao nosso atual sistema tributário como um todo e, em específico, quanto à tributação da renda. São estas questões de ordem prática que orientam e justificam uma análise teórica sobre o tema.

Assim, partindo do exame das excelentes obras já publicadas a respeito do imposto sobre a renda pela doutrina brasileira e, também, valendo-se de autores estrangeiros que tratam deste e de temas correlatos, foi proposta uma abordagem da tributação dos lucros e dividendos a partir de questões constitucionais. O objetivo foi definido em torno de buscar explicar como a tributação dos lucros e dividendos no Brasil se relaciona com os aspectos constitucionais da tributação da renda considerando tanto nosso ordenamento jurídico vigente quanto às perspectivas de alteração do modelo tributário.

Para tanto, o primeiro capítulo foi desenvolvido em torno dos objetivos específicos de examinar os principais aspectos pertinentes à eleição do signo renda como materialidade tributária e descrever os diferentes modelos de tributação. Deste modo, verificou-se que a tributação da renda passou a ocupar maior espaço com a evolução dos Estados e a crescente preocupação em aferir a efetiva capacidade contributiva de seus cidadãos. Movimento este justificado pelo fato de que a imposição tributária sobre os rendimentos individuais cumpre papel fundamental no que se refere a redução de desigualdades e melhor repartição da carga tributária, dada a possibilidade de sua instituição de forma progressiva e universal.

Logo, tendo o Poder Público percebido no imposto sobre a renda uma forma justa de imposição tributária, sua abrangência foi sendo alargada visando atingir o maior número possível de fatos jurídicos. Não apenas os rendimentos oriundos do trabalho, mas também do capital ou da combinação de ambos os fatores passaram a corresponder a materialidades passíveis da incidência do imposto em tela.

Nessa senda, chega-se à questão da tributação dos resultados positivos produzidos pelas pessoas jurídicas, mais especificamente quando estes são distribuídos aos sócios ou acionistas. Tema este que vem sendo estudado por autores das áreas jurídica e econômica que o investigam sob diversas perspectivas, desde questões atinentes à justiça fiscal até práticas de controle e fiscalização, bem como a respeito dos efeitos práticos da tributação ou não dos lucros e dividendos.

Ainda no bojo do primeiro capítulo, verificou-se que a tributação da renda pode ser realizada por meio de dois modelos: o clássico ou o integrado. Adotado o primeiro, haverá uma dupla incidência do imposto, sendo a primeira no momento em que o resultado positivo é produzido pela pessoa jurídica e a segunda quando da sua distribuição aos sócios ou acionistas pessoas físicas sob a forma de lucros ou dividendos. Eleito o segundo, poderá também haver esta incidência nos dois momentos, mas sempre mediante a utilização de algum método ou técnica que elida ou ao menos minimize os efeitos da dupla tributação.

O Brasil, desde a instituição do IR em 1922 até a reforma de 1995, adotou com raros e curtos períodos de exceção o modelo clássico de tributação da renda. Desta forma, os projetos de lei que visam a instituição da dupla oneração dos resultados positivos não chegam a ser uma novidade no ordenamento jurídico. Outrossim, do ponto de vista jurídico-constitucional, a dupla incidência do imposto sobre a renda se revela perfeitamente admitida, pois se tratam de dois fatos imponíveis distintos.

Através da Lei nº 9.249/1995, o Brasil passou a adotar o modelo integrado de tributação por meio da utilização do método da isenção total no âmbito das pessoas físicas. Assim, os lucros e dividendos distribuídos pelas pessoas jurídicas são isentos do IRPF. Consequentemente, a tributação é concentrada e incide efetivamente apenas por meio do IRPJ quando o resultado positivo é produzido no âmbito corporativo.

Também no primeiro capítulo, verificou-se que a integração entre os impostos de renda das pessoas jurídicas e físicas pode ser realizada por meio de outras técnicas como: a dedução no nível corporativo do imposto pago no âmbito individual; a imputação direta no nível individual; a imputação no nível individual com crédito em favor da pessoa física; e o regime de marcação a mercado. Estes métodos apresentam vantagens e desvantagens particulares e podem sofrer alterações dentro do ordenamento de cada país. No entanto, em linhas gerais apresentam benefícios em termos de isonomia e neutralidade quando comparados ao método da isenção total ou ao modelo clássico.

E, finalizando o capítulo inicial, demonstrou-se que nosso atual modelo é passível de críticas relacionadas a questões de justiça fiscal e de neutralidade tributária. Neste sentido, a crítica quanto à existência de um tratamento mais favorável aos rendimentos do capital em comparação àqueles decorrentes do trabalho. Ponto este que inclusive estimula outra questão igualmente criticada, que é a interferência do modelo de tributação na forma de organização das atividades econômicas particulares.

Ademais, verificou-se também uma forte crítica quando a estimada existência de uma expressiva renúncia de arrecadação tributária referente aos rendimentos de capital. O que é agravado pelo fato de a carga tributária brasileira ser composta majoritariamente por tributos incidentes sobre o consumo, causando uma grande regressividade. De fato, ao se desprestigiar a renda como matriz tributária, dando maior relevância aos tributos incidentes sobre o consumo de bens e serviços, o sistema brasileiro incorre em graves problemas de repartição da carga, onerando mais aqueles que economicamente podem ser considerados pobres e beneficiando as classes mais abastadas.

O segundo capítulo buscou analisar questões atinentes à possível ocorrência de dupla tributação da renda, à compatibilização do modelo de tributação com a isonomia, aos impactos em termos de neutralidade fiscal e relativas à segurança jurídica e regime de transição. Quanto ao primeiro aspecto, verificou-se não haver dupla tributação jurídica da renda no caso de incidência do IR quando da obtenção de lucros pela empresa e no momento de sua distribuição aos sócios ou acionistas pessoas físicas. O que se explica pelo fato de que se tratam de duas incidências distintas de tributos diferentes (IRPJ e IRPF) exigidos em face de contribuintes diferentes e em razão da constatação de fatos imponíveis também diferentes.

Porém, há de se atentar para a ocorrência do que a doutrina chama de dupla tributação econômica da renda, ou seja, uma dupla exigência tributária, ainda que em face de fatos e contribuintes distintos, mas sobre uma mesma riqueza. É importante destacar que, embora não seja vedada pelo ordenamento, a sua ocorrência deve ser evitada ou minimizada. Isto porque a dupla tributação econômica gera efeitos negativos em termos de atuação dos agentes econômicos no mercado internacional.

Com relação à isonomia ou igualdade tributária verificou-se que muitas das críticas a este respeito se sustentam. De fato, o tratamento diferenciado concedido em favor dos rendimentos do capital, especificamente lucros e dividendos auferidos por sócios e acionistas, em relação aos advindos do trabalho parece não se conciliar com o referido princípio. Em razão das exigências de generalidade, universalidade e de não diferenciação dos rendimentos, bem como em atenção aos princípios da isonomia e da capacidade contributiva, pode-se defender que imposto sobre a renda deveria incidir sobre todos os rendimentos independentemente de sua origem ou natureza.

Por sua vez, no que tange à neutralidade fiscal tem-se que todo e qualquer modelo ou método de tributação que for eleito ensejará mudanças nos comportamentos dos agentes. Isto significa dizer que, assim como não existe tributo neutro, igualmente não existe sistema tributário que não induza comportamentos nos contribuintes. Logo, a exigência de neutralidade do sistema deve ser pensada de modo a se evitar distorções sobre o livre mercado, a livre concorrência e mesmo a liberdade de organização dos contribuintes, mas tendo consciência de que determinados comportamentos serão estimulados e outros desestimulados.

Em referência ao imposto sobre a renda, em que pese sua natureza eminentemente fiscal, alterações em sua estrutura irão exercer influência sobre questões como o financiamento da atividade empresarial, a retenção ou a distribuição de resultados positivos e mesmo a forma de organização societária. Assim, a neutralidade precisa ser analisada pelo viés de fomentar a mínima interferência possível, bem como de que esta ocorra de forma justificada e com vistas à criação de um sistema coerente.

Quanto à segurança jurídica, destacou-se a questão da irretroatividade das normas jurídicas, o que será sempre vedado independentemente da forma pela qual ocorre. Deste modo, a pretensão de tributar lucros e resultados distribuídos posteriormente a vigência de nova lei que institua o IRPF sobre estes, mas decorrentes de resultados positivos auferidos antes da promulgação do novo modelo, acarretará em violação ao princípio da irretroatividade. Da mesma forma, viu-se que, em sua dimensão de calculabilidade ou de previsibilidade do ordenamento jurídico, a segurança jurídica exige que a instituição de um novo modelo de tributação dos lucros e dividendos obedeça a um período de transição suave.

Por fim, o terceiro capítulo objetivou identificar as razões que justificam uma reforma no atual modelo brasileiro de tributação da renda, discutir as principais propostas de modificação atualmente existentes e as correlacionar com os aspectos constitucionais do sistema tributário. A premissa inicial dessa análise reside no fato de a isenção total não se tratar de uma técnica de tributação comumente adotada, o que nos coloca em situação de quase isolacionismo em termos internacionais e, logo, dificulta a competição no mercado globalizado. E, ainda, porque esta técnica acarreta distorções no sistema beneficiando contribuintes com rendimentos mais elevados em comparação com os de menor capacidade econômica.

Nesse contexto, o Projeto de Lei nº 2.337/2021 apresenta-se como uma tentativa de mudança de cenário. Resultado de uma iniciativa do Poder Executivo Federal que corresponde à segunda fase da sua proposta de reforma tributária, que tinha como primeira fase a tentativa de substituição da contribuição ao PIS e da COFINS por um tributo único denominado CBS, referido PL visa modificar a forma de tributação da renda. O ponto principal do citado projeto em relação ao objeto deste estudo diz respeito à instituição do imposto sobre a renda sobre os lucros e dividendos distribuídos à alíquota de 20% mediante retenção na fonte pagadora.

No entanto, ainda que se possa elogiar a iniciativa de buscar uma solução para as mazelas do atual sistema de tributação da renda, tem-se que a mera revogação da isenção hoje concedida com o retorno do modelo clássico não se revela como a melhor alternativa. Com efeito, o PL em tela nitidamente ostenta inconsistências com o princípio da irretroatividade, na medida em que prevê a taxação da distribuição de lucros e dividendos a partir do primeiro dia do ano-calendário seguinte ao da sua promulgação, com o que acabaria por atingir resultados positivos auferidos pelas pessoas jurídicas antes da vigência da nova lei.

Outrossim, há também um aparente conflito com o princípio constitucional da vedação dos efeitos de confisco. De fato, muito embora o projeto preveja a redução da alíquota do IRPJ, os resultados positivos produzidos em período anterior ao de vigência da nova lei terão sido tributados pelas alíquotas hoje vigentes. Com isso, a consideração conjunta do imposto corporativo nas alíquotas atuais, da CSLL e do novo imposto incidente no âmbito individual, acarretaria uma tributação de 54% sobre os lucros distribuídos e dividendos pagos aos sócios ou acionistas referentemente aos resultados positivos auferidos pelas pessoas jurídicas antes da vigência da nova lei.

Ainda, há de se considerar uma violação aos princípios informadores do imposto sobre a renda, sobretudo no que diz respeito à progressividade. O que decorre da determinação para segregação dos rendimentos referentes a lucros e dividendos e sua tributação de forma exclusiva e definitiva na fonte. Ao assim prever, o PL em tela acaba por segregar a renda do contribuinte e tributá-la de forma isolada por uma alíquota fixa, não se coadunando com o citado princípio.

Há também questões de praticabilidade e de fiscalização que precisam ser levantadas quanto ao PL nº 2.337/2021. A instituição de um novo IRPF sobre os lucros e dividendos fará com que toda a discussão existente até 1995 acerca da distribuição disfarçada de lucros (DDL) seja retomada. E ainda de forma potencializada, dado o alcance da nova exigência tributária que submete inclusive micro e pequenas empresas ao modelo clássico.

Além destas questões que apontam para desconformidades entre o mencionado PL e o sistema tributário constitucional, deve-se também questionar se o retorno ao modelo clássico é efetivamente o mais adequado para lidar com os problemas da tributação no Brasil. Nesse sentido, percebe-se que o projeto de reforma não considera pontos de suma importância, como a relação havida entre sociedade e sócios ou acionistas, os efeitos decorrentes da dupla imposição e a resposta comportamental dos agentes econômicos diante desta.

Enfim, tem-se que a mera retomada do modelo clássico poderia acabar causando ainda maiores distorções no já conturbado sistema tributário brasileiro. Além de elevar os índices de litigiosidade, impor maiores dificuldades de fiscalização e trazer mais complexidades para os contribuintes. Logo, ainda que se possa defender que a isenção acarreta problemas que devem ser resolvidos, a tributação dos lucros e dividendos em dois níveis sem a utilização de técnicas de integração igualmente não se mostra adequada.

Percebe-se, pois, que o atual modelo brasileiro de tributação da renda, bem como aquele que é atualmente considerado a principal perspectiva de alteração do modelo (PL nº 2.337/2021) apresentam inconsistências quando conjugados com os parâmetros delineados pelo sistema constitucional tributário. Assim, a solução para as controvérsias pertinentes à tributação dos lucros e dividendos não se resume à simples isenção destes, como ocorre atualmente, o que, apesar de elidir a dupla tributação econômica, acarreta graves distorções quanto à isonomia. Da mesma forma, também não se satisfaz com a mera revogação desta desoneração e instituição do tributo pelo modelo clássico, o que causa consequências negativas quanto à dupla tributação econômica e neutralidade fiscal.

É necessária uma reforma tributária que atente para a adoção de técnicas que permitam uma adequada integração entre a tributação da renda nos âmbitos corporativo e individual. No entanto, é preciso ter em mente que a reforma pode ser vista como uma faca de dois gumes: ao mesmo tempo em que permite o aprimoramento do sistema, pode também ser indevidamente utilizada para remover direitos eventualmente tidos como obstáculos a determinadas medidas que se pretendam implementar. Assim, necessidade de uma reforma tributária não pode servir de justificativa para tolher direitos conquistados pelos cidadãos, tampouco para o retrocesso em questões hoje reconhecidas como garantias dos contribuintes. Pelo contrário, deve ser utilizada como meio para tornar o sistema tributária mais racional, equânime e justo.

Portanto, é preciso que se pense o sistema tributário e, principalmente, a tributação da renda como um verdadeiro instrumento de alcance da justiça fiscal. Deve-se evidenciar o potencial do imposto sobre a renda para a realização da isonomia na distribuição da carga tributária, haja vista a possibilidade de personalização da incidência que lhe é marca característica. No contexto atual, a reforma da tributação da renda é medida que se impõe e não se pode perder a oportunidade de que seja feita em sintonia com os parâmetros e valores constitucionalmente previstos.

REFERÊNCIAS

ADAMS, Charles. **For Good and Evil**: The impact of taxes on the course of civilization. 2ª ed. Seatle: Madison Books, 2001.

ADAMY, Pedro Augustin. Instrumentalização do Direito Tributário. *In*: ÁVILA, Humberto (org.). **Fundamentos do Direito Tributário**. São Paulo: Marcial Pons, 2012. p. 301–329.

AGNES, Maique Pereira. **Sinalização com dividendos em um ambiente sem impostos**: evidências do Brasil. 153 f. 2005. Dissertação (Mestrado em Administração) – Faculdade de Administração da Universidade Federal do Rio Grande do Sul, Porto Alegre, 2005.

AGUIAR, Julio Cesar de. **Análise Comportamental do Direito**. São Paulo: Almedina, 2020.

ALMEIDA, Carlos Otávio Ferreira de. **Concorrência internacional e tributação da renda no Brasil**. 256 f. 2012. Tese (Doutorado em Direito) – Faculdade de Direito da Universidade de São Paulo, São Paulo, 2012.

AMARAL, Gilberto Luiz do; *et al.* Quantidade de normas editadas no Brasil: 28 anos da Constituição Federal de 1988. **Instituto Brasileiro de Planejamento e Tributação**, 2016. Disponível em: https://www.conjur.com.br/dl/estudo-ibpt-edicao-criacao-leis.pdf. Acesso em: 16 ago. 2021.

AMARO, Luciano. **Direito Tributário Brasileiro**. 24ª ed. São Paulo: Saraiva, 2021.

ANDRADE, André Martins de. **A tributação universal da renda empresarial**: uma proposta de sistematização e uma alternativa inovadora. Belo Horizonte: Forum, 2008.

ANDRADE FILHO, Edmar Oliveira. Imposto de renda: acréscimos patrimoniais sob a forma de receitas, lucros, ganhos e transferências de capital. *In*: MARTINS, Ives Gandra da Silva; PEIXOTO, Marcelo Magalhães (org.). **Imposto sobre a renda e proventos de qualquer natureza**: questões pontuais do curso da APET. São Paulo: MP Editora, 2006. p. 97–120.

APPY, Bernard; *et al.* Tributação no Brasil: o que está errado e como consertar. **Centro de Cidadania Fiscal**, 2018. Disponível em: https://ccif.com.br/tributacao-no-brasil-o-que-esta-errado-e-como-consertar/. Acesso em: 1 mar. 2022.

ATALIBA, Geraldo. **Hipótese de Incidência Tributária**. 6ª ed. São Paulo: Malheiros, 2016.

AULT, Hugh J.; ARNOLD, Brian J. **Comparative Income Taxation: a structural**

analysis. 2ª ed. New York: Aspen Publishers, 2004.

ÁVILA, Humberto. **Teoria dos Princípios**: da definição à aplicação dos princípios jurídicos. São Paulo: Malheiros, 2005.

ÁVILA, Humberto. **Sistema Constitucional Tributário**. 5ª ed. São Paulo: Saraiva, 2012.

ÁVILA, Humberto. **Teoria da igualdade tributária**. 3ª ed. São Paulo: Malheiros, 2015.

ÁVILA, Humberto. **Teoria da Segurança Jurídica**. 5ª ed. São Paulo: Malheiros, 2019.

ÁVILA, René Izoldi. **A distribuição disfarçada de lucros na constituição e extinção da S/A**. Porto Alegre: Síntese, 1977.

BAINY, Alexandre Feliciano. **A Seletividade em Função da Essencialidade no Imposto sobre a Circulação de Mercadorias e Serviços (ICMS)**. 2012. Dissertação (Mestrado em Direito) – Faculdade de Direito da Universidade Federal do Rio Grande do Sul, Porto Alegre, 2012.

BALEEIRO, Aliomar. **Uma introdução à ciência das finanças**. Rio de Janeiro: Forense, 1987.

BALEEIRO, Aliomar; DERZI, Misabel Abreu Machado. **Direito Tributário Brasileiro**: CTN comentado. 14ª ed. Rio de Janeiro: Forense, 2018.

BANK, Steven A. Origins of a Flat Tax. **Denver University Law Review**, v. 73, n. 2, p. 329–402, 1996. Disponível em: https://papers.ssrn.com/sol3/papers.cfm?abstract_id=2589587. Acesso em: 21 set. 2021.

BANK, Steven A. Rethinking Double Taxation's Role in Dividend Policy: A Historical Approach. **Tax Law Review**, v. 56, jan/2003. Disponível em: https://papers.ssrn.com/sol3/papers.cfm?abstract_id=368125. Acesso em: 1 nov. 2021.

BARBOSA, Ruy. **Relatório do Ministro da Fazenda Ruy Barbosa em janeiro de 1891**. Rio de Janeiro: Imprensa Nacional, 1891. *E-book*.

BARRETO, Gileno G. A tributação dos dividendos: análise comparativa da incidência do imposto de renda das empresas no Brasil com os países membros da OCDE. **Revista Direito Tributário Atual**, v. 40, p. 483–505, 2018.

BARRETO, Paulo Ayres. **Imposto sobre a renda e preços de transferência**. São Paulo: Dialética, 2001.

BARRETO, Paulo Ayres. Imposto sobre a Renda: pessoa jurídica. *In*: SANTI, Eurico Marcos Diniz de (org.). **Curso de Especialização em Direito Tributário**: estudos em homenagem a Paulo de Barros Carvalho. Rio de Janeiro: Forense, 2005. p. 769–796.

BATISTA JÚNIOR, Onofre Alves. **O outro Leviatã e a corrida ao fundo do poço**. São Paulo: Almedina, 2015.

BECKER, Alfredo Augusto. **Teoria Geral do Direito Tributário**. 3ª Ed. São Paulo: Lejus, 1998.

BECKER, Alfredo Augusto. **Carnaval Tributário**. 2ª ed. São Paulo: Lejus, 1999.

BENEDITO, Luiz Antonio. Imposto Justo: uma bandeira para a sociedade. **Tributação em Revista**, v. 64, p. 10–17, jan-jun/2013.

BERCOVICI, Gilberto. As origens do Direito Econômico: Homenagem a Washington Peluso Albino de Souza. **Revista da Faculdade de Direito da UFMG**, Num. Especial, p. 253–263, 2013.

BOTELHO, Cristiane Miranda. **O princípio da capacidade econômica no imposto de renda das pessoas físicas**: tributação dos lucros e dividendos e transferências fiscais. Belo Horizonte: Letramento, 2020.

BRASIL. Instituição Fiscal Independente. **Relatório de acompanhamento fis-**

cal. Brasília, jul. de 2018. Disponível em: https://www2.senado.leg.br/bdsf/bitstream/handle/id/543844/ RAF18_JUL2018_TopicoEspecial_Receitas.pdf. Acesso em: 09 out. 2021.

BRASIL. Lei nº 4.625, de 31 de dezembro de 1922. Orça a Receita Geral da Republica dos Estados Unidos do Brasil para o exercício de 1923. Presidência da República: Braslia, 1922.

BRASIL. Lei nº 3.071, de 1º de janeiro de 1916. Código Civil dos Estados Unidos do Brasil. Presidência da República: Brasília, 1916.

BRASIL. Constituição da República Federativa do Brasil de 1988a. Presidência da República: Brasília, 1988.

BRASIL. Decreto-Lei nº 4.657, de 04 de setembro de 1942. Lei de Introdução às normas do Direito Brasileiro. Presidência da República: Brasília, 1942.

BRASIL. Lei nº 5.172, de 25 de outubro de 1966. Dispõe sobre o Sistema Tributário Nacional e institui normas gerais de direito tributário aplicáveis à União, Estados e Municípios. Presidência da República: Brasília, 1966.

BRASIL. Lei nº 6.404, de 15 de dezembro de 1976. Dispõe sobre as Sociedades por Ações. Presidência da República: Brasília, 1976.

BRASIL. Lei nº 9.249, de 26 de dezembro de 1995. Altera a legislação do imposto de renda das pessoas jurídicas, bem como da contribuição social sobre o lucro líquido, e dá outras providências – Exposição de Motivos. Ministério da Fazenda: Brasília, 1995a. Disponível em: https://www2.camara.leg.br/legin/fed/lei/1995/lei-9249-26-dezembro-1995--349062-exposicaodemotivos-149781--pl.html. Acesso em: 18 out. 2021.

BRASIL. Lei Complementar nº 123, de 14 de dezembro de 2006. Institui o Estatuto Nacional da Microempresa e da Empresa de Pequeno Porte. Presidência da República: Brasília, 2006a.

BRASIL. Ministério da Economia. **COVID-19 – Impacto fiscal das medidas de enfrentamento à Covid-19 foi de R$ 549,8 bilhões em 2020.** Brasília, mai. de 2021a. Disponível em: https://www.gov.br/economia/pt-br/assuntos/noticias/2021/maio/impacto-fiscal-das-medidas-de-enfrentamento-a-covid-19-foi-de-r-549-8-bilhoes-em-2020. Acesso em: 01 set. 2021.

BRASIL. Ministério da Economia. Receita Federal. **Série Histórica**: arrecadação das receitas federais – 1970 a 1993. Brasília, ago. de 2021b. Disponível em: https://www.gov.br/receitafederal/pt-br/acesso-a-informacao/dados-abertos/receitadata/arrecadacao/serie-historica. Acesso em: 09 nov. 2021.

BRASIL, Ministério da Economia, Receita Federal. **Série Histórica**: arrecadação das receitas federais – 1994 a 2021. Brasília, set. de 2021c. Disponível em: https://www.gov.br/receitafederal/pt-br/acesso-a-informacao/dados-abertos/receitadata/arre cadacao/serie-historica. Acesso em: 09 nov. 2021.

BRASIL. Ordem dos Advogados do Brasil. **Parecer**. Conselho Federal: Brasília, 2021d. Disponível em: https://www.conjur.com.br/dl/oab-sugere-isentar--advogados-propostal.pdf. Acesso em: 06 nov. 2021.

BRASIL. Projeto de Lei nº 3.887/2020. Institui a Contribuição Social sobre Operações com Bens e Serviços – CBS, e altera a legislação tributária federal. Câmara dos Deputados: Brasília, 2020b. Disponível em: https://www.camara.leg.br/proposicoesWeb/fichadetramitacao?idProposicao=2258196. Acesso em: 02 fev. 2022.

BRASIL. Projeto de Lei nº 2.337/2021. Altera a legislação do Imposto sobre a Renda e Proventos de Qualquer Natureza das Pessoas Físicas e das Pessoas Jurídicas e da Contribuição Social sobre o Lucro Líquido. Câmara dos Deputados: Brasília, 2021e. Disponível em: https://www.camara.leg.br/proposicoesWeb/fichadetramitacao?idProposicao=2288389. Acesso em: 02 fev. 2022.

BRASIL. Receita Federal do Brasil. **O fenômeno da "pejotização" e a motivação tributária**. Brasília, 2016a. Disponível em: https://www.gov.br/receitafederal/pt-br/acesso-a-informacao/dados-abertos/receitadata/estudos-e-tributarios-e-aduaneiros/estudos-e-estatisticas/estudos-diversos/o-fenomeno-da-pejotizacao-e-a-motivacao-tributaria.pdf. Acesso em: 05 mar. 2022.

BRASIL. Receita Federal do Brasil. **Carga Tributária no Brasil – 2019**. Brasília, 2020a. Disponível em: https://www.gov.br/receitafederal/pt-br/acesso-a-informacao/dados-abertos/receitadata/estudos-e-tributarios-e-aduaneiros/estudos-e-estatisticas/carga-tributaria-no-brasil/ctb-2019-v2-publicacao.pdf. Acesso em: 09 out. 2021.

BRASIL. Senado Federal. Resolução nº 82, de 18 de novembro de 1996. Suspende, em parte, a execução da Lei 7.713, de 29 de dezembro de 1988, no que diz respeito a expressão "o acionista" contida no seu artigo 35. Senado Federal: Brasília, 1996.

BRASIL. Serviço Brasileiro de Apoio às Micro e Pequenas Empresas (Sebrae). Data Sebrae: Painel de Empresas. Publicado em 11/05/2020d. Disponível em: https://datasebrae.com.br/totaldeempresas-11-05-2020/. Acesso em: 15 fev. 2022.

BRASIL. Supremo Tribunal Federal. Plenário. Ação Direta de Inconstitucionalidade nº 493. Requerente: Procurador-Geral da República. Requeridos: Presidente da República e Congresso Nacional. Relator: Ministro Moreira Alves. Julgado em 25/06/1992. Publicado no DJ de 04/09/1992.

BRASIL. Supremo Tribunal Federal. Plenário. Ação Direta de Inconstitucionalidade nº 2.010 MC / DF. Requerente: Conselho Federal da Ordem dos Advogados do Brasil. Requerido: Presidente da República. Relator: Ministro Celso e Mello. Julgado em 30/09/1999. Publicado no DJ de 12/04/2002.

BRASIL. Supremo Tribunal Federal. Plenário. Ação Direta de Inconstitucionalidade nº 2.588 / DF. Requerente: Confederação Nacional da Indústria. Requerido: Presidente da República. Relatora: Ministra Ellen Gracie. Redator para acórdão: Ministro Joaquim Barbosa. Julgado em 10/04/2013. publicado no DJ em10/02/2014a.

BRASIL. Supremo Tribunal Federal. Plenário. Agravo Regimental no Recurso Extraordinário nº 414.915/PR. Agravante: Estado do Paraná. Agravado: Maristela do Rocio Bonfim Nascimento (e outros). Relatora: Ministra Ellen Gracie. Julgado em 21/03/2006. Publicado no DJ de 020/04/2006c.

BRASIL. Supremo Tribunal Federal. Plenário. Agravo Regimental no Recurso Extraordinário nº 388.607/BA. Agravante: Petróleo Brasileiro S/A. Agravado: Custom Construções Montagem e Engenharia Ltda. Relator: Ministro Joaquim Barbosa. Julgado em 21/03/2006. Publicado no DJe em 28/04/2006b.

BRASIL. Supremo Tribunal Federal. Plenário. Recurso Extraordinário nº 77.131/AM. Recorrente: Companhia de Cigarros Souza Cruz. Recorrido: Estado do Amazonas. Relator: Ministro Aliomar

Baleeiro. Julgado em 18/09/1974. Publicado no DJ de 08/11/1974.

BRASIL. Supremo Tribunal Federal. Plenário. Recurso Extraordinário nº 146.733/SP. Recorrente: União Federal. Recorrido: Viação Nasser S.A. Relator: Ministro Moreira Alves. Julgado em 26/06/1992. Publicado no DJ de 06/11/1992.

BRASIL. Supremo Tribunal Federal. Plenário. Recurso Extraordinário nº 172.058/SC. Recorrente: União Federal. Recorrido: Laminados Araucária Ltda. Relator: Ministro Marco Aurélio. Julgado em 30/06/1995. Publicado no DJ de 13/10/1995b.

BRASIL. Supremo Tribunal Federal. Plenário. Recurso Extraordinário nº 377.457/PR. Recorrente: Antônio Glênio F. Albuquerque e Advogados Associados S/C. Recorrido: União. Relator: Ministro Gilmar Mendes. Julgado em 17/09/2008. Publicado no DJe em 19/12/2008.

BRASIL. Supremo Tribunal Federal. Plenário. Recurso Extraordinário nº 545.308/SP. Recorrente: Schlatter do Brasil Representações Ltda. Recorrido: União. Relator: Ministro Marco Aurélio. Redatora do Acórdão: Ministra Cármen Lúcia. Julgado em 08/10/2009. Publicado no DJe em 26/03/2010.

BRASIL. Supremo Tribunal Federal. Plenário. Recurso Extraordinário nº 582.525/SP. Recorrente: Santander S.A. Recorrido: União Federal. Relator: Ministro Joaquim Barbosa. Julgado em 09/05/2013. DJe nº 026, de 06/02/2014, publicado em 07/02/2014b.

BRASIL. Supremo Tribunal Federal. Plenário. Recurso Extraordinário nº 592.396/SP. Recorrente: Eluma S/A Indústria e Comércio. Recorrido: União. Relator: Ministro Edson Fachin. Julgado em 03/12/2015. Publicado no DJe em 28/03/2016b.

BRASIL. Supremo Tribunal Federal. Plenário. Recurso Extraordinário nº 574.706/PR. Recorrente: IMCOPA Importação, Exportação e Indústria de Óleos Ltda. Recorrido: União Federal. Relator: Ministro Cármen Lúcia. Julgado em 15/03/2017. Publicado no DJe em 02/10/2017.

BRASIL. Supremo Tribunal Federal. Plenário. Recurso Extraordinário nº 159.180/MG. Recorrente: Distribuidora de Títulos e Valores Mobiliários Minas Gerais S.A. Recorrido: União Federal. Relator: Ministro Marco Aurélio. Julgado em 22/06/2020, publicado no DJe de 17/08/2020c.

BRASIL. Supremo Tribunal Federal. Plenário. Recurso Extraordinário nº 714.319/SC. Recorrente: Lojas Americanas S.A. Recorrido: Estado de Santa Catarina. Relator: Ministro Marco Aurélio. Redator para Acórdão: Ministro Dias Toffoli. Julgado em 23/11/2021, publicado no DJe de 26/11/2021f.

BRASIL. Supremo Tribunal Federal. Plenário. Representação nº 1.451/DF. Representante: Procurador-Geral da República. Representado: Presidente da República. Relator: Ministro Moreira Alves. Julgado em 25/05/1988. Publicado no DJ de 24/06/1988b.

BRASIL. Supremo Tribunal Federal. Plenário. Súmula nº 584. Aprovação em 15/12/1976. Publicada no DJ de 03/01/1977.

CALIENDO, Paulo. **Curso de Direito Tributário.** 2ª ed. São Paulo: Saraiva, 2019.

CAMARGO, Ricardo Antônio Lucas. **Curso Elementar de Direito Econômico.** Porto Alegre: Núria Fabris Editora, 2014.

CAMINHA, Uinie; LIMA, Juliana Cardoso. Contrato incompleto: uma perspectiva entre Direito e Economia para contratos de longo termo. **Revista de Direito GV**, v. 10, n. 1, p. 155–200, jan-jun/2014.

CANAZARO, Fábio. **Essencialidade Tributária**: igualdade, capacidade contributiva e extrafiscalidade na tributação sobre o consumo. Porto Alegre: Livraria do Advogado, 2015.

CANTO, Gilberto de Ulhôa. **Estudos e Pareceres de Direito Tributário**: Imposto sobre a Renda. São Paulo: Revista dos Tribunais, 1975.

CANTO, Gilberto de Ulhôa. **Direito Tributário Aplicado**: pareceres. Rio de Janeiro: Forense, 1990.

CARRAZZA, Roque Antonio. **Imposto sobre a renda**: perfil constitucional e temas específicos. 2. ed. São Paulo: Malheiros, 2006.

CARRAZZA, Roque Antonio. **Curso de Direito Constitucional Tributário**. 29ª ed. São Paulo: Malheiros, 2013.

CARVALHO, Aurora Tomazini de. **Curso de Teoria Geral do Direito**: o construtivismo lógico-semântico. 4ª ed. São Paulo: Noeses, 2014.

CARVALHO, Paulo de Barros. **Direito Tributário**: linguagem e método. 6ª ed. São Paulo: Noeses, 2015.

CARVALHO, Paulo de Barros. **Curso de Direito Tributário**. 29ª ed. São Paulo: Saraiva, 2018.

CASSONE, Vittorio. **Imposto de Renda das Pessoas Jurídicas**: Leis nº 8.383/91 e 8.541/92 comentadas, pagamento indevido, compensação e indexação dos incentivos fiscais. 2ª ed. São Paulo: Atlas, 1993.

CASTRO, Fábio Avila de. **Imposto de Renda da Pessoa Física**: comparações internacionais, medidas de progressividade e redistribuição. 115 f. 2014. Dissertação (Mestrado em Economia) – Faculdade de Economia da Universidade de Brasília, Brasília, 2014.

CATARINO, João Ricardo; *et al.* Tendências da tributação internacional sobre os lucros e dividendos: um estudo comparativo entre Brasil e Portugal. **Revista de Direito Internacional, Econômico e Tributário – RDIET**, v. 12, n. 1, p. 92–131, jan-jun/2017.

CAVALCANTI, Flávia. A integração da tributação das pessoas jurídicas e das pessoas físicas: uma análise calcada na neutralidade, equidade e eficiência. **Revista Direito Tributário Atual**, v. 24, p. 239–279, 2010.

COÊLHO, Sacha Calmon Navarro. **Curso de Direito Tributário Brasileiro**. 17ª ed. Rio de Janeiro: Forense, 2020.

COOPER, Graeme S.; GORDON, Richard K. Taxation of Enterprises and Their Owners. *In*: THURONYI, Victor (org.). **Tax Law Design and Drafting**. Washington: International Monetary Fund, 1998. v. 2, p. 811–894. *E-book*.

COOTER, Robert; ULEN, Thomas. **Direito & Economia**. 5ª ed. Tradução: Luis Marcos Sander. Porto Alegre: Bookman, 2010.

CORRÊA, Walter Barbosa. Subsídios para o estudo da história legislativa do imposto de renda no Brasil. *In*: MARTINS, Ives Gandra da Silva (org.). **Estudos sobre o Imposto de Renda**: em memória de Henry Tilbery. São Paulo: Resenha Tributária, 1994. p. 249–260.

COSTA, Regina Helena. **Código Tributário Nacional Comentado em sua moldura constitucional**. Rio de Janeiro: Forense, 2021.

CRETION, Ricardo Aziz. O princípio da irretroatividade e o fato gerador do imposto de renda. **Revista de Direito Administrativo**, v. 201, p. 11-27, jul-set/1995.

DELGADO, Mauricio Godinho. **Curso de Direito do Trabalho**. 10ª ed. São Paulo: LTR, 2011.

DEODATO, Alberto. **Manual de ciência das finanças**. 16ª ed. São Paulo: Saraiva, 1979.

DERZI, Misabel Abreu Machado. **Direito tributário, Direito Penal e Tipo**. São Paulo: RT, 1988.

DERZI, Misabel Abreu Machado; FONSECA, Fernando Daniel de Moura. **Reforma tributária, imposto de renda mínimo e tributação dos lucros e dividendos**: uma análise crítica do regime brasileiro de isenção dos resultados distribuídos. Belo Horizonte: Forum, 2020.

DERZI, Misabel Abreu Machado; FONSECA, Fernando Daniel de Moura. A particularidade da discussão sobre a isenção do Imposto de Renda sobre a distribuição de lucros nas Sociedades de Pessoas. *In*: ROCHA, Wesley (org.). **Reforma Tributária em Pauta**. São Paulo: Almedina, 2021. p. 387–406.

DIFINI, Luiz Felipe Silveira. **Manual de Direito Tributário**. 4ª ed. São Paulo: Saraiva, 2008.

DORN, Herbert. **Diritto finanziario e questioni fondamentali sulle doppie imposizioni**. Padova, 1938. Disponível em: https://www.uni-heidelberg.de/institute/fak2/mussgnug/ historyoftaxdocuments/nachlaesse/Lit_II_2.pdf. Acesso em: 18 mar. 2022.

ESTURILIO, Regiane Binhara. **A seletividade no IPI e no ICMS**. São Paulo: Quartier Latin, 2008.

FARO, Maurício Pereira; ROCHA, Sergio André. Neutralidade tributária para consolidar concorrência. **Revista Eletrônica Consultor Jurídico**, 2012. Disponível em: https://www.conjur.com.br/2012-ago-21/neutralidade-tributaria-fator-fundamental-livre-concorrencia. Acesso em: 8 maio 2021.

FERREIRA NETO, Arthur Maria. **Classificação constitucional de tributos pela perspectiva da justiça**. Porto Alegre: Livraria do Advogado, 2006.

FGV, Fundação Getúlio Vargas. **A reforma do imposto de renda**. Observatório de Política Fiscal, 2021. Disponível em: https://observatorio-politica-fiscal.ibre.fgv.br/reformas/tributacao/reforma-do-imposto-de-renda. Acesso em: 30 jan. 2022.

FLÁVIO NETO, Luís. **Direito Tributário Internacional**: "contextos" para interpretação e aplicação de acordos de bitributação. São Paulo: Quartier Latin, 2018.

FOLLONI, André. Capacidade Contributiva e Dever Fundamental. **Revista Direito Tributário Atual**, v. 42, p. 484–508, 2º sem/2019.

FONSECA, Fernando Daniel de Moura; LOBATO, Valter de Souza. O regime jurídico-tributário da isenção de dividendos. *In*: ROCHA, Sergio André (org.). **Direito Tributário, Societário e a Reforma da Lei das S/A**: desafios da neutralidade e a Lei nº 12.973/2014. São Paulo: Quartier Latin, 2015. p. 211–238.

FORTES, Fellipe Cianca. **Neutralidade fiscal**: tributação e livre concorrência. Londrina: Thoth, 2020.

FRANÇA, Maria Carolina de Sá. **Behavioral Law and Economics**: a racionalidade limitada à luz da Análise Econômica do Direito. 42 f. 2015. Monografia (Graduação em Ciências Econômicas) – Universidade de Brasília, Brasília, 2015. Disponível em: https://bdm.unb.br/bitstream/10483/10767/1/2015_MariaCarolinadeSaFranca.pdf. Acesso em: 16 jun. 2021.

GASSEN, Valcir; VALADÃO, Marcos Aurélio Pereira. **Tributação nos Estados Unidos e no Brasil**: estudo comparativo da matriz tributária (atualizado com a Reforma Tributária Trump). São Paulo: Almedina, 2020.

GOBETTI, Sérgio Wulff. Tributação do capital no Brasil e no mundo. **Texto**

para Discussão – IPEA, v. 2380, n.p., abril/2018.

GOBETTI, Sérgio Wulff. Tributação do capital: teoria e prática (e o caso brasileiro). **Economia e Sociedade**, v. 28, n. 3, p. 761–789, set-dez/2019.

GOBETTI, Sérgio Wulff; ORAIR, Rodrigo Octávio. Progressividade tributária: a agenda negligenciada. **Texto para Discussão – IPEA**, v. 2190, p. 5–52, abril/2016.

GOLDSCHMIDT, Fabio Brun. **Teoria da proibição de *bis in idem* no direito tributário e sancionador tributário**. São Paulo: Noeses, 2014.

GONÇALVES, José Artur Lima. **Isonomia na norma tributária**. São Paulo: Malheiros, 1993.

GONÇALVES, José Artur Lima. **Imposto sobre a renda**: pressupostos constitucionais. São Paulo: Malheiros, 2002.

GRAETZ, Michael J.; WARREN JR., Alvin C. Integration of corporate and shareholder taxes. **Columbia Law & Economics Working Paper**, v. 541, n.p., 2016. Disponível em: https://scholarship.law.columbia.edu/faculty_scholarship/2544. Acesso em: 21 set. 2021.

GRAU, Eros Roberto. **A Ordem Econômica na Constituição de 1988**: interpretação e crítica. 19ª ed. São Paulo: Malheiros, 2018.

GRAVELLE, Jane G. **Corporate Tax Integration and Tax Reform**. Washington: Congressional Research Service, 2016. *E-book*.

GUITTON, Henri. **Economia Política**. Vol. I. Tradução: Oscar Dias Corrêa. Rio de Janeiro: Fundo de Cultura, 1959.

GUITTON, Henri. **Economia Política**. Vol. IV. Tradução: Oscar Dias Corrêa. Rio de Janeiro: Fundo de Cultura, 1960.

GUTIERREZ, Miguel Delgado. **O imposto de renda e os princípios da generalidade, da universalidade e da progressividade**. 200 f. 2009. Tese (Doutorado em Direito) – Faculdade de Direito da Universidade de São Paulo, São Paulo, 2009.

HAIG, Robert Murray. The Concept of Income: Economic and Legal Aspects. *In*: HAIG, Robert Murray (org.). **The Federal Income Tax**. New York: Columbia University Press, 1921. p. 1–28.

HORTA, Raul Machado. **Direito Constitucional**. 3ª ed. Belo Horizonte: Del Rey, 2002.

IEDI, Instituto de Estudos para o Desenvolvimento Industrial. **Sistema Tributário Brasileiro**: divergências e convergências em relação à OCDE e temas de debate. São Paulo: IEDI, 2021. Disponível em: https://joserobertoafonso.com.br/wp-content/uploads/2021/07/IEDI-STN-OECD.pdf. Acesso em: 18 out. 2021.

INTROÍNI, Paulo Gil Hölck; *et al.* Tributação sobre a renda da pessoa física: isonomia como princípio fundamental de justiça fiscal. *In*: SARAIVA FILHO, Oswaldo Othon de Pontes (Coord.) (org.). **A reforma tributária necessária**: diagnóstico e premissas. Belo Horizonte: Forum, 2018. p. 245–280.

IPEA, Instituto de Pesquisa Econômica Aplicada. **Receita pública**: quem paga e como se gasta no Brasil. São Paulo: IPEA, 2009. *E-book*.

JOLLS, Christine; SUNSTEIN, Cass R; THALES, Richard H. A behavioral approach to law and economics. **Yale Law School Legal Scholarship Repository**, v. 50, p. 1471–1550, 1998.

JUNGER, Tatiana. **Reforma Tributária**: Desigualdade, Tributação e Desenvolvimento. Rio de Janeiro: Lumen Juris, 2020.

KIRCHHOF, Paul. **Tributação no Estado Constitucional**. Tradução: Pedro

Augustin Adamy. São Paulo: Quartier Latin, 2016.

LEÃO, Fernanda Teles de Paula; PETRECHEN, Mariela Martins Pacheco. A irretroatividade da lei tributária e sua limitação ao poder legislativo como forma de resguardar a segurança jurídica. **Revista de Direito Tributário Contemporâneo**, v. 26, p. 37-59, set-out/2020.

LEMGRUBER, Andréa. A tributação do capital: o Imposto de Renda da Pessoa Jurídica e o Imposto sobre Operações Financeiras. *In*: BIDERMAN, Ciro; ARVATE, Paulo (org.). **Economia do Setor Público no Brasil**. Rio de Janeiro: Elsevier, 2004. p. 206–230.

LEONETTI, Carlos Araújo. **O Imposto sobre a renda como instrumento de justiça social no Brasil**. Barueri: Manole, 2003.

LONGO, Carlos Alberto. **Em defesa de um imposto de renda abrangente**. São Paulo: FIPE / Pioneira, 1984.

MACHADO, Hugo de Brito. O ICMS no Fornecimento de Energia Elétrica: questões da seletividade e da demanda contratada. **Revista Dialética de Direito Tributário**, v. 155, p. 40–59, ago/2008.

MACHADO, Hugo de Brito. **Curso de Direito Tributário**. 30ª ed. São Paulo: Malheiros, 2009a.

MACHADO, Hugo de Brito. O conceito legalista de renda. **Revista CEJ**, v. 13, n. 47, p. 5–9, 2009b.

MACHADO, Hugo de Brito. A isonomia no Direito Tributário. *In*: MITIDIERO, Daniel; ADAMY, Pedro Augustin (org.). **Direito, Razão e Argumento**: a reconstrução dos fundamentos democráticos e republicanos do Direito Público com base na Teoria do Direito. São Paulo: Malheiros, 2020. p. 777–785.

MACIEL, Everardo de Almeida. Breves reflexões sobre projetos de reforma tributária. *In*: ROCHA, Wesley (org.). **Reforma Tributária em Pauta**. São Paulo: Almedina, 2021. p. 211–226.

MAFFINI, Rafael da Cás. **Princípio da Proteção Substancial da Confiança no Direito Administrativo Brasileiro**. Tese (Doutorado em Direito) – Universidade Federal do Rio Grande do Sul, Porto Alegre, 2005.

MARCHAL, Jean. Aproches e categorias a utilizar para uma teoria realista da repartição. *In*: LUCAS, Fábio (org.). **Economia e Ciências Sociais**. Tradução: Fábio Lucas. Rio de Janeiro: Zahar Editores, 1969. p. 100–136.

MARTINS, Andrea Siqueira. O sistema tributário da Alemanha. *In*: ABRAHAM, Marcus; PEREIRA, Vítor Pimentel (org.). **Sistemas Tributários no Mundo**: a tributação no direito comparado. São Paulo: Almedina, 2020. p. 23–46.

MARTINS, Ives Gandra da Silva. Reforma Tributária. *In*: SOUZA, Priscila de (org.); CARVALHO, Paulo de Barros (coord.) (org.). **Racionalização do Sistema Tributário Brasileiro**. São Paulo: Noeses, 2017. p. 507–518.

MASAGÃO, Fernando Mariz; OLIVEIRA, Ricardo Mariz de. A vedação ao *bis in idem* e à bitributação no exercício das competências residuais (e das privativas). **Revista Fórum de Direito Tributário**, v. 100, p. 53–76, jul-ago/2019.

MCCAFFERY, Edward J. Behavioral Economics and the Law: Tax. *In*: ZAMIR, Eyal; TEICHMAN, Doron (org.). **The Oxford Handbook of Behavioral Economics and the Law**. New York: Oxford University Press, 2014. p. 599–622.

MOREIRA, André Mendes. **Neutralidade, valor acrescido e tributação**. 2ª ed. Belo Horizonte: Forum, 2020.

MOREIRA JUNIOR, Gilberto de Castro. Distribuição Disfarçada de Lucros

(DDL). *In*: MARTINS, Ives Gandra da Silva; PEIXOTO, Marcelo Magalhães (org.). **Imposto sobre a renda e proventos de qualquer natureza**: questões pontuais do curso da APET. São Paulo: MP Editora, 2006. p. 121–138.

MOSQUERA, Roberto Quiroga. **Renda e proventos de qualquer natureza**: o imposto e o conceito constitucional. São Paulo: Dialética, 1996.

MURPHY, Celia Maria de Souza. **O Imposto sobre a Renda à luz da Constituição.** São Paulo: Noeses, 2020.

NABAIS, José Casalta. A tributação das empresas pelo rendimento real. **Revista Direito Tributário Atual**, v. 41, p. 541–566, 2019.

NEUMARK, Fritz. **Principios de la imposicion**. Tradução: Luis Gutiérrez Andrés. 2ª ed. Madrid: Instituto de Estudios Fiscales, 1994.

NÓBREGA, Cristóvão Barcelos da. **História do Imposto de Renda no Brasil**: um enfoque da pessoa física (1922-2013). Brasília: Receita Federal do Brasil, 2014. *E-book*.

OCDE, Organização para a Cooperação e Desenvolvimento Econômico. **Revenue Statistics in Latin America and the Caribbean 2021**. Paris: OECD Publishing, 2021. *E-book*.

OLIVEIRA, Fabrício Augusto de. A reforma tributária necessária: uma introdução geral. *In*: FAGNANI, Eduardo (org.). **A reforma tributária necessária**: diagnóstico e premissas. São Paulo: Plataforma Política Social, 2018. p. 67–92.

OLIVEIRA, Fabrício Augusto de. **Uma pequena história da tributação e do federalismo no Brasil**: a necessidade de uma reforma tributária justa e solidária. São Paulo: Contracorrente, 2020.

OLIVEIRA, José Lamartine Correia de. **A dupla crise da pessoa jurídica**. São Paulo: Saraiva, 1979.

OLIVEIRA, Ricardo Mariz de. Princípios fundamentais do imposto de renda. *In*: SCHOUERI, Luís Eduardo (org.). **Direito Tributário**: estudos em homenagem a Brandão Machado. São Paulo: Dialética, 1998. p. 197–227.

OLIVEIRA, Ricardo Mariz de. **Fundamentos do Imposto de Renda (2020)**. São Paulo: IBDT, 2020.

PAULSEN, Leandro. **Direito Tributário**: Constituição e Código Tributário à luz da doutrina e da jurisprudência. 16ª ed. Porto Alegre: Livraria do Advogado; Esmafe, 2014.

PAULSEN, Leandro. **Curso de Direito Tributário Completo**. 11ª ed. São Paulo: Saraiva, 2020.

PAULSEN, Leandro. Reforma Tributária: entre a ingenuidade e o ceticismo. *In*: ROCHA, Wesley (org.). **Reforma Tributária em Pauta Pauta**. São Paulo: Almedina, 2021. p. 305–318.

PAULSEN, Leandro; MELO, José Eduardo Soares de. **Impostos Federais, Estaduais e Municipai**. 4ª ed. Porto Alegre: Livraria do Advogado, 2008.

PEREIRA, Caio Mário da Silva. **Instituições de Direito Civilª** 18. ed. Rio de Janeiro: Forense, 1997. V. I.

PIGNATARI, Leonardo Thomaz. Revisitando o imposto de renda das pessoas jurídicas no Brasil: origens, justificativas e métodos de integração. **Revista Direito Tributário Atual**, v. 46, p. 283–307, 2020.

PIKETTY, Thomas; SAEZ, Emmanuel. A Theory of Optimal Capital Taxation. **NBER Working Paper Series**, n. 17989, abril/2012. Disponível em: https://www.nber.org/system/files/working_papers/w17989/w17989.pdf. Acesso em: 17 set. 2021.

PIMENTEL, Érico de Carvalho. O sistema tributário da Inglaterra. *In*: ABRAHAM,

Marcus; PEREIRA, Vítor Pimentel (org.). **Sistemas Tributários no Mundo**: a tributação no direito comparado. São Paulo: Almedina, 2020. p. 363–390.

POLI, Beatriz Trois Cunha. **A resposta das empresas à modificação tributária de 1989**: dividendos x ganhos de capital. 135 f. 1993. Dissertação (Mestrado em Administração) – Faculdade de Ciências Econômicas da Universidade Federal do Rio Grande do Sul, Porto Alegre, 1993.

POLIZELLI, Victor. Progressividade: distribuição de renda e indução. **Revista Direito Tributário Atual**, v. 21, p. 361–382, 2007.

POLIZELLI, Victor. Tributação de dividendos no Brasil: propostas e questões para sua implementação. *In*: BUISSA, Leonardo; *et al.* (org.). **Direito e Finanças Públicas nos 30 anos da Constituição**: experiências e desafios nos campos do Direito Tributário e Financeiro. Florianópolis: Tirant Blanch, 2018, p. 413–439.

POSNER, Richard A. **Economic Analysis of Law**. 8ª ed. New York: Aspen, 2011.

POTERBA, James M.; SUMMERS, Lawrence H. S. The economic effects of dividend taxation. **NBER Working Paper Series**, n. 1353, p. 227–284, maio/1984. Disponível em: https://www.nber.org/system/files/working_papers/w1353/w1353.pdf. Acesso em: 3 out. 2021.

QUEIROZ, Mary Elbe. **Imposto sobre a renda e proventos de qualquer natureza.** Barueri: Manole, 2004.

QUEIROZ, Mary Elbe. Imposto sobre a Renda e Proventos de Qualquer Natureza: tributação das pessoas físicas. *In*: SANTI, Eurico Marcos Diniz de (org.). **Curso de Especialização em Direito Tributário**: estudos em homenagem a Paulo de Barros Carvalho. Rio de Janeiro: Forense, 2005. p. 435–482.

RIBEIRO, Ricardo Lodi. O princípio da irretroatividade tributária. **Revista Tributária e de Finanças Públicas**, v. 79, p. 234-255, mar-abr/2008.

RIBEIRO, Ricardo Lodi. Competência Tributária. *In*: ROCHA, Sergio André (org.). **Curso de Direito Tributário**. São Paulo: Quartier Latin, 2011. p. 167–182.

ROCHA, Sergio André. Direito Tributário Internacional. *In*: ROCHA, Sergio André (org.). **Curso de Direito Tributário**. São Paulo: Quartier Latin, 2011. p. 699–726.

ROCHA, Sergio André. Reconstruindo a confiança na relação fisco-contribuinte. **Revista Direito Tributário Atual**, v. 39, p. 507–527, 2018.

ROCHA, Sergio André. **Fundamentos do Direito Tributário Brasileiro**. Belo Horizonte: Letramento, 2020.

ROTHMANN, Gerd Willi. **Interpretação e aplicação dos acordos internacionais contra a bitributação**. São Paulo: IBDT, 2019.

SANTI, Eurico Marcos Diniz de. **Decadência e prescrição no direito tributário**. 2ª ed. São Paulo: Max Limonad, 1999.

SANTI, Eurico Marcos Diniz de. Imposto sobre a renda: análise da possibilidade da opção pelo lucro arbitrado por iniciativa do contribuinte e aspectos penais. **Revista Dialética de Direito Tributário**, v. 137, p. 24–37, 2007.

SANTOS, João Victor Guedes. **Teoria da tributação e tributação da renda nos mercados financeiros e de capitais**. São Paulo: Quartier Latin, 2013.

SANTOS, Ramon Tomazela. A realização da renda no direito tributário brasileiro: reflexões à luz do direito comparado. *In*: ZILVETI, Fernando Aurélio; FAJERSZTAJN, Bruno; SILVEIRA, Rodrigo Maito da (org.). **Direito Tributário**: princípio da realização no imposto sobre a renda – estudo em homenagem a Ricardo Mariz de Oliveira. São Paulo: IBDT, 2019a. p. 212–241.

SANTOS, Ramon Tomazela. O princípio da renda líquida. **Revista Fórum de Direito Tributário**, v. 17, n. 101, p. 67-75, set-out/2019b. Disponível em: https://www.marizadvogados.com.br/wp-content/uploads/2020/01/Art.02-2020.pdf. Acesso em: 9 out. 2021.

SANTOS, Ramon Tomazela. **A dupla tributação econômica da renda e os acordos de bitributação**. São Paulo: IBDT, 2021.

SCHOUERI, Luís Eduardo. Tributação internacional da renda: a competitividade brasileira à luz das ordens tributária e econômica (Prefácio). *In*: Almeida, Carlos Otávio Ferreira de. **Tributação Internacional da Renda**: a competitividade brasileira à luz das ordens tributária e econômica. São Paulo: Quartier Latin, 2001, p. 15–20.

SCHOUERI, Luís Eduardo. **Normas tributárias indutoras e intervenção econômica**. Rio de Janeiro: Forense, 2005.

SCHOUERI, Luís Eduardo. Planejamento tributário e garantias dos contribuintes: entre a norma antielisão portuguesa e seus paralelos brasileiros. *In*: ALMEIDA, Daniel Freire; GOMES, Fabio Luiz; CATARINO, João Ricardo (org.). **Garantias dos contribuintes no sistema tributário**: homenagem a Diogo Leite de Campos. São Paulo: Saraiva, 2012. p. 371–437.

SCHOUERI, Luís Eduardo. O conceito de renda e o artigo 43 do Código Tributário Nacional: entre a disponibilidade econômica e a disponibilidade jurídica. *In*: ELALI, André; ZARANZA, Evandro; SANTOS, Kallina Flôr dos (org.). **Direito Corporativo: temas atuais**. São Paulo: Quartier Latin, 2013. p. 341–357.

SCHOUERI, Luís Eduardo. **Direito Tributário.** 8ª ed. São Paulo: Saraiva, 2018.

SCHOUERI, Luís Eduardo. A Reforma Tributária e a tributação dos dividendos. **JOTA**, jul/2021. Disponível em: http://www.lacazmartins.com.br/luis-eduardo-schoueri-publica-artigo-sobre-a-reforma-tributaria-e-a-tributacao-de-dividendos/. Acesso em: 21 set. 2021.

SCHOUERI, Luís Eduardo; BARBOSA, Mateus Calicchio. A Persona e o Direito: entre a Realidade e a Ficção das Pessoas Jurídicas. **Revista Direito Tributário Atual**, v. 30, p. 251–273, 2014.

SCHOUERI, Luís Eduardo; BARBOSA, Mateus Calicchio. Imposto de renda e capacidade contributiva: a periodicidade anual e mensal no IRPJ. **Revista Direito Tributário Atual**, v. 47, p. 569–613, 1º sem/2021.

SCHOUERI, Luís Eduardo; MOSQUERA, Roberto Quiroga. **Manual da Tributação Direta da Renda**. São Paulo: IBDT, 2020.

SELIGMAN, Edwin Robert Anderson. **The Income Tax**: a study of the history, theory and practice of income taxation at home and abroad. 2ª ed. New York: The Macmillan Company, 1914.

SILVA, Almiro do Couto e. **Conceitos Fundamentais do Direito no Estado Constitucional**. São Paulo: Malheiros, 2015.

SILVA, José Afonso da. **Teoria do conhecimento constitucional**. São Paulo: Malheiros, 2014.

SILVA, Jules Michelet Pereira Queiroz e (coord.); *et al*. **Tributação de lucros e dividendos no Brasil**: uma perspectiva comparada. Brasília: Câmara dos Deputados, 2015.

SILVA, Natalie Matos. A integração da tributação das pessoas jurídicas e das pessoas físicas: análise dos modelos teóricos e de sua adequação ao princípio da capacidade contributiva. **Revista Direito Tributário Atual**, v. 23, p. 366–401, 2009.

SIMONS, Henry C. **Personal Income Taxation**: the definition of income as a problem of fiscal policy. Chicago: The University of Chicago Press, 1938.

SOARES, Bruno de Paula. O sistema tributário da Bélgica. *In*: ABRAHAM, Marcus; PEREIRA, Vítor Pimentel (org.). **Sistemas Tributários no Mundo**: a tributação no direito comparado. São Paulo: Almedina, 2020. p. 123–142.

SOUZA, André Ricardo Passos de. Os Juros sobre o Capital Próprio. *In*: MARTINS, Ives Gandra da Silva; PEIXOTO, Marcelo Magalhãe (org.). **Imposto sobre a renda e proventos de qualquer natureza**: questões pontuais do curso da APET. São Paulo: MP Editora, 2006. p. 15–26.

SOUZA, Priscila Maria F. Campos de. **A reiteração de parcelamentos extraordinários de créditos tributários federais.** São Paulo: IBDT, 2020.

SOUSA, Rubens Gomes de. A evolução do conceito de rendimento tributável. **Revista de Direito Público – Cadernos de Direito Tributário**, v. 14, p. 339–346, out-dez/1970.

SOUZA, Washington Peluso Albino de. **Primeiras Linhas de Direito Econômico.** 6ª ed. São Paulo: LTR, 2005.

STOUT, Lynn A. Law and Prosocial Behavior. *In*: ZAMIR, Eyal; TEICHMAN, Doron (org.). **The Oxford Handbook of Behavioral Economics and the Law**. New York: Oxford University Press, 2014. p. 195–212.

SUNDFELD, Carlos Ari; MARQUES NETO, Floriano de Azevedo. Uma nova lei para aumentar a qualidade jurídica das decisões públicas e seu controle. *In*: SUNDFELD, Carlos Ari (Org.). **Contratações Públicas e seu Controle**. São Paulo: Malheiros, 2013, p. 277-285.

TAGLIARI, Rafael Zanardo. O art. 23 da Lei n. 13.655/2018 e o estabelecimento de regras de transição como imposição do Princípio da Segurança Jurídica no Direito Tributário. **Revista Direito Tributário Atual**, v. 48, p. 414–441, 2021.

TAVARES, Eduardo Sobral. **Princípio da seletividade e essencialidade tributária**: uma perspectiva libertária. Rio de Janeiro: Lumen Juris, 2017.

TAVARES, Romero J. S. Tributação da Renda no Brasil – Parte I: Fundamentos da Tributação de Lucros e Dividendos. **Working Paper Núcleo de Tributação Insper**, p. 3–81, jul/2020. Disponível em: https://www.insper.edu.br/wp-content/uploads/2020/08/Reforma-Tributação-da-Renda-Parte-1-04ago20.pdf. Acesso em: 21 set. 2021.

TAVARES, Romero J. S. Tributação da Renda no Brasil – Parte II: Tributação da Renda do Capital. **Working Paper Núcleo de Tributação Insper**, p. 3–52, ago/2021. Disponível em: https://www.insper.edu.br/wp-content/uploads/2021/08/NT_Insper_Reforma_IR_Parte_2_Renda_do_capital_Final-19_08_2021.pdf. Acesso em: 21 set. 2021.

TELLES, Marília de Oliveira. **Tributação da distribuição de lucros e dividendos no Brasil.** 71 f. 2016. Monografia (Bacharelado em Direito) – Faculdade de Direito da Universidade de Brasília, Brasília, 2016.

THALER, Richard H; SUNSTEIN, Cass R. Libertarian Paternalism. **The American Economic Review**, v. 93, n. 2, p. 175–179, 2003.

TILBERY, Henry. **Imposto de Renda Pessoas Jurídicas**: integração entre sociedade e sócios. São Paulo: Atlas, 1985.

TIPKE, Klaus. **Direito Tributário.** Tradução: Luiz Dória Furquim. Porto Alegre: Sergio Antonio Fabris, 2008. V. I.

TIPKE, Klaus. **Moral Tributária do Estado e dos Contribuintes**. Tradução: Luiz

Dória Furquim. Porto Alegre: Sergio Antonio Fabris, 2012.

Ulen, Thomas S. The importance of behavioral law. *In*: Zamir, Eyal; Teichman, Doron (org.). **The Oxford Handbook of Behavioral Economics and the Law**. New York: Oxford University Press, 2014. p. 93–124.

Varsano, Ricardo. A evolução do sistema tributário brasileiro ao longo do século: anotações e reflexões para futuras reformas. **Texto para Discussão – IPEA**, v. 405, 1996.

Velloso, Andrei Pitten. **Conceitos e Competências Tributárias**. São Paulo: Dialética, 2005.

Velloso, Andrei Pitten. **O princípio da isonomia tributária**: da Teoria da Igualdade ao controle das desigualdades impositivas. Porto Alegre: Livraria do Advogado, 2010.

Velloso, Andrei Pitten. **Constituição Tributária Interpretada**. 2ª ed. Porto Alegre: Livraria do Advogado, 2012.

Verdi, Rodrigo dos Santos. **A influência dos impostos sobre o pagamento de dividendos no preço das ações**: um estudo do mercado brasileiro. 81 f. 2001. Dissertação (Mestrado em Administração) – Faculdade de Administração da Universidade Federal do Rio Grande do Sul, Porto Alegre, 2001.

Veschi, Benjamin. Etimologia de Rendimento. **Etimologia**: origem do conceito, 2019. Disponível em: <https://etimologia.com.br/rendimento/>. Acesso em: 09 jul. 2022.

Vieira, Danilo Miranda; Melo, Luciana Grassano de Gouvêa. A isenção do imposto de renda sobre a distribuição de lucros e dividendos à luz do princípio constitucional da isonomia. **Direito e Desenvolvimento**, v. 8, n. 2, p. 76–94, 2017.

Weiss, Fernando Lemme. Princípio Tributários. *In*: Rocha, Sergio André (org.). **Curso de Direito Tributário**. São Paulo: Quartier Latin, 2011. p. 86–115.

Xavier, Alberto. **Direito Tributário Internacional do Brasil**. 7ª ed. Rio de Janeiro: Forense, 2010.

Xavier, Alberto. **Manual de Direito Fiscal**. Lisboa: Almedina, 1981.

Wierzchowski, Mozarth Bielecki. **O conceito constitucional de renda aplicável às pessoas jurídicas**. Rio de Janeiro: Lumen Juris, 2018.

WORLD BANK. **Doing Business 2018**: Pagamento de impostos. Publicado em 01/05/2019. Disponível em: https://portugues.doingbusiness.org/pt/data/exploretopics/paying-taxes. Acesso em: 02 set. 2021.